内蒙古师范大学学术著作出版基金
资助出版

梁启超著述及学术活动系年纲目

齐全 编著

中国社会科学出版社

图书在版编目(CIP)数据

梁启超著述及学术活动系年纲目/齐全编著．—北京：中国社会科学出版社，2011．5
ISBN 978-7-5004-9718-9

Ⅰ．①梁…　Ⅱ．①齐…　Ⅲ．①梁启超(1873—1929)—个人著作—介绍②梁启超(1873—1929)—生平事迹　Ⅳ．①Z862．5②B259．1

中国版本图书馆 CIP 数据核字(2011)第 060827 号

责任编辑　郭　媛
责任校对　修广平
封面设计　郭蕾蕾
技术编辑　戴　宽

出版发行　中国社会科学出版社
社　址　北京鼓楼西大街甲 158 号　　邮　编　100720
电　话　010—84029450(邮购)
网　址　http://www.csspw.cn
经　销　新华书店
印　刷　新魏印刷厂　　装　订　广增装订厂
版　次　2011 年 5 月第 1 版　　印　次　2011 年 5 月第 1 次印刷
开　本　710×1000　1/16
印　张　18
字　数　286 千字
定　价　38.00 元

凡购买中国社会科学出版社图书，如有质量问题请与本社发行部联系调换

简要说明

一、本书为纲目体例。主要以梁启超有关著述及学术活动内容为大纲，补其友朋弟子间具体活动及往还信函等为目，以明梁启超学术方面之伟业。(大纲用黑体大号字，细目则用小号字置于括号中)

二、1—12岁时的梁启超乃打基础阶段，故此时期内容入诸“前目”；16岁时已初露锋芒，故始“正目”，开启了梁启超畅游学海之一生——本书之重点内容也；逝世后之余响，则入“余目”，以示梁氏影响之辽远。

三、书后所附“家庭”、“故居”、“墓地”等内容，展开另一视角，以期对梁氏有个全方位、立体式之了解。其中，“梁启超之家庭”，介绍梁氏第二位夫人王桂荃女士及梁启超九位子女之简况，并列有梁启超子孙世系表；“梁启超之故居”，对梁氏诞生之地新会故居及重要著述之地天津故居（尤其是饮冰室），作一简单清晰之绍介；“梁启超之墓地”则对一代大家（包括其部分亲人）的长眠之地简洁介绍之。“梁启超与子女书”选录梁氏给其子女的书信计192封，系从数十万字梁启超家书中精心遴选而成（一律标注出处），重点节选关乎梁启超学术活动、治学等方面之内容，梁氏给儿孙辈在精神上鼓励指导，物资上支持扶助，悉心关爱、无微不至的殷殷舐犊情跃然纸上，乃“最有力之精神教育”（梁启超语），虽只言片语亦在选择之列，其对今人必有裨益。（信函行文一如原文，只不过于“他”“她”、“哪”“那”不分处径予改过。对有些当时习惯用字则保留但在括号中标注今字。）“梁启超著述全目”则分别列出：《饮冰室合集》（中华书局1936年版）详细篇目；《梁启超全集》（北京出版社1999年版），内容与《饮冰室合集》有所重复，故只列其大章简目，而对其新增之部分（《社交书信》与《家书》）则另篇详列之；对新近所出夏晓虹辑《〈饮冰室合集〉集外文》(北京大学出版社2005年版)诸篇目，一篇不落全部列出(对其个别错谬处则予以改正并加注说明之)。

四、截至目前，有关梁著其最全面、最权威者即上述之《饮冰室合集》、《梁启超全集》和《梁启超年谱长编》等著。——所为憾者，均为鸿篇巨制，作为个人，购置并通阅全书在精力与经济上有诸多不便。本书则与《梁启超读书著文法》(中国社会科学出版社2010年版)相配套，既可粗读梁氏之文，增长知识；又可掌握为学之道，有以利器；还能深入梁氏之阃奥，可资欲为梁启超学术传记者一用。特别是介绍并引述夏晓虹所辑未刊之文，使读者更全面地掌握已往梁启超未见文章，尤便读者。

五、至于其他方面，如补充史事、正错纠偏、版本校勘、生僻字词标注汉语拼音、旧历与西纪对照、通篇采用新式标点符号(书籍一律标注新式书名号)等，一同《梁启超读书著文法》之义理，不赘述。举凡所选梁氏文章、往还书函，均标注出处，细及页数；涉及重要人物、事件等，则简要说明，读者展卷必能感受其极便之处。所加注释多前后照应，使读者历然可考(如"××事参见本目××条"等)。对《梁启超年谱长编》(上海人民出版社1983年版)错讹处径加改正，且加注说明之。至于《饮冰室合集》原书其目录未标年份者均补标或加注说明之。

六、梁启超有关读书著文之篇章，本书亦多有涉及，读者自可索目阅之。

总之，本书兼具资料性、系统性、学术性、趣味性、收藏性，可谓畅游国学之海、攀登文献高山的最轻便、最实用之工具，乃文史爱好者最佳之良伴！

目　　录

梁启超著述及学术活动系年纲目*

梁启超，乳名宏猷（yóu），字卓如，又字任甫、孟远，号任公，别号沧江，又号饮冰室主人。[①] 广东省新会县熊（nǎi）子乡茶坑村人。祖父维清，字镜泉，清末例贡生；祖母黎氏，广东提督[②]黎第光之女；父宝瑛，字莲涧，以累试不第，绝意功名，设教于乡；母赵氏；继母吴氏；庶母叶氏；姊一、弟四（启勋、启叶、启文、启雄）、妹二；另有弟二、妹一，早殇（shāng）。梁启超于同治十二年（1873）癸酉农历正月二十六日（公历2月23日）生于茶坑村家中，于民国十八年（1929）己巳（公历1月19日）下午2时许，病逝于北平（今北京）协和医院，时年57岁。子女9人：思顺（女）、思成、思永、思忠、思庄（女）、思达、思懿（yì）（女）、思宁（女）、思礼。

【前　目】

一八七七年（光绪三年　丁丑）　五岁

始读《四子书》、《诗经》。【《三十自述》："四五岁就王父[③]及母膝下授

---

* 此纲目主要据丁文江、赵丰田编《梁启超年谱长编》（上海人民出版社1983年版），同时参考了欧阳哲生整理《梁任公先生年谱长编初稿》（中华书局2010年版），方志钦、刘斯奋编注《梁启超诗文选》（广东人民出版社1983年版），《饮冰室合集》有关篇章（如《三十自述》、《清代学术概论》）及康有为著《我史》（江苏人民出版社1999年版）等资料而有所增删。参见本书所附"参考书目举要"。

① 齐全按，梁一生曾用过30余笔名。

② 齐全按，方志钦、刘斯奋编注《梁启超诗文选》第631页作"广西提督"，后不少有关梁传照引之，错。

③ 王父，祖父。

《四子书》、《诗经》；夜则就睡王父榻，日与言古豪杰哲人嘉言懿（yì）行……”①】

一八七八年（光绪四年　戊寅）　六岁

跟从父亲读中国略史、《五经》等，同时受学于外傅张乙星。【《三十自述》：“六岁后，就父读，受中国略史、《五经》卒业。”又，《曼殊室戊辰笔记》：“六岁就外傅，启蒙师乃张乙星先生，先王父仲姊（zǐ）之子也。”②】

一八七九年（光绪五年　己卯）　七岁

七岁前后的梁启超，反应敏捷，能即时应答大人所出对句。【《任公先生大事记》：“六七岁时，塾师以‘东篱客赏陶潜菊’命对，先生应曰：‘南国人思召伯棠’。”又，据新会故老传述：“有客到访莲涧（启超父），先生上前奉茶，客人欲试一试他的聪明如何，就出了一句‘饮茶龙上水’命他对，先生不假思索，应声答道：‘写字狗扒田。’上联是新会俗语，下联对的也是新会俗语。……接着又出一句‘东篱客采陶潜菊’命他对，他随口答以‘南国人怀召伯棠’。”③】

---

① 《三十自述》，梁启超著，全文见《饮冰室合集·文集》之十一第15—19页，在中华书局1989年3月影印本（共12册）《饮冰室合集》第二册。齐全按：本书所引《饮冰室合集》材料均用是版本。以下只标书名及集、册数。

② 转引自《梁启超年谱长编》，第14页。梁启勋《曼殊室戊辰笔记》。梁启勋（1876—1965），字仲策，梁启超二弟。其在北京南长街之书斋取名“曼殊室”，取梵语“妙吉祥”之意。齐全按：本书《曼殊室戊辰笔记》均转引自丁文江、赵丰田《梁启超年谱长编》，上海人民出版社1983年版。以下只标书名。

③ 见《广东文史资料》第十二辑佳木《梁启超故乡述闻》。转引自丁文江、赵丰田《梁启超年谱长编》，上海人民出版社1983年版（精装），第14页。齐全按：本书所引《梁启超年谱长编》均用该版本，后只标书名及页数。丁文江（1887—1936），字在君，江苏泰兴人。曾随梁启超赴欧洲考察，列席巴黎和会，此后与梁关系密切，成为知交。梁启超去世，其亲属故旧为纪念之，商议办两件事：编辑文集——《饮冰室合集》，由梁氏朋友林志钧（宰平）负责；编一部年谱，为梁启超传作准备，此事即交丁文江负责。丁文江接受此任，即着手搜集有关材料。在梁启超去世后半年左右时间里，他收集：未曾公开出版之梁氏私人信札、与梁氏有关之报刊、与梁交往密切人物之材料、他人撰写之追忆梁启超文字等等。1931年秋，丁文江就任北京大学地质系教授，需寻助手，助其继续《梁谱》编撰。1932年暑假，赵丰田即到北京图书馆正式担任丁文江助手。其时赵丰田正在燕京大学研究院学习，曾撰毕业论文《康长素先生年谱》，对康有为和梁启超有过研究。其文为丁文江所见，颇加赏誉。1932年秋，赵丰田即应丁文江之邀从事《梁谱》编纂，时年仅27岁。此后《梁谱》则主要由赵丰田阅读和选定资料，按年分类加以连缀，定出纲目，加上说明性或评介性文字，排出谱主相关年月中之主要活动等。丁文江则不定期前来了解编辑情况，提出指导性意见。至1934年秋编出第一稿，抄成24册，约100余万字。丁文江认为篇幅过大，要赵丰田加以削简。1936年1月丁文江去世，翁文灏（hào）接替主管编辑工作。至1936年5月赵完成第二稿，约80万字。翁文灏根据丁文江原意，题名为《梁任公先生年谱长编初稿》，油印50部，每部装成12册，

一八八〇年（光绪六年　庚辰）　八岁

始学为文。其父亦因屡试不第，即设教于乡，召集数儿伴启超就读。【《三十自述》："八岁学为文"；《曼殊室戊辰笔记》："先君子屡试不得志，迨（dài）伯兄（启超）八岁时，乃绝意进取，设教于乡。其设教也，不过召集数儿以伴伯兄之读而已。"①】

一八八一年（光绪七年　辛巳）　九岁

已能写上千字之文章。【《三十自述》："九岁能缀（zhuì）千言。"】

一八八二年（光绪八年　壬午）　十岁

应童子试。赴试途中，以吟诗深受父辈赞赏，得"神童"美誉。【《曼殊室戊辰笔记》："是岁始应童子试，当时内河轮船未通，赴广州应府试者辄（zhé）结伴买一舟，水程三日，同行皆父执。一日舟中共饭，时一人指盘中咸鱼为题，命伯兄吟诗，伯兄应声曰：'太公垂钓后，胶鬲（gé）举盐初。'满座动容，神童之名自此始。"②另，《我之为童子时》："我为童子时，未有学校也。我初认字，则我母教我。直至十岁，皆受学于我祖父、我父。"③可见其在十岁以前，虽然如梁启超所记曾就读过外傅（如张乙星、周惺吾等先生），但还是从其祖父和父亲得益较多。④】

遍发梁启超家属及友朋征求意见。此稿之特点：一是积聚书信；二是采白话文；三是分节叙述；四是每年开首有综述。乃是资料长编，其篇幅之长，为此前年谱所未有，其对后来学者影响颇巨。1958年台北世界书局出版《梁任公先生年谱长编初稿》。胡适对其大加褒奖："这是一部没有经过删削的《长编初稿》，所以是最可宝贵的史料，最值得保存，最值得印行。"见中华书局2010年版《梁任公先生年谱长编初稿》第653页。该书详况亦见本书后附"参考书目举要"介绍书目。

① 见《梁启超年谱长编》，第15页。

② 同上。

③ 梁启超：《我之为童子时》。全文见《饮冰室合集·文集》之十一所收《三十自述》后附文，第19—21页。在《饮冰室合集》第二册。

④ 中华书局《饮冰室合集·文集》之十一《我之为童子时》最后一段断句为："直至10岁，皆受学于我祖父。我父、我祖父母及我父母皆钟爱我……"见第19—20页，在《饮冰室合集》第二册。

一八八三年（光绪九年　癸未）　十一岁

初读张之洞（南皮）[①] 之《辎轩（yóu xuān）语》及《书目答问》，耳目为之一新。【自云："游坊间，得张南皮师之《辎轩语》、《书目答问》，归而读之，始知天地间有所谓学问者。"[②]】

一八八四年（光绪十年　甲申）　十二岁

补博士弟子员。【《三十自述》："十二岁应试学院，补博士弟子员。日治帖括，虽心不慊（qiàn）之，然不知天地间于帖括外更有所谓学也。辄埋头钻研，顾颇喜词章，王父、父、母时授以唐人诗，嗜（shì）之过于八股。家贫无书可读，惟有《史记》一、《纲鉴易知录》一，王父、父日以课之，故至今《史记》之文，能成诵八九。父执有爱其慧者，赠以《汉书》一，姚氏《古文辞类纂（zuǎn）》一，则大喜，读之卒业焉。"《曼殊室戊辰笔记》："十二岁补博士弟子员。周惺吾先生曰：'吾不能教之矣。'"[③]】另，这一年康有为着手编著《人类公理》，亦即《大同书》。[④]

一八八五年（光绪十一年　乙酉）　十三岁

开始钻研段玉裁、王念孙训诂（xùn gǔ）之学，[⑤] 渐有弃帖括之志；又，跟从广州吕拔湖学。【《三十自述》："十三岁始知有段、王训诂之学[⑥]，大

---

① 张之洞（1837—1909），字孝达，号香涛、香岩，又号壹公、无竞居士，晚年自号抱冰，清直隶南皮（今河北南皮）人。洋务派代表人物之一，其所提出"中学为体，西学为用"，乃是对洋务派和早期改良派基本纲领之高度总结与概括。他同曾国藩、李鸿章、左宗棠并称晚清"四大名臣"。

② 梁启超《变法通议·论幼学》（后有详注）中语。见《饮冰室合集·文集》之一第55页，在《饮冰室合集》第一册。

③ 见《梁启超年谱长编》，第16页。

④ 康有为，名祖诒（yí），字广厦，号长素，别号更生，又号天游化人，其门人尊之为"南海先生"。其著作主要有《新学伪经考》、《孔子改制考》、《大同书》等。

⑤ 段玉裁（1735—1815），字若膺，号茂堂，江苏金坛人，清文字训诂学家、经学家。研究文字训诂音韵之学，著有《说文解字注》、《古文尚书撰异》、《毛诗故训传定本》、《经韵楼集》等；王念孙（1744—1832），字怀祖，江苏高邮人，清音韵学家、训诂学家。探究古书文义，提倡从声音以通训诂。撰有《广雅疏证》、《读书杂志》、《古韵谱》、《导河议》等。

⑥ 训诂之学——训，用较通俗的话去解释某字义；诂，用当代的话去解释字之古义（或用普遍通行的话去解释方言之字义）；训诂，解释古书中词句之意义。所谓训诂之学，乃中国传统研究古书中词义之学科，为中国传统之语文学（小学）之分支。

好之，渐有弃帖括（tiě kuò）① 之志。”《曼殊室戊辰笔记》：“十三学于广州之吕拔湖先生。”②】

一八八六年（光绪十二年　丙戌）　十四岁

受学于陈梅坪（píng）。【《曼殊室戊辰笔记》：“十四学于佛山陈梅坪先生。”③】

一八八七年（光绪十三年　丁亥）　十五岁

肄（yì）业于广州学海堂，始弃帖括之学，致力于训诂词章；并从学于石星巢。【《三十自述》：“时肄业于省会之学海堂。堂为嘉庆间（1796—1820）前总督阮元④所立，以训诂词章课粤人者也，至是乃决舍帖括以从事于此。不知天地间于训诂词章之外，更有所谓学也。”又，《曼殊室戊辰笔记》：“十五学于广州之石星巢先生。时石先生设教于广府翰墨池。……月考有奖赏，……伯兄（指梁启超）买书之费悉出于此。每届年假辄捆载而归，以余所见，如正续《皇清经解》、《四库提要》、《四史》、《二十二子》、《百子全书》、《粤雅堂丛书》、《知不足斋丛书》，皆当日之所购。”⑤ 另，《与娴儿书》：“有石星巢先生者，……吾十五六时之知识，大承得自彼也。”⑥】

【正　目】

一八八八年（光绪十四年　戊子）　十六岁

这年始入学海堂，为正班生。【《曼殊室戊辰笔记》：“十六岁入学海堂为

---

① 帖括——唐制，明经科以帖经试士。即，将经文贴去若干字，令应试者对答。后来考生因帖经难以诵背，就总括经文编成歌诀，以便记诵应对，此即“帖括”。明清时亦用指八股文。此文中则泛指科举应试文章。

② 见《梁启超年谱长编》，第 18 页。

③ 同上。

④ 阮元（1764—1849），字伯元，号云台、雷塘庵主，晚号怡性老人，江苏仪征人。兼思想家、著作家、刊刻家于一身，在经史、数学、天算、舆地、编纂、金石、校勘等方面均有很高之造诣，被尊为一代文宗，谥号文达，乃清代嘉庆、道光间名臣。著有《十三经注疏校勘记》、《经籍纂诂》等。

⑤ 见《梁启超年谱长编》，第 19 页。

⑥ 齐全按，《梁启超年谱长编》第 19 页记此文系梁启超于民国元年（1912）给其女儿梁令娴（思顺）之信。北京出版社 1999 年版《梁启超全集》所收梁氏家书也有此类文字，其个别词句稍有不同。见该书第 6118 页。亦见本书附录一“梁启超与子女书”“1913 年 1 月 25 日致梁思顺”条。

正班生。同时又为菊坡、粤秀、粤华之院外生。”① 又，《任公先生大事记》②：“先生（梁启超）十五六岁时为学海堂专课生，有《汉学商兑（duì）跋》，凡万余言，其文今不存矣。”③ ——如果说以前均为打基础阶段，则是年起，始露锋芒矣！】

一八八九年（光绪十五年　己丑）　十七岁

应广东乡试，中举人第八名。【《曼殊室戊辰笔记》：“举于乡，榜列八名。”④】此时的梁启超仍就学于学海堂及陈石樵（qiáo）、石星巢二人。【《任公大事记》：“卓如十七岁从学海堂专科生。季课大考，四季皆第一。自有学海堂以来，自文廷式外，卓如一人而已。”⑤ 另，光绪十六年（1890）石星巢致汪康年⑥一信，提及此年其门人中举之事：“兄去年（指1889年）馆中获售者九人。南榜则梁启超、谭镳（biāo）、颜贻（yí）泽、朱蔚然、梁志文、赖陈熙……九人之中以梁、谭、梁、赖四子为卓荦（zhuó luò）之士，经学词章各有所长……”⑦ 又，《任公少年事记》：“十六七岁从陈石樵、石星巢两先生。”⑧】这一年，广东学会发行《万国公报》。

一八九〇年（光绪十六年　庚寅）　十八岁

春，入京会试，始读《瀛环（yíng huán）志略》⑨ 并接触到上海制造局所译西方书籍。【《三十自述》：“从坊间购得《瀛环志略》读之，始知有五

---

① 见《梁启超年谱长编》，第19页。又，《曼殊室戊辰笔记》云：“广州有大书院五，最高之学府也，曰学海堂、曰菊坡精舍、曰粤秀书院、曰粤华书院，曰广雅书院。”

② 齐全按，《梁任公先生年谱长编初稿》此处作“某君《任公先生大事记》”。见该书中华书局2010年版第12页。后引版本同，只标书名及页数。另，该书第8页及《梁启超年谱长编》第14页均有引《梁任公先生大事记》一著，不知是否为同一种书。

③ 转引自《梁启超年谱长编》，第20页。

④ 同上书，第21页。

⑤ 同上书，第22页。文廷式（1856—1904），字道希（亦作道羲、道溪），号云阁（亦作芸阁），别号纯常子、罗霄山人、芗德。出生于广东潮州。其人遇事敢言，志在救世，是帝党重要人物，著名词人。

⑥ 汪康年（1860—1911），初名灏（hào）年，字梁卿；后改名康年，字穰（ráng）卿。晚年号毅伯、恢伯、醒醉生。浙江钱塘（今杭州）人，出版家、政论家。1896年在上海设《时务报》馆，任经理，以梁启超为主笔。因其人乃张之洞旧属，受后者影响，一度与梁龃龉（jǔ yǔ），1899年二人恢复通信，解嫌和好。

⑦ 见石德棻（fēn）：《与穰（ráng）卿贤弟书》。转引自《梁启超年谱长编》，第22页。

⑧ 转引自《梁启超年谱长编》，第22页。

⑨ 《瀛环志略》，成书于清道光二十九年（1849），徐继畬（shē）编纂，共10卷。该著介绍当时世界各国之风土人情，还对西方民主制度进行简介，此乃中国历史上之第一次。齐全按，本书初版作《瀛环志略》，后多沿用。现亦有作《瀛寰志略》者。

大洲各国。且见上海制造局译出西书若干种，心好之，以无力不能购也。"】秋，交陈千秋（通甫）①，并因之谒（yè）康有为，遂执业为弟子。【《三十自述》："其年秋，始交陈通甫，……乃因通甫修弟子礼，事南海（指康有为）先生。……自是决然舍去旧学，自退出学海堂，而间日请业南海之门，生平知有学自兹（zī）始。"又，《清代学术概论》："康有为以布衣上书，被放归，举国目为怪。千秋、启超好奇，相将谒之，一见大服，遂执业为弟子，共请康开馆讲学，则所谓万木草堂是也。"② 另，康有为自编年谱《我史》谓："三月，陈千秋来见，六月，来及吾门；八月，梁启超来学……"③】又曾手批《四库提要》数十册，并手写《兰亭》。【梁思成《致丁在君先生书》："彼粤寓尚有先严（指其父梁启超）十八岁时手批《四库提要》六十或八十册，并手写《兰亭》……"④】

一八九一年（光绪十七年　辛卯）　十九岁

康有为应梁启超、陈千秋请求，始设教于广州长兴里的万木草堂。【万木草堂时代之教育，为梁氏一生的学术及事业奠定了扎实的基础。《三十自述》："先生为讲中国数千年来学术源流，历史政治沿革得失，取万国以比例推断之，余与诸同学日札记其讲义，一生学问之得力，皆在此年。……先生著《新学伪经考》，从事校勘（jiào kān）。著《孔子改制考》，从事分纂（zuǎn）。日课则《宋元明儒学案》、《二十四史》、《文献通考》等。而草堂颇有藏书，得恣涉猎，学稍进矣……"又，《清代学术概论》："草堂常课，除《公羊传》外，则点读《资治通鉴》、《宋元学案》、《诸子语类》等"，"千秋、启超……相与治周、秦诸子及佛典，亦涉猎清儒经济书及译本西籍，皆就有为（指康有为）决疑滞（zhì）……"又，《南海先生七十寿言》："先生著《新学伪经考》方成，吾侪（chái）分任校雠（jiào chóu）。其著《孔子改制考》及《春秋董氏学》，则发凡起例，诏（zhào）吾侪分纂焉。吾侪坐是获所启发，各斐然（fěi rán）有述作之志……"⑤】其所受万

---

① 陈千秋（1869—1895），字通甫，又字礼吉，号随生。南海人。1891年入万木草堂，受业于康有为，曾任万木草堂学长。他与梁启超等曾协助康有为编撰《新学伪经考》等著，并讨论《大同书》诸多问题。1895年因协助康办理西樵乡同人团练局操劳过度而病故。

② 梁启超：《清代学术概论》，见《饮冰室合集·专集》之三十四第61页。全文见《饮冰室合集·专集》之三十四第1—80页，在《饮冰室合集》第八册。齐全按，参见拙著《梁启超读书著文法》附录乙梁启超国学类论著详目（二）。中国社会科学出版社2010年版，第377—378页。以下只标页码。

③ 见康有为《我史》，江苏人民出版社1999年版，第18页。

④ 转引自《梁启超年谱长编》，第24页。

⑤ 《南海先生七十寿言》：梁启超为庆贺康有为70诞辰而作。全文见《饮冰室合集·文集》之四十四（上）第27—29页，在《饮冰室合集》第五册。

木草堂时代的教育中，最得力者乃是康有为之《长兴学记》。①

一八九二年（光绪十八年　壬辰）　二十岁

二月，入京会试。又，《三十自述》："明年壬辰，年二十，……学于草堂者凡三年。"【另，《曼殊室戊辰笔记》："斯时于国学书籍而外，更购江南制造局所译之书，及各星轺（yáo）日记，与英人傅兰雅所辑之《格致汇编》等书。"②】闰（rùn）六月一日，致汪康年（穰卿）一信，谓欲从事著述事业。【云："仆性禀（bǐng）热力颇重，……知天下事之无可为，惟欲与二三同志著书以告来者……"③】

一八九三年（光绪十九年　癸巳）　二十一岁

是年冬，讲学于东莞（guǎn）。【《曼殊室戊辰笔记》："癸巳……年冬，讲学于东莞。"又，东莞《张篁（huáng）溪日记》："梁先生于光绪十九年癸巳冬到吾乡讲学。"④《变法通议》则谓："岁甲午，余授学于粤，曾为《读书分月课程》以训门人。"⑤故《梁启超年谱长编》云："大概这段事是在癸巳冬至甲午春之间。"又云："至于《读书分月课程》一书，是根据南海先生《长兴学记》改编的。"⑥】长女梁思顺（令娴）⑦出生（2月28日）。

一八九四年（光绪二十年　甲午）　二十二岁

《三十自述》："益读译书，治算学、地理、历史等。"⑧是年，与夏曾佑、谭嗣同（sì tóng）等在北京探讨学问、争论问题、主张新学，

---

① 可参看梁启超《〈长兴学记〉叙》。见夏晓虹辑《〈饮冰室合集〉集外文》，北京大学出版社2005年版，第17—18页。齐全按，以下引用《〈饮冰室合集〉集外文》均为该版本，只标书名及页码。亦可参看梁启超《新中国未来记》第三回有关描述。见《饮冰室合集·专集》之八十九第15页，在《饮冰室合集》第十一册。

② 见《梁启超年谱长编》，第28页。

③ 见梁启超光绪十八年闰六月一日《致汪穰卿同年书》。转引自《梁启超年谱长编》，第28—29页。

④ 转引自《梁启超年谱长编》，第30页。

⑤ 梁启超：《变法通议》，全文见《饮冰室合集·文集》之一第1—92页，在《饮冰室合集》第一册，此段引文在第55页。

⑥ 见《梁启超年谱长编》，第30页。

⑦ 梁思顺事参见本书附1"梁启超之家庭"相关内容。

⑧ 见《饮冰室合集·文集》之十一第17页，在《饮冰室合集》第二册。

往来颇多。①【《亡友夏穗卿先生》:“我们几乎②没有一天不见面，见面就谈学问，常常对吵，每天总大吵一两场，但吵的结果十次有九次我被穗卿屈服，我们大概总得到意见一致。”③】

一八九五年（光绪二十一年　乙未）　二十三岁

2月，入京会试，因试卷被误认为康有为之作，不第。【《曼殊室戊辰笔记》:“是岁春闱（wéi），乃顺德李若农典试，误以伯兄（指梁启超）之试卷为南海（指康有为）之作，故抑而不录。”】后助康有为在京创办《万国公报》（即《中外纪闻》）和强学会，旨在提倡新学，开通风气。【光绪二十一年（1895）6月27日创刊《万国公报》，计出45册。到这一年10月北京强学会成立，即更名《中外纪闻》（示与英美传教士团体广学会所办之《万国公报》有别）；强学会又名译书局，也叫强学书局或强学局。其正式开局，应在光绪二十一年10月初。开局后，先以报事为主，将《万国公报》改名《中外纪闻》，作为强学会会刊，以梁启超和汪大燮（xiè）为主笔。北京强学会开后，康有为又在沪发起上海强学会，以后的时务报馆即因之而产生。[有关两强学会的详细情形，可参考《我史》（即《康有为自编年谱》）、《戊戌政变纪》及《啬翁（sè wēng）自定义年谱》。] 到12月上半月，北京、上海的强学会先后均被封闭。12月21日，清政府照准其军机大臣李鸿藻（zǎo）之议，把强学会改为官书局，隶属总理衙门，只负责翻译书报等，这就改变了强学会原有宗旨，梁启超则被置身于局外，不得与闻。关于强学会的性质等问题，可参看梁启超《莅（lì）北京大学校欢迎会演说辞》。④ 有关强学会始末，则可参看吴樵（铁樵）给汪康年的一封信。⑤】这年尚有编辑印刷《经世文新

---

① 夏曾佑（1863—1924），字穗卿（suì qīng），号碎佛，笔名别士，浙江杭县（今杭州）人。1891年在北京结识梁启超、谭嗣同等，其思想对梁启超影响至大。1896年，夏曾佑、汪康年、梁启超等在上海创办《时务报》，鼓吹变法图存。此一时期前后，夏曾在天津结识严复，交往甚密。1897年《国闻报》创办，严复、夏曾佑均为创始人。《国闻报》、《时务报》大力宣传“新学”，都是有广泛影响之报纸。不过，夏曾佑并未参加戊戌维新实际活动；谭嗣同（1865—1898），字复生，号壮飞，又号华相众生、东海褰冥（qiān míng）氏、廖天一阁主等，湖南浏阳人。公开提出废科举、兴学校、开矿藏、修铁路、办工厂、改官制等变法维新主张，乃维新派之左翼。1898年戊戌政变后被杀，年仅33岁，为“戊戌六君子”之一。著有《仁学》。

② 中华书局《饮冰室合集》此处作“几何”，似误。

③ 《亡友夏穗卿先生》，梁启超为悼念夏曾佑而作。全文见《饮冰室合集·文集》之四十四（上）第18—24页，在《饮冰室合集》第五册，此段引文在第20页。

④ 全文见《饮冰室合集·文集》之二十九第38—44页，在《饮冰室合集》第四册。

⑤ 见吴樵光绪二十二年（1896）2月21日《致汪康年书》。《梁启超年谱长编》有此信转载，见第46—47页。吴樵（1866—1897），字铁樵，四川达县人。1895年与梁启超相识，赴北京参与强学会事。齐全按，参见本书“一八九七年”条有关吴德潚（sù）之注文。

编》之计划。【梁启超于5月29日《与穗卿足下书》云："拟辑《纪世文新编》，以新法新义移易旧重心。近人奏仪之属搜辑略具，然其实以我辈文字为主，不过取旧名取动人耳……"① 然不知何故，此举未果。】另，此年起，在学术方面已与乃师康有为小有分歧。②

一八九六年（光绪二十二年 丙申） 二十四岁

《三十自述》："七月，《时务报》开，余专任撰述之役，报馆生涯自兹始。著《变法通议》、《西学书目表》等书。"③【《梁启超年谱长编》："先生（指梁启超）这年在《时务报》中的言论，可以《变法通议》一文和《西学书目表》、《读西学书法》两书为其代表。前者是他救时的政治主张；后者是他救时的学术主张。"④ 又，《时务报时代之梁任公》："马眉叔先生所著之《马氏文通》与严又陵（严复）先生所译之《天演论》，均以是年脱稿，未出版之先，即持其稿以示任兄（指梁启超）。"⑤】另，是年又从马眉叔学拉丁文。此时与之交往之人，多半为好佛学之士，故又致力于佛学研究。【是年，在致康有为的几封信中，梁启超以为自己所学未足，难以担当救国救世之任，故每每谈及入山数年的意向。此时其对于事业之目的，尚着重在传教与救世层面上。⑥】另，这一年至明年间，曾与夏曾佑等提倡"新诗"。【即一种新体诗。⑦】

一八九七年（光绪二十三年 丁酉） 二十五岁

正月，商务印书馆在上海创设。【先设印刷所】2月，从武昌归来，仍主撰述事于时务报馆，旨在阐发其"变科举兴学校"之主张。【此时期，其有关言论方面的著述有《论科举》、《论学会》、《论师范》、《论女学》、《论

---

① 转引自《梁启超年谱长编》，第48页。

② 可参考梁启超《清代学术概论》有关内容。即《饮冰室合集·专集》之三十四第61页，在《饮冰室合集》第八册。

③ 见《饮冰室合集·文集》之十一第17页，在《饮冰室合集》第二册。

④ 《梁启超年谱长编》，第54页。

⑤ 转引自《梁启超年谱长编》，第56—57页。《马氏文通》10卷，为中国人所撰写之第一部汉语语法，署名作者为马建忠，即马眉叔（1845—1900）。齐全按，一说本著实则系由马建忠与其兄马相伯（本名马良、马建常）合撰。参见本书"一九一二年"条及其注文。

⑥ 参见夏晓虹《〈饮冰室合集〉集外文》第1—2页《与康有为书》相关内容。齐全按，夏书标其题为《与康有为等人书》。

⑦ 可参考《饮冰室诗话》相关内容。见《饮冰室合集·文集》之四十五（上）第40—41页，在《饮冰室合集》第五册。

幼学》、《学校余论》、《论译书》等。①】9月，湖南时务学堂开学，10月即就该学堂之聘。【在时务报馆期间，梁启超曾与其经理汪康年产生矛盾，以此之故即辞掉《时务报》主笔一职，径赴湖南时务学堂任总教习。至于梁启超主讲湖南时务学堂详细经过，除《三十自述》简述之外，尚有下列数文可资参考：《清代学术概论（第二十五）》、《时务学堂札记残卷序》、《蔡松坡遗事》、《初归国演说辞：鄙人对于言论界之过去及将来》及熊希龄《上陈右铭中丞书》等。② 梁启超这一时期的学术观点，可从《时务学堂学约》、《读春秋界说》和《读孟子界说》看出；至于其倡导民权、平等、大同之说，发挥保国、保种、保教之义等，可从《时务学堂遗编》中所收批阅学生札记中参考——可憾者该《遗编》所存梁氏言论已无当时最震撼人心的部分了！感兴趣者可在《翼教丛编》所存片断，一睹其当年激烈言论之一斑。③】上年（1896）10月，梁启超回广东时，曾到澳门与康广仁④商议办澳报事宜，初名《广务时报》，后改名《知新报》。【该报于1897年2月正式出版，由何易一等人主持其事，梁启超亦兼顾之。该报之内容与性质："专译西国农矿、工艺、格致等报，而以言政治之报辅之，亦间载重要之时事。"⑤】5月，所辑《西政丛书》出版。【该丛书分史志、官制、学制、公法、农政、工政、商政、兵政等八门，共32种，均为当时论西洋政事者。丛书卷首有梁启超叙文一篇。⑥】这年秋至冬，在上海联络志同道合者数人集资创办大同译书局，康广仁任经理。【当年即印出包括康有为《孔子改制考》⑦ 在

---

① 以上各篇参见梁启超《变法通议》。见《饮冰室合集·文集》之一第21—76页，在《饮冰室合集》第一册。

② 分见《饮冰室合集·专集》之三十四第62页，在《饮冰室合集》第八册；《饮冰室合集·文集》之三十七第69—70页，在《饮冰室合集》第四册；《晨报》蔡松坡十年周忌纪念特刊；《饮冰室合集·文集》之二十九第2页，在《饮冰室合集》第四册；《中国近代史资料丛刊》之《戊戌变法（二）》，第585页。

③ 《梁启超年谱长编》第89—90页录有《翼教丛编》片断。

④ 康广仁（1867—1898），名有溥（pǔ），字广仁，号幼博，又号大中，广东南海人。康有为弟。认为国家弱亡，皆由八股锢禁人才所致，故早年不事举业。1897年初，在澳门创办《知新报》，任总理。旋赴上海，倡设女学堂，并与梁启超等设立戒缠足会。后闻康有为上书光绪帝要求变法，即积极响应。1898年春，与梁启超结伴入北京，参与新政，助康有为拟新政奏稿，奔走呼号马不停蹄。戊戌政变时被捕，不久与谭嗣同等同时遇害，时年31岁，为"戊戌六君子"之一。

⑤ 汪记《任公事略》，转引自《梁启超年谱长编》，第69页。

⑥ 叙文见《饮冰室合集·文集》之二第62—64页，《饮冰室合集》第一册。

⑦ 康有为：《孔子改制考》。共21卷，是一部变法理论著作，乃康氏倡导变法维新的理论根据，集中体现了康有为的政治思想。

内的书籍十余种，成就斐然。】冬，同经莲珊[①]等人在上海提倡设立女学堂，撰《倡设女学堂启》[②]。【又撰《日本横滨中国大同学校缘起》一篇。以后则有《大同同学录题词四十韵》。[③]】本年又有吴筱村（德潚）[④] 招梁启超入西湖读书一事。【这年4月，吴筱村长子吴铁樵卒。吴公子乃梁启超佛学方面之同好，故闻此噩耗，梁启超至为悲伤。《饮冰室文集》即有一篇劝吴筱村节哀之函——《与吴季清书》。[⑤]】有关佛学，这年的3月，尚有梁启超致夏曾佑一信，论及其读佛经之情形。【其片断见丁文江、赵丰田《梁启超年谱长编》，第75页。】另，复严幼陵（严复）一信，内中讨论问题颇多。【从中可看出梁氏对诸多问题的见地与主张。[⑥]】本年度，杭州有《经世报》创刊（7月），上海有《实学报》创刊（8月）。【该两报或明或暗，总在与《时务报》较劲对垒。】是年，还收到陕西咸阳刘光蕡（fèi）（古愚）两信。[⑦]【在《复刘古愚山长书》里，梁启超对于在陕西兴学办教育、怎样致富等问题提及自己之见解。[⑧]】

一八九八年（光绪二十四年　戊戌）　二十六岁

4月初，在京联合举人百余人联署上书，请废八股取士之制[⑨]。【五

---

① 经莲珊，即经元善（1841—1903），原名高泉，字莲珊（莲山），号居易子、居易居士，晚年号剡（yǎn）溪聋叟等，浙江上虞人。25岁继承父业仁元钱庄，1878年，在上海首创“上海协赈公所”，影响颇大，得到洋务派重用。1880年涉足洋务企业，到1900年其电报网已遍及全国，成为当时最成功之洋务企业。

② 文见《饮冰室合集·文集》之二第19—20页，在《饮冰室合集》第一册。

③ 文分见《饮冰室合集·文集》之四第79—80页，在《饮冰室合集》第一册；《饮冰室合集·文集》之四十五（下）第22—23页，在《饮冰室合集》第五册。

④ 吴德潚（sù），字筱（xiǎo）村，自署“双遗居士”，四川达县白衣（今平昌县白衣镇）人。吴氏父子与康有为、梁启超、谭嗣同、黄遵宪、汪康年等关系均密切，曾参与京、沪强学会活动。

⑤ 此信见《饮冰室合集·文集》之一第112—113页，在《饮冰室合集》第一册。只是标其年为光绪二十二年（1896）。

⑥ 此信见《饮冰室合集·文集》之一第106—111页，在《饮冰室合集》第一册。亦标其年为光绪二十二年（1896）。

⑦ 刘光蕡（1843—1903），字焕唐，号古愚，陕西咸阳天阁村人。性爱读书，除通晓经史外，还通音韵、天文、数理，是当时关中乃至西北颇负盛名之大学者。

⑧ 参见《饮冰室合集·文集》之三第11—14页，在《饮冰室合集》第一册。

⑨ 八股取士——明清朝选拔官吏沿用科举制度，取士仍以科举为重，而科举则以八股文为主，考题只许在“四书五经”范围内，文体严格限于八股文，应考者不得发挥自己的见解。教育重心完全放在如何教八股文与如何做八股文上，这就严重束缚了学子的思想与才华，禁锢了知识分子的思想。

月十五日（7月3日）以布衣身份被光绪帝召见，同日即命以六品衔办理译书局事务。奉到上谕后，梁启超抓住机遇，于六月间又上一书，进呈业经拟就之译书局章程十条，得到光绪帝批准。七月间再上书，请设立编译学堂；请毕业生徒准予学生出身；书籍、报纸准免纳税等等——均蒙照准。①以微员所开之学校，并请学生之出身，在中国实乃开天辟地第一回。】八月，避祸赴日本。【在日军舰上，舰长以《佳人之奇遇》一书叫他解闷，则边读边译，后来竟刊发于《清议报》，其翻译之始，即在此舰中。】10月27日《与蕙仙书》，述及筹办《清议报》之事。【此信由横滨大同学校发。② 11月11日《清议报》即在日本横滨创办。此报乃旬刊，每十日出版一次，初出版时梁氏撰《清议报叙例》一篇（载该报第一期），讲该报之宗旨："一、维持支那（中国）之清议，激发国民之正气；一、增长支那人之学识；一、交通支那、日本两国之声气，联其情谊；一、发明东亚学术以保存亚粹。"③】冬，撰数篇有关政变事件之文，连载于《清议报》，梁氏以后之《戊戌政变记》一著即脱胎于此。④【何擎（qíng）一原注："先生所编《戊戌政变记》，书坊不敢公然出售，亦由何擎一转输内地，己庚（1899—1900）之间已销流两千部。"⑤】

一八九九年（光绪二十五年　己亥）　二十七岁

2月，偕（xié）罗孝高⑥往日本箱根，埋头苦读，恣情披阅。【与罗共编有《和文汉读法》一书，在当时，学者凭其即可粗读日文之书。当时梁启超

---

① 梁启超所上书分见《〈饮冰室合集〉集外文》第42—44页《拟译书局章程并沥陈开办情形折》；第48—49页《拟在上海设立编译学堂并请准予学生出身折》；第50页《请饬一切书籍报章概准免纳厘税呈》。

② 此信片断参见《梁启超年谱长编》，第169页。亦见北京出版社1999年版精装十册本《梁启超全集》，第6098页。齐全按，本书所引《梁启超全集》均用该版本，以下只标书名及页码。

③ 全文见《饮冰室合集·文集》之三第29—31页，在《饮冰室合集》第一册。

④ 《戊戌政变记》全文见《饮冰室合集·专集》之一第1—112页，在《饮冰室合集》第六册。

⑤ 转引自《梁启超年谱长编》，第172页。

⑥ 罗孝高（1876—1949），广东顺德容桂西社三帅府（今振华）人，名罗普。原名文梯，字熙明，号孝高，又号披发生。少年时代在广州长兴学舍和万木草堂从康有为学，接受维新思想。22岁赴日本求学，第二年成为早稻田专门学校经济特科官费留学生。戊戌政变后，离开早稻田，到横滨参加梁启超等主办的《清议报》、《新民丛报》编辑工作，同时撰文《日本维新三十年史》、《政党论》、《二十年来之经济状况》等。除了论文外，还用笔名"羽衣女士"撰写小说，计有《东欧女豪杰》、《铁假面离魂病》多种。晚年退休回乡闲居。

还著一文《论学日本文之益》："读日本之书，畴昔（chóu xī）所未见之籍，纷触于目；畴昔所未究之理，腾跃于脑。如幽室见日，枯腹得酒，沾沾自喜，而不敢自私。乃大声疾呼，以告同志曰：我国人之有志新学者，盍亦（hé yì）学日本文哉！日本自维新三十年来，广求智识于寰宇（huán yǔ），其所译所著有用之书，不下数千种，而尤详于政治学、资生学（即理财学，日本谓之经济学）、智学（日本谓之哲学）、群学（日本谓之社会学）等，皆开民智、强国基之急务也。"又云："余辑有《和文汉读法》一书，学者读之，直不费俄顷之脑力，而所得已无量矣。"①】**7月，联合华侨数人，在神户提倡并创办同文学校。**【杨维新《任公先生事略》："日本横滨、神户两埠（bù）华侨子弟教育，先生（指梁启超）提倡者甚多。横滨之大同学校，神户之同文学校，均于先生亡命到日本后设立。"②】**8月13日，在横滨与留日诸同志为文遥祭六君子。**③【自去岁9月逃亡东洋，梁启超于日本国共住一年零两月有余。此期间，最为显著者，即梁启超思想的变化与学问之长进。】**11月29日，抵檀香山。**【此时梁启超有一篇关于诗的议论，从中可看出其对于诗的见解与志趣："余虽不能诗，然尝好论诗，以为诗之境界，被千余年来鹦鹉（yīng wǔ）名士（余尝戏名词章家为鹦鹉名士，自觉过于尖刻。）占尽矣，虽有佳章佳句，一读之，似在某集中曾相见者，是最可恨也。故今日不作诗则已，若作诗，必为诗界之哥仑布、玛赛郎然后可。……欲为诗界之哥仑布、玛赛郎，不可不备三长：第一要新意境，第二要新语句，而又须以古人之风格入之，然后成其为诗。……若三者俱备，则可以为二十世纪支那之诗王矣。"④ 此外，梁启超又在赴美舟中作诗成数首，读之可看出其勃发之气概与激情。⑤ 另需说明者，梁启超在其《二十世纪太平洋歌》开篇即吟："亚洲大陆有一士，自名任公其姓梁"——从

---

① 全文见《饮冰室合集·文集》之四第80—82页，在《饮冰室合集》第一册。齐全按，学者亦可参阅梁启超另一文《论译书》相关内容，见《饮冰室合集·文集》之一（上）第64—76页，在《饮冰室合集》第一册。——拙著《梁启超读书著文法》有选该篇，见第299—311页。

② 转引自《梁启超年谱长编》，第185页。丁文江《梁任公先生年谱长编初稿》原批注云："大同学校创于光绪二十四年（1898），先生未亡命日本。"亦见《梁启超年谱长编》第185页。齐全按，中华书局2010年版欧阳哲生整理之《梁任公先生年谱长编初稿》未见此批注。

③ 祭文见《饮冰室合集·文集》之四十四（上）第1—2页，在《饮冰室合集》第五册。六君子是指光绪二十四年（1898）慈禧太后发动政变时逮捕并处死的六名变法派人士：谭嗣同、林旭、杨锐、杨深秀、刘光第与康广仁。因该年乃农历戊戌年，故史称"戊戌政变"、"戊戌六君子"等。

④ 引文见《饮冰室合集·专集》之二十二第189页，在《饮冰室合集》第七册。

⑤ 如《壮别二十六首》、《太平洋遇雨》等。诗见《饮冰室合集·文集》之四十五（下）第4—7页，在《饮冰室合集》第五册。

此，“任公”一号方闻于世。①】这一年之著述除诗词外，都是些零散文章。【有关于海外商业问题者3篇：即《商会议》、《论商业会议所之益》、《论内地杂居与商务关系》。显示出梁启超对扶助华侨事业方面之主张。②】亦从本年起，始著《自由书》。③【梁启超一生之政治思想和主张等，常常因时因地而变化，故而每每受人之讥评，谓其流质而善变。从其《自由书》中《成败》、《英雄与时势》、《放弃自由之罪》、《国权与民权》、《破坏主义》、《祈战死》、《中国魂安在乎》等篇章，即可看出这方面之情形。④然而读了其《俾士麦与格兰斯顿》、《善变之豪杰》等文章，则可看出梁启超之“常变”，自有其信念做支撑。⑤】发表《论中国人种之将来》、《瓜分危言》、《论支那独立之实力与日本东方政策》三篇文章。【戊戌、庚子年间（1899—1900），乃国际列强瓜分中国说最盛之时期，只因为各国利害有异，故亦有保全中国之一说。在日本，其舆论即有“保亚洲独立主义”和“与欧洲之均势主义”两说。责任感甚强的梁启超，有感于此种局势，愤然发表此三文。其大致内容：中国人种之特长及其必不至亡的道理所在；棒喝国人将被瓜分；对日本人的两种政策加以评论且声明中国有独立存在之实力。⑥】又，是年，日本哲学会召开之际，邀梁参加并演说，梁启超当仁不让，即作《论支那宗教改革》之讲演。【其大旨则在对乃师康有为的宗教主张加以阐述和发挥。⑦】是年严复始译约翰·穆勒《群己权界论》。⑧

一九〇〇年（光绪二十六年　庚子）　二十八岁

写有数篇文章。【如：《少年中国说》、《呵（hē）旁观者文》、《自由书

① 全篇见《饮冰室合集·文集》之四十五（下）第17—19页，在《饮冰室合集》第五册。

② 此三文见《饮冰室合集·文集》之四第1—18页，在《饮冰室合集》第一册。

③ 详见本书所附“《饮冰室合集》详目”相关内容。

④ 这些文章分见《饮冰室合集·专集》之二第1—3页、第9—10页、第23—24页、第24—25页、第25—26页、第37页、第37—39页，均在《饮冰室合集》第六册。

⑤ 俾士麦通译俾斯麦。二文分见《饮冰室合集·专集》之二第3页、第27—28页，均在《饮冰室合集》第六册。

⑥ 分见《饮冰室合集·文集》之三第48—54页、《饮冰室合集·文集》之四第19—43页、第67—71页，均在《饮冰室合集》第一册。

⑦ 演讲全文见《饮冰室合集·文集》之三第54—61页，在《饮冰室合集》第一册。

⑧《群己权界论》，英文名：On Liberty，又称《自由论》，乃政治学著作。原作者约翰·穆勒（John Stuart Mill，1806—1873），或译约翰·斯图尔特·密尔，亦译作约翰·斯图亚特·穆勒，英国著名哲学家和经济学家，19世纪有很大影响力的古典自由主义思想家。1900年时严复译书基本告成，但值八国联军进攻，他避走上海，译稿失于天津，后为外人得，1903年寄还，由商务印书馆出版。

(二)》、《书十二月二十四日伪上谕后》、《论今日各国待中国之善法》等。①】另，1899年以来，其写文章往往署名“哀时客”，从这时起则改为“少年中国之少年”。

一九〇一年（光绪二十七年　辛丑）　二十九岁

《三十自述》：“居澳半年，由西而东，环洲历一周而还。辛丑四月复至日本。”冬，《清议报》停刊，则改办《新民丛报》。【3月至5月，在《清议报》上发文《中国积弱溯源论》，反对革命，主张保皇。② 在澳洲居留间，写《铁血》1首。离开澳洲时，其诗则有《留别澳洲诸同志》6首，《澳亚归舟杂兴》4首。③ 是年11月，《清议报》出版至第一百号，将停刊。在报馆百号纪念庆典上，梁启超撰文《〈清议报〉一百册祝辞并论报馆之责任及本馆之经历》。④】又，这年10月，李鸿章【清直隶总督北洋大臣、文华殿大学士、合肥人。】逝世，梁启超为之作传，一个月后著成，取名《李鸿章》。【本著又名《中国四十年来大事记》，其所记事件，清晰明澈，颇具条理，其对李氏之品评，亦较公允平和。故自其出版，同梁启超绝大多数作品一样，至受欢迎，直到今天（21世纪）仍有其权威参考价值。⑤】又有《南海康先生传》一部。【其述康有为生平事迹、学术贡献等诸事，颇为详尽。⑥】康有为的《大同书》，亦于本年著成。【梁启超则于《〈大同书〉成题词》里为按语，对其师康有为写作本著之经过加以简略叙述，颇具文采。】另，是年7月清廷与列强达成协议，条约议成。【11月西太后即同光绪帝返京。清廷迫于内外压力，不得不敷衍列强各国，做做表面文章——数（shuò）下上谕表示维新，屡见外宾以示和谐，一时间变法维新气象几欲清新。实际上，朝廷并不欲彻底变法，其倡言维新之人士亦多为趋时投机之辈，

---

① 《少年中国说》、《论今日各国待中国之善法》、《呵旁观者文》三文收入《饮冰室合集·文集》之五，分见第7—12页、第15—55页、第69—75页。均在《饮冰室合集》第一册；《书十二月二十四日伪上谕后》收入夏晓虹《〈饮冰室合集〉集外文》第67—70页；《自由书（二）》收入夏晓虹《〈饮冰室合集〉集外文》第1244—1250页。齐全按，夏书题作《饮冰室自由书（补）》，且标其来源及日期分别为：1899年9月《清议报》26册、1899年12月《清议报》32册、1900年3月《清议报》39册。

② 文见《饮冰室合集·文集》之五第12—42页，在《饮冰室合集》第一册。

③ 以上均收入《饮冰室合集·文集》之四十五（下），在《饮冰室合集》第五册。

④ 文见《饮冰室合集·文集》之六第47—57页，在《饮冰室合集》第一册。

⑤ 文收《饮冰室合集·专集》之三第1—90页，在《饮冰室合集》第六册。

⑥ 文见《饮冰室合集·文集》之六第57—89页，在《饮冰室合集》第一册。

故梁启超奋笔写下《维新图说》一篇，予以抨击（pēng jī）；[①] 此外又有《自厉》2首、《志未酬》1篇、《举国皆我敌》1篇，以志感慨。[②]】始号“饮冰子”[③]；在上海开办广智书局。另，章太炎《訄（qiú）书》于是年出版。[④] 长子梁思成[⑤]出生（3月2日）。

一九〇二年（光绪二十八年　壬寅）　三十岁

正月初一（2月8日），梁启超主编之《新民丛报》创刊于日本横滨，【每月1号、15号为发行日。】10月，《新小说报》出版；除为两报撰写文章外，始著《中国通史》。【《三十自述》：“尔来蛰居（zhé jū）东国，忽又岁余矣。……惟日日为文字之奴隶，……舍此更无术可以尽国民责任于万一。……一年以来，颇竭棉薄，欲草一《中国通史》，以助爱国思想之发达，然荏苒（rěn rǎn）日月，至今犹未能成十之二。惟于今春为《新民丛报》，冬间复创刊《新小说》，述其所学所怀抱者，以质于当世达人志士，冀以为中国国民遒铎（qiú duó）之一助。”在《新民丛报》第1号中，梁启超对《新民丛报》之特色、宗旨、内容等，交代得清清楚楚，明明白白。[⑥]】自开《新民丛报》，梁氏愈加开忙，【“每日属文（zhǔ wén）以五千言为率，因此窘（jiǒng）甚。”[⑦]】本年度之《新民丛报》，其主打文章即梁启超之《新民说》与《新民议》。【《新民说》全文见《饮冰室合集·专集》之四第1—162页，在《饮冰室合集》第六册；《新民议》全文见《饮冰室合集·文集》之七第104—114页，在《饮冰室合集》第一册。《新民说》里有《论新民为中国今日第一急务》、《释新民之义》、《就优胜劣败之理以证新民之结果而论及取法之所

---

① 见《饮冰室合集·专集》之二第55—58页，在《饮冰室合集》第六册。

② 均收入《饮冰室合集·文集》之四十五（下），在《饮冰室合集》第五册。

③ 齐全按，《庄子·人间世》：“今吾朝受命而夕饮冰，我其内热欤！”

④ 章太炎（1869—1936），名炳麟，字枚叔。初名学乘，后改名绛，号太炎。早年又号“膏兰室主人”、“刘子骏私淑弟子”等。浙江余杭人，著名学者。其研究范围涉及小学、历史、哲学、政治等，著述甚丰。章太炎著《訄书》，光绪二十五年（1899）冬于苏州付梓，1901年（一说1900年）出版。共50篇，另补佚2篇。后经增订，于1902年完稿，1904年重印于日本。1914年更名《检论》。此书概括了章氏早年之政治思想，一时影响颇大。

⑤ 梁思成事参见本书附1“梁启超之家庭”相关内容。

⑥ 参见《〈饮冰室合集〉集外文》所辑梁启超《〈新民丛报〉章程》、《〈新民丛报〉之特色》二文。在第75—79页。

⑦ 这是梁启超给其师康有为的信中语。见梁启超光绪二十八年（1902）四月《与夫子大人书》。转引自《梁启超年谱长编》，第273页。此信详细引文见《梁启超全集》，第5935—5936页。

宜》、《论公德》、《论国家思想》、《论进取冒险》、《论权利思想》、《论自由》、《论自治》、《论进步》、《论自尊》、《论合群》、《论生利分利》、《论毅力》、《论义务思想》、《论尚武》、《论私德》、《论民气》、《论政治能力》等，加上其《叙论》，计有20节。广智书局发行之《中国魂》单行本，即《新民说》之一部分；《新民议》则包括《叙论》及《禁早婚议》2篇。】梁氏当时之文，振聋发聩，影响力巨大。【黄遵宪（公度）言："《清议报》胜《时务报》远矣；今之《新民丛报》又胜《清议报》百倍矣！……惊心动魄，一字千金，人人笔下所无，却为人人意中所有，虽铁石人亦应感动，从古至今文字之力之大，无过于此者矣。……吾辈……安所容置喙（huì）乎，惟有合掌膜拜（mó bài）而已！"①】正月间，始主张"不必保教，也不可保教"说，发表了《保教非所以尊孔论》。【指出："自今以往所当努力者，惟保国而已。"② 这种主张与梁启超以往之思想及康有为一贯的保教主张大相径庭，反映了梁启超政治思想上的一大改变。诚如他自己所言："此篇与著者数年前之论相反对，所谓我操我矛以伐我者也。今是昨非，不敢自默。其为思想之进步乎？抑退步乎？吾欲以读者思想之进退决之。"③ 梁启超此次之行为，非惟一教可保与否，其在思想上，已有了全新之方向，至为显明。这样就与其师康有为在思想学术上产生分歧。以后，他还对其师康有为大力倡设孔教会定国教祀天配孔诸议，屡起而驳之，康、梁学派终趋分道扬镳。】另，梁氏其人颇好佛学，对佛教信仰有加，力倡之，著有《论佛教与群治之关系》。【谓："吾师友多治佛学，吾请言佛学。"④ 不过，梁启超的信仰佛教却有其前提：智信而非迷信；兼善而非独善；入世而非厌世；无量而非有限；平等而非差别；自力而非他力。⑤】2月起，始在《新民丛报》逐期发表其《诗话》⑥；秋，萌创办《国学报》之念。【为此探讨于黄遵宪（公度）。黄遵宪亦维新运动一重要领袖，其思想及见解，大体均和康有为相近（保教一点除外）。对梁之主张，黄虽颇赞赏，但不主张保存国粹。按，戊戌（1898）以来六七年间，梁启超同黄遵宪联系频繁，两人竟有十万言以

---

① 见黄公度：光绪二十八年（1902）4月《致饮冰主人书》。转引自《梁启超年谱长编》，第274页。

② 全文见《饮冰室合集·文集》之九第50—59页，在《饮冰室合集》第一册。

③ 引文见《饮冰室合集·文集》之九第50页，在《饮冰室合集》第一册。

④ 引文见《饮冰室合集·文集》之十第45页，在《饮冰室合集》第二册。

⑤ 参见梁启超《论佛教与群治之关系》一文。见《饮冰室合集·文集》之十第45—52页，在《饮冰室合集》第二册。

⑥ 有关《饮冰室诗话》详见本书后文。

上之通信，可见相互影响之大。[①]】10 月，何擎一辑梁启超数年所作之文成《饮冰室文集》，是为壬寅本。[②]【梁启超则为之作序文，对汇辑该书之缘起并感想等娓娓道来，颇感人。】同月，《新小说报》出版，小说《新中国未来记》发表。【该小说阐发梁启超之政治思想与见解，其最精彩部分当为黄毅伯、李去病两个人物之论争。[③]】12 月间，中国大陆忽有传言谓将有废立等事。【梁启超则频与同志书函往来，讨论对策，并撰两文（《逆臣废弑之阴谋》、《樊增祥密书疏证》）予以反击。】又，是年还在横滨集股创办译书局。至于著述，本年极丰：政论文章以外，其学术方面者【有：《论中国学术思想变迁之大势》和《新史学》二篇。前文规模宏大，其综论中国古今学术思想演变之迹，多卓见。[④]】介绍西方学说者【有：《亚里士多德之政治学说》、《进化论革命者颉德（jié dé）之学说》、《乐利主义泰斗边沁之学说》、《法理学大家孟德斯鸠之学说》、《天演学初祖达尔文之学说及其略传》、《近世文明初祖二大家之学说》数篇。[⑤]】名人传记【有：《近世第一女杰罗兰夫人传》、《意大利建国三杰传》、《匈加利爱国者噶苏士传》、《张博望班定远合传》、《黄帝以后第一伟人赵武灵王传》。[⑥]】关乎地理学者【有：《地理与文明之关系》、《亚洲地理大势论》、《中国地理大势论》、《欧洲地理大势论》。[⑦]】而文学类尚有《世界末日记》、《新罗马传奇》和《侠情记传奇》三部。[⑧]【《世界

---

① 黄遵宪（1848—1905），字公度，别号人境庐主人，广东嘉应人。亦是著名诗人、外交家、政治家、教育家。1896 年在沪结交梁启超，与梁启超、谭嗣同等创办《时务报》。1897 年任湖南长宝盐法道，后署理湖南按察使。戊戌变法期间辅佐湖南巡抚陈宝箴（zhēn）大力推行变革，召请梁启超任时务学堂总教习。其所倡立之湖南保卫局，将近代警政引入中国。1898 年被任命为出使日本大臣。戊戌政变后，被清政府列为乱党，只因外国驻华公使等干预，清政府方允许其辞职还乡。在此期间与梁启超两人关系依然密切。

② 参见本书后附“参考书目举要”。

③ 全文见《饮冰室合集·专集》之八十九第 1—57 页，在《饮冰室合集》第十一册。

④ 《论中国学术思想变迁之大势》，见《饮冰室合集·文集》之七第 1—104 页，在《饮冰室合集》第一册。齐全按，参见拙著《梁启超读书著文法》附录甲《梁启超国学类论著详目（一）》，见第 314—315 页。

⑤ 均收入《饮冰室合集·文集》之十二、十三，在《饮冰室合集》第二册。齐全按，《梁启超年谱长编》谓尚有《论泰西学术思想变迁之大势》一篇，本人遍翻资料，查无出所。

⑥ 分别收入《饮冰室合集·专集》之五、六、十、十一、十二，均在《饮冰室合集》第六册。

⑦ 均收入《饮冰室合集·文集》之十，在《饮冰室合集》第二册。

⑧ 分别收入《饮冰室合集·专集》之九十、九十三，在《饮冰室合集》第十一册。其中的《侠情记传奇》附在《饮冰室合集·专集》之九十三后。

末日记》和《论小说与群治之关系》① 极为黄遵宪所称誉；而扪虱（mén shī）谈虎客［即韩树园（文举）］则云：《新罗马传奇》中所描写玛志尼之为人（第四出），乃梁氏最崇拜之人物，语语皆有寄托。】另，自打去年，梁启超史学兴味更浓，曾作《中国史叙论》一部；今年则又为《新史学》。【此两部史著即为梁启超欲著《中国通史》之指导思想与先期准备。② 尤其是《新史学》，其摭（zhí）取西学新说颇多，又揉以自己超凡识见，可谓珠联璧合，相得益彰。其对于整理国故，全新编史，贡献非凡，帮助甚巨。】

一九〇三年（光绪二十九年　癸卯）　三十一岁

正月，应美洲保皇会之邀，至美洲一游；3月，荣禄③辞世，撰文《呜呼荣禄》。【该文历数荣禄这些年之跋扈（bá hù）专权、乏善可陈，呼吁国人振奋精神，应变时局。载《新民丛报》第29号。】5月2日，到美波士顿。【在波士顿的九天，其时间之分配，基本上是半天用以与国人演讲谈论，半天则用来游赏当地之历史遗迹。】7月，至砵（bō）仑。【在砵仑停留期间，有一天偶阅旧金山华文报纸，记有清国领事馆某一随员被美国警吏殴辱自杀一事，引为国耻，即作挽诗3首，因原稿不存，不复记忆，故在《新大陆游记节录》中只收2首。见《饮冰室合集·专集》之二十二第104页，在《饮冰室合集》第七册。】10月12日，由温哥华乘“中国皇后号”，于23日抵达日本横滨。【这次的美洲一游，梁启超的政治思想发生了重大转变。归来之后，其言论大为改变，彻底抛弃了以前所深信不疑的“破坏主义”、“革命排满”等主张。曾撰写《答飞生》、《答和事人》、《论俄罗斯虚无党》等文章。④ 从其《答和事人》一文中即可了解他这次转变之经过。】美洲归来又一成果即：《新大陆游记》一书成。

---

① 《论小说与群治之关系》，见《饮冰室合集·文集》之十第6—10页，在《饮冰室合集》第二册。

② 《中国史叙论》，见《饮冰室合集·文集》之六第1—12页；《新史学》，见《饮冰室合集·文集》之九第1—32页。均在《饮冰室合集》第一册。

③ 荣禄（1836—1903），字仲华，号略园，瓜尔佳氏，满洲正白旗人，晚清军事家、政治家。为慈禧太后和恭亲王奕䜣（yì xīn）赏识，官至总管内务府大臣。1903年病死后谥“文忠”。编《武毅公事略》，著有《荣文忠公集》、《荣禄存札》等。

④ 《答飞生》、《答和事人》收入《饮冰室合集·文集》之十一，见第40—48页［时间均标为清光绪二十八年（1902）］；《论俄罗斯虚无党》收入《饮冰室合集·文集》之十五，见第19—30页［时间标为清光绪三十年（1904）］。均在《饮冰室合集》第二册。

【即梁启超将其所见所闻撰写为文，刊于《新民丛报》者。[1] 另，是年康有为发表《与南北美洲诸华商书》，主张中国须实行君主立宪而不能革命。章太炎则发表《驳康有为论政见书》，针锋相对，予以辩驳。】

一九〇四年（光绪三十年　甲辰）　三十二岁

正月，前往香港参加保皇大会；2月，由港至沪，与狄楚青[2]等策划开办《时报》。【4月29日，《时报》出版。该报其内容主要为“论说”、“纪事”两项外，尚有“批评”、“小说”、“报界舆论”、“外论撷华（xié huá）”、“介绍新著”、“词林”、“插画”、“商情报告表”、“口碑丛述”、“谈瀛零拾”等十门类。关于该报宗旨，梁启超撰有《时报缘起》一文可资参考，原载1904年1月《新民丛报》第44—45号合订本书前，题目：《上海〈时报〉缘起》。[3]】5月，癸卯年（1903）份《新民丛报》出齐并续出其第三年份。【此时梁启超响应大陆内地民意，为应付查检，一度曾打算将报名更为《民义报》，未果。】6月，《扪虱谈虎客》[4] 所辑《晚明以来遗事八则》成。【梁启超名之《中国近世秘史》，并作序文一篇。[5]】游美归来后，居住横滨山上，后迁往山下町（dīng）新民丛报社之三楼。【此时白天写作，晚上则到大同学校讲授中国历史。】冬，著《国史稿》成20余万言。【《国史稿》者即梁启超壬寅（1902）以来计划编著之《中国通史》也。后来改名《中国民族外竞史》，今又为《国史稿》，准备付梓。】此外又成两著：《中国之武士道》和《中国国债史》。【两书均有单行之本。前书用列传体，约十万言，起曹沬，讫李广，凡78人，其采《史记》最多，《左传》、《战国策》、《吕氏春秋》、《淮南子》、《韩非子》、《墨子》、《说苑》、《新序》次之。每篇杂以评论，以导入新理想。在其《自叙》梁启

---

① 《饮冰室合集·专集》之二十二收有《新大陆游记节录》，见第1—147页。在《饮冰室合集》第七册。

② 狄楚青（1873—1941）初名葆贤，又名狄平子，别署平等阁主等。江苏溧（lì）阳人。康有为弟子之一。工诗能文，信仰佛学，在《清议报》、《新民丛报》发表诗词多首。1904年，由康有为、梁启超集资，在沪创办《时报》。后与康、梁意见分歧，独资经营，曾在北京发刊京津版《时报》与上海《民报》，不到两年即停。1921年《时报》转让他人经营，始脱离报业。他还办过有正书局，出版《小说时报》、《妇女时报》、《佛学丛报》等。著作则有《平等阁诗话》、《平等阁笔记》等。

③ 文见《〈饮冰室合集〉集外文》第153—154页。

④ 齐全按，何擎一原注：此书实为先生（指梁启超）所自编，而托名于谈虎客耳。

⑤ 该序文收入《饮冰室合集·文集》之十六第124—125页，题为《近世中国秘史序》，在《饮冰室合集》第二册。

超云："顷编国史至春秋战国间，接先民謦欬（qǐng kài），深有所感动。为史裁所限，不能悉著录也。乃别著《中国之武士道》一编，冀为学校教科发扬武德之助焉。"① 后书，即《中国国债史》为广智书局所发行《通俗时局鉴丛书》之第一种。它"以显浅通俗之言，述近20余年来国债之历史，使全国民知我辈及我辈子孙负担之重而推原其所由来。"②】此时政论之文，有《论政治能力》，【阐述立宪、革命两党之关系及彼此应持之态度问题。③】《中国历史上革命之研究》④。【读之可知梁启超当时对于革命排满之态度。】关于财政问题之文，有《外资输入问题》、《中国货币问题》二篇；⑤ 至于学术方面，则有《子墨子学说》一文。⑥【此外，这一年8月，英藏新约成，撰《英国之西藏》、《哀西藏》二文，⑦ 发表时事评论；言俄国事者，有《俄国芬兰总督之遇害》、《俄国虚无党之大活动》、《俄国新内务大臣》、《俄国立宪政治之动机》、《呜呼俄国之立宪问题》、《续记俄国立宪问题》数篇。⑧ 另撰有：《日本之朝鲜》、《日俄战役关于国际法上中国之地位及各种问题》、《朝鲜亡国史略》。⑨ 另，是年孙中山⑩发表《敬告同乡书》，号召人们划清保皇与革命之界限。】次子梁思永⑪出生（10月7日）。

---

① 见《饮冰室文集类编》下册《中国之武士道自叙》。在广智书局光绪三十年（1907）正月第四版"谈丛类"之114页。此版之前身即发行于光绪三十一年（1905）11月的第3版，亦称"乙巳本"。中华书局《饮冰室合集·专集》之二十四收有此文，见第1—61页，在《饮冰室合集》第七册。

② 《中国国债史自叙》，见《饮冰室合集·专集》之二十五第1页，在《饮冰室合集》第七册。其全文计40页。

③ 参见本书"光绪二十八年"条相关内容。

④ 此文收入《饮冰室合集·文集》之十五第31—41页，在《饮冰室合集》第二册。

⑤ 均收入《饮冰室合集·文集》之十六，见第61—124页，在《饮冰室合集》第二册。

⑥ 收入《饮冰室合集·专集》之三十七，见第1—53页，在《饮冰室合集》第八册。

⑦ 二文见《〈饮冰室合集〉集外文》第183—198页。

⑧ 分见《〈饮冰室合集〉集外文》第167—169页、第219—228页。齐全按，《俄国立宪政治之动机》，《梁启超年谱长编》作《俄国立宪之动机》。

⑨ 分见《饮冰室合集·文集》之十四第31—33页、第11—19页，在《饮冰室合集》第二册；《饮冰室合集·专集》之十七第1—15页，在《饮冰室合集》第六册。

⑩ 孙中山（1866—1925），名文，字载之，号逸仙、日新，谱名德明，幼名帝象，化名中山樵、高野长雄，人们惯称孙中山。祖籍广东省河源市紫金县，五世祖迁居香山县（今中山市），十四世祖始定居翠亨村。中国国民党创始人，三民主义之倡导者。1905年成立中国同盟会，辛亥革命后被推举为中华民国临时大总统。1940年，国民政府通令全国，尊称其为"国父"，乃职业革命家。

⑪ 梁思永事参见本书附1"梁启超之家庭"相关内容。

一九○五年（光绪三十一年 乙巳） 三十三岁

仍主持《新民丛报》。2月23日，黄遵宪因肺病辞世。【梁启超闻噩耗（è hào）后，当即在《饮冰室诗话》中记其事，致其哀,[①] 以后，于宣统元年（1909）为之撰《嘉应黄先生墓志铭》一篇，记黄氏事迹并学术。[②]】6月，重编本《饮冰室文集》出版。【此书较何擎一之辑本材料增至乙巳年（1905）夏季，故又称“乙巳本”。何辑本用编年体，此书则分类汇辑，每篇题下注明年份，甚便检索。[③]】8月，清廷遣其五大臣出洋“考察”宪政。[④]【五大臣遇炸于火车站，故推迟至11月方成行。秋冬间梁启超为彼等代草《考察宪政》《奏请立宪并赦免党人》《请定国是》一类奏折，逾20余万言之多，趁机置入自己主张不少，可谓借花献佛。】是月，中国同盟会[⑤]在日本东京成立，10月，同盟会主办之《民报》始出版发行。【《民报》从其首发起，便宣布同梁启超为代表的立宪派开展论战。从此，革命派、立宪派间笔墨官司迭起，双方论争日趋剧烈。】梁启超是年之著述，有《德育鉴》、《节本明儒学案》二书，均印有单行本。[⑥]【前著为《论公德》、《论私德》两篇文章，是《新民丛报》第二次临时增刊；后著乃梁启超近十年读《明儒学案》筛选抄录有益于身心修养之部分。[⑦]】此外，零散文章其论时事者有9篇。【即：《自由乎？死乎?》、《自由死自由不死》、《读〈今后之满洲〉书后》、《评政府对于日俄和议之举动》、《再评政府对于日俄和议之举动》、《日俄和议纪事本末》、《记东京学界公愤事并述余之意见》、

---

① 见《饮冰室合集·文集》之四十五（上）第84—86页，在《饮冰室合集》第五册。

② 全文见《饮冰室合集·文集》之四十四（上）第4—6页，在《饮冰室合集》第五册。

③ 参见本书“参考书目举要”之《饮冰室文集类编》。

④ 五大臣——镇国公载泽、户部侍郎戴鸿慈、兵部侍郎徐世昌、湖南巡抚端方、商部右丞绍英。

⑤ 中国同盟会，简称同盟会，亦称中国革命同盟会，1905年8月20日成立。其前身即华兴会和兴中会，此外还有复兴会、科学补习所等多个组织参与。其政治要求是孙中山所提出之“驱除鞑虏，恢复中华，创立民国，平均地权”16字纲领，其机关刊物为《民报》，总理为孙中山，黄兴为副总理。就是这个同盟会于1912年使清朝覆亡。

⑥ 《德育鉴》收入《饮冰室合集·专集》之二十六第1—102页，在《饮冰室合集》第七册。

⑦ 参见《〈饮冰室合集〉集外文》第286—289页所辑梁启超文《〈节本明儒学案〉例言》。

《关税权问题》、《俄罗斯革命之影响》。①】另，尚有《世界史上广东之位置》、《历史上中国民族之观察》、《中国殖民八大伟人传》、《记越南亡人之言》、《世界将来大势论》等篇。②

一九〇六年（光绪三十二年　丙午）　三十四岁

仍主持《新民丛报》事。6月，“考察政治”的五大臣分两批回京。【清廷于七月初九（8月28日）专门召开御前会议，通过了《考察各国宪政报告》（实际上是梁启超所起草者）。】8月，“新会国文学会”公举梁启超为社长。【由梁启超全权负责各项事务。其主要举荐者为麦鼎华、周奋、杨维新、陈国权等人。】12月，杨度③主持之《中国新报》与何天柱主持之《学报》先后出版。【梁启超撰《新出现之两杂志》一文加以评述。④《中国新报》东京出版，主张实行君主立宪，要求清政府速开国会，并参与和《民报》论战；《学报》刊于东京，何天柱叙云：“报名《学报》，不涉政治”，梁启超评曰：“学报者，可谓中国学术上报章之先河也。”⑤】本年其政论文章之最重要者：《论今日中国万不能行共和立宪制之理由》（《开明专制论》之第八章第一节）和《申论种族革命与政治革命之得失》两篇。【梁启超曾合刊该两文为《中国存亡一大问题》，印单行本万册发行之。此时他的政治主张是：要政治革命，反对种族革命。这种主张在这两篇文章中清晰地得以体现。⑥】还有不少辩论性文章。

---

①《自由乎？死乎？》《自由死自由不死》《读〈今后之满洲〉书后》《评政府对于日俄和议之举动》《再评政府对于日俄和议之举动》《日俄和议纪事本末》《记东京学界公愤事并述余之意见》七篇文分见《〈饮冰室合集〉集外文》第229—240页、第257—272页、第276—286页、第289—312页；《关税权问题》、《俄罗斯革命之影响》二文分见《饮冰室合集·文集》之十九第68—76页、第93—105页，在《饮冰室合集》第二册。

②《世界史上广东之位置》收入《饮冰室合集·文集》之十九，在《饮冰室合集》第二册。《历史上中国民族之观察》收入《饮冰室合集·专集》之四十一，（所标年份为清光绪三十二年），在《饮冰室合集》第八册；《世界将来大势论》收入《饮冰室合集·文集》之十五，（所标年份为清光绪三十年），在《饮冰室合集》第二册。

③杨度（1874—1931），原名承瓒，字皙子，后改名度，别号虎公、虎禅，又号虎禅师、虎头陀、释虎。先后投身截然对立之政治派别。著有《虎禅师论佛杂文》三集、《杨度日记》等。

④文见《〈饮冰室合集〉集外文》，第472—483页。

⑤参见《梁启超年谱长编》，第377页注二。

⑥此二文分别收入《饮冰室合集·文集》之十七、十九，在《饮冰室合集》第二册。另，参见《〈饮冰室合集〉集外文》所辑《〈中国存亡一大问题〉叙》、《〈中国存亡一大问题〉跋》，在第361—362页。

【如：《答某报第4号对于〈新民丛报〉之驳论》、《现政府与革命党》、《暴动与外国干涉》、①《杂答某报》、《中国不亡论》、《再驳某报之土地国有论》等。②】这些文章之要点，基本未超出其以前所论之原则。【前已述之，自打同盟会主办之《民报》创刊后，即开始了立宪派与革命派之间的大论战。到今年4月28日，《民报》（第三期发行之《号外》）将两派之论争归纳为12个大问题，要与立宪派辩论出个高低雌雄。从此，双方愈打愈烈，一发而不可收。论争一直延续到1907年。当时，好事者将双方之言论合刊，名之曰《立宪论与革命论之激战》问世。立宪派的言论机关以《新民丛报》为代表，革命派的言论以《民报》为代表，可谓针尖对麦芒。③】

一九〇七年（光绪三十三年　丁未）　三十五岁

2月，撰《国文语原解》一著。【由《新民丛报》印单行本发行，是为《饮冰室丛书》之一种。④ 梁启超谦虚云此书并非有系统之著述，盖以存研究之一得，不过触手举例者。他亦曾致信请序言于蒋观云，内述编著此书之缘由，且希望通过蒋能请章太炎为一叙言，“亦学问上一美谈”，因为“政见与学问固绝不相蒙”。⑤】3月，新民丛报上海支店与时报馆同时被火，【新民丛报上海支店被焚后，该店各事均由上海棋盘街广智书局代理。】至7月，《新民丛报》则停刊。【停刊前，梁启超曾有继续出版该刊之计划。他同时还打算另办一种专论政治、经济、法律之新报。梁启超于当时致徐佛苏之信函即讨论此事。⑥】是年10

---

① 以上三文分别收入《饮冰室合集·文集》之十八、十九，在《饮冰室合集》第二册。

② 以上三文则收入《〈饮冰室合集〉集外文》，见第400—459页。

③ 还在论战时，署名“壁上客”者即收集《新民丛报》和《民报》中主要论战之文章，编辑出版了小册子《立宪论与革命论之激战》。

④ 该著收入《饮冰室合集·文集》之二十第29—58页，在《饮冰室合集》第三册。

⑤ 见梁启超光绪二十二年（1907）2月《致蒋观云先生书》，其片断在《梁启超年谱长编》第378页。蒋观云（1866—1929），即蒋智由，原名国亮，字观云、星侪、心斋，号因明子、愿云，浙江诸暨人。近代诗人，诗集有《居东集》、《蒋观云先生遗诗》。其在日本时曾助梁启超编辑《新民丛报》，担任《政论》主编，后同蔡元培等在沪创设中国教育会和爱国学社。晚年寓居上海。

⑥ 见梁启超光绪三十三年（1907）《致佛苏我兄书》。参见《梁启超年谱长编》，第384—388页。亦见《梁启超全集》，第5953—5955页。徐佛苏（1879—?），名应奎，一作运奎，号佛公，笔名心斋、文福兴等，以字行。湖南善化（今长沙）人。1904年参加华兴会，进行反清活动，因起义事被捕。后获释，东渡日本，与梁启超往来日密，由革命转向保皇，任《新民丛报》撰稿人。鼓吹立宪，组织宪友会，主办《国民公报》。民国后历任大总统府顾问、南北议和代表、币制局总裁、北平民国大学代理校长等职。

月 12 日，前礼部尚书李苾（bì）园（端棻）去世。①【第二年梁启超为之撰墓志铭一篇，至为动情。②】12 月 23 日，致信康有为。【语及整顿《时报》和广智书局等事甚详。③ 另，计划开办《江汉公报》及“江汉公学”等事，梁启超于 12 月 29 日致熊希龄（原信作文福兴）之函所言颇细。④】较之往年，梁启超今年为文不多。【其重要者：《〈社会主义论〉序》、《政治与人民》、《闻东京留学界与监察员冲突事有感》、《政治上之监督机关》等。⑤ 另有感怀诗两首，述其感慨与胸怀。⑥】三子梁思忠⑦出生（6 月 28 日）。

一九〇八年（光绪三十四年　戊申）　三十六岁

正月二十六日，36 岁生日，作诗两首。【以表无限感慨。诗中有云：“无穷心事频看镜，如此江山独倚楼。”“中年百岁君休问，哀乐中年未易改。”⑧】3 月，计划开办《江汉日报》与“江汉公学”。【因经费困难，暂缓。】夏初，致信康有为。【谈有关拟办《大江日报》、法政大学、暑期法政讲习所等事。⑨】冬，亲

---

① 李端棻（1833—1907），字苾园，贵州贵筑（贵阳）人。历任学政、刑部侍郎等职。1889 年秋，以内阁学士身份出任广东乡试主考。考生梁启超被录取，榜上排名第八。后来李将堂妹李蕙仙许配启超为妻。1896 年上疏：请设立京师大学堂；各省府、州、县遍设学堂；建藏书楼、仪器院、译书局；广立报馆；选派留学生等等。他还支持变法，举荐康有为、梁启超等人。戊戌政变后，被充军新疆，后赦归，主讲贵州经世学堂。晚年归故里。他乃贵阳一中的创始人，今北京大学之首倡者。

② 见《饮冰室合集·文集》之四十四（上）第 2—4 页，在《饮冰室合集》第五册。

③ 见光绪三十三年（1907）12 月 23 日《与夫子大人书》。（不过函内有“前日为腊月 25 日”语，故似当为 27 日写。参见《梁启超年谱长编》，第 431—434 页。）《梁启超全集》第 5966—5968 页亦有该信详细引文。

④ 见光绪三十三年（1907）12 月 29 日《致熊秉三先生书》。见《梁启超年谱长编》，第 434—436 页。该信详细引文亦见《梁启超全集》，第 5968—5969 页。熊希龄（1870—1937），字秉三，别号明志阁主人，双清居士。晚年学佛，又有佛号妙通。湖南省凤凰县镇竿镇（今沱江镇）人，以故又被人尊称为熊凤凰。曾回乡推行新政，任时务学堂提调，乃《湘报》与南学会发起人。戊戌政变后被革职，交地方监督。后一度成为君主立宪派与进步党之首脑。1913 年当选民国第一任民选国务总理。由于反对袁世凯复辟帝制，不久就被迫辞职。晚年致力于慈善和教育事业。

⑤ 前两篇收入《饮冰室合集·文集》之二十，在《饮冰室合集》第三册；后两篇分见《〈饮冰室合集〉集外文》第 483—485 页、第 518—527 页。

⑥ 诗见《饮冰室合集·文集》之四十五（下）第 35、36 页，在《饮冰室合集》第五册。

⑦ 梁思忠事参见本书附 1“梁启超之家庭”相关内容。

⑧ 全诗见《饮冰室合集·文集》之四十五（下）第 35 页，在《饮冰室合集》第五册。

⑨ 见梁启超光绪三十四年（1908）夏初《致南海夫子书》，原文残，其片断参见《梁启超年谱长编》，第 467—468 页。亦见《梁启超全集》，第 5970 页。

书《南海先生诗集》,【成前四卷。】又著书《王荆公》一部。【书凡22章,以近世欧美政治比较王荆公为政之术,对王安石变法其内容及优劣成败之因,探讨颇详,极具启发意义。①】此外,为文较之往年仍属不多。【有两著《中国国会制度私议》和《中国古代币材考》。前著载《政论》第5号,后著载《国风报》第一年第7号。②】此年自横滨迁居兵库县之须磨村麦氏别庄。次女梁思庄③出生(8月9日)。

一九〇九年(宣统元年 己酉) 三十七岁

这一年颇不得意,情绪低落,生活窘迫,遂终日读书著述排绪遣闷:3月,著《管子传》一部。【其《自序》述编著该书缘由云:"我国以世界最古最大之国,取精多而用物宏,其人物之魂玮(wěi)绝特,敻(xiòng)非他国之所得望。而前此之读书论世者,或持偏至之论,挟(xié)主奴之见,引绳批根,而非常之人,非常之业,泯没(mǐn mò)于谬悠之口者,不可胜(shēng)数也。若古代之管子、商君,若中世之荆公,吾盖遍征西史,欲求其匹俦(pǐ chóu)而不可得,而商君、荆公为世之诟病(gòu bìng),以迄今日;管子亦毁誉参半,即誉之者,又非能传其真也。余既为荆公作洗冤录,商君亦得顺德麦氏为之讼直,则《管子传》不可以无述,述之得六万余言。作始于宣统纪元三月朔,旬有六日成。"④】4月,撰《财政原论》。【据梁氏拟本著目次,全书应为5编18章。其《例言》谓:所论皆归宿于我国,博征过去之历史,详审现在之情形,以示将来之方策。又云:所拟组织租税系统私案诸种,租税法私案及公债政策论、地方财政论,皆数年来所怀抱,几经研索,呕心而成。自谓若见施行,可以起宗帮于大衰,拯民生于涂炭。——足见梁氏本年对财政学亦下了番苦工,颇有在这一领域开辟新途之宏愿。可惜的是未完成全书写作。】此外,此时当又编撰《宪政论》一书。【因4月5日,其门人何天柱曾致信于他,商请付印《宪政论》和《国史稿》等事。⑤】另,有关梁启超这一年著述、学习及生活状况等,尚有几封信可资参考。【如5月25日、7月18日给其仲

---

① 此文收入《饮冰室合集·专集》之二十七第1—217页,在《饮冰室合集》第七册。

② 《中国国会制度私议》收入《饮冰室合集·文集》之二十四第1—147页;《中国古代币材考》收入《饮冰室合集·文集》之二十第58—72页。均在《饮冰室合集》第三册。

③ 梁思庄事参见本书附1"梁启超之家庭"相关内容。

④ 引文见《饮冰室合集·专集》之二十八第1页。《管子传》全文收入《饮冰室合集·专集》之二十八第1—85页,在《饮冰室合集》第七册。

⑤ 见何天柱4月5日《致夫子大人函丈书》。参见《梁启超年谱长编》,第486页。

弟梁启勋（仲策）的信："此数月间，兄大从事于著述以疗饥，且与觉顿、娴儿同学德文，每日有一定功课，亦翛（xiāo）然有以自乐也……""吾辈今惟绩学待用耳，它无懑（mèn）焉。年来贫彻骨，而为学日有常课，精神日用则日出，而心境泰然，其乐乃无极也……"① 7月24日，给梁仲策的信，有鼓励其弟用功学作词并论词作诗及习字诸内容——"弟若嗜此，当下一番刻苦功夫，非可率尔图成，……兄年来颇学为诗，……近专学动荡隽（jùn）远一派……三月以来，颇效曾文正，每日必学书二纸……"②】所作零散文章，《嘉应黄先生墓志铭》③外，尚有论时事之三文。【即：《张恰铁路问题》、《城镇乡自治章质疑》、《论各国干涉中国财政之动机》。④】

一九一〇年（宣统三年　庚戌）　三十八岁

正月二十九日，《国风报》出版。【《国风报》，1910年3月10日（正月二十九日）创刊于上海。是报为旬刊，每十日出版一次，它以忠告政府、指导国民、灌输世界之常识、造成健全之舆论为宗旨，月出三册，每册8万字，逢一日出版。其内容分"谕旨"、"论说"、"时评"、"著译"、"调查"、"记事"、"法会"、"文牍（dú）"、"谈丛"、"文苑"、"图画"、"问答"、"附录"，凡14门。出版之初，梁启超撰叙例1篇，《说国风》上、中、下3篇，阐述该报的宗旨、使命和价值。⑤ 梁启超在《国风报》中之文章，比以前他在各报中所发表者更为切实，故该报出版后甚为畅销，拥有大量的读者群，影响颇大。至1911年7月，该报共出52期，其编辑兼发行人为何国桢（zhēn），梁启超为总撰稿人。它是继《新民丛报》后立宪派的主要舆论阵地。】2月，梁启超致信徐佛苏，详言当时著述等事。⑥ 7月，《国民公报》出版。【此报系徐佛苏主持之"国会请愿同志会"机关刊物。作为其总撰稿人，梁启超为该报撰文颇多。十月三日（11月4日）清

---

① 信见梁启超宣统元年（1909）5月25日、7月18日《与仲弟书》。参见《梁启超年谱长编》，第490—491页。亦见《梁启超全集》，第5978—5979页。

② 见梁启超宣统元年7月24日《与仲弟书》。参见《梁启超年谱长编》，第491页。此信亦见《梁启超全集》，第5979—5980页。

③ 参见本书"一九〇五年"条相关注释。

④ 均载《国风报》，分见《饮冰室合集·文集》之二十第72—73页、第78—81页、第81—84页，在《饮冰室合集》第三册。

⑤ 其中《国风报叙例》收入《饮冰室合集·文集》之二十五（上）第19—26页；《说国风》上、中、下三篇收入《饮冰室合集·文集》之二十五（下）第3—11页，均在《饮冰室合集》第三册。

⑥ 见梁启超宣统二年（1910）2月晦《与佛苏吾兄书》。《梁启超年谱长编》作转引，见第509—511页。此信亦见《梁启超全集》，第5986—5987页。

廷谕令宣统五年（1913）召集国会。梁启超读这次上谕后，当即撰文《读十月三日上谕感言》一篇。① 国会请愿同志会二次请愿失败后，梁启超曾撰两文：《为国会期限问题敬告国人》和《论政府阻挠（náo）国会之非》。② 此外尚有《国会期限问题》和《立宪九年筹备案恭跋》两篇文章。③ 以上文章所讨论者均为国会期限问题。】是年秋冬间，梁启超得交侍御赵尧生④，探讨诗古文辞。【系潘若海所引荐，以后则写《寄赵尧生侍御以诗代书》一篇。⑤】11 月，曾欲发起国民常识学会。【各项筹备已臻（zhēn）成熟，业已筹得经费三千金，并已接洽印刷等事。但该事最终未成。】是年著述均为散篇文章。【《宪政浅说》除外。零散文章则有：《国民筹还国债问题》、《再论筹还国债》、《国家运命论》、《中国外交方针私议》、《中国国会制度私议》、《评一万万元之新外债》、《将来百论》等。⑥】是年，日俄协约成，朝鲜为日本所吞并。【则撰有《朝鲜灭亡之原因》、《日本吞并朝鲜记》二文。⑦ 并作《朝鲜哀词》五律 24 首。⑧】此外，还有针砭（zhēn biān）时政、现状，表示激愤情绪之文章。【如：《岁晚读书录》，内有《治具与治道》、《学问与荣利之路》、《不悦学之弊》、《雪浪和尚语录二则》、《使法必行之法》、《治治非治乱》、《所令与所好》、《怨天者无志》、《欲恶取舍》

---

① 载《国风报》第 28 号。见《饮冰室合集·文集》之二十五（上）第 143—153 页，在《饮冰室合集》第三册。

② 分见《国风报》第 14 号、第 17 号。分别收入《饮冰室合集·文集》之二十三第 15—25 页；《饮冰室合集·文集》之二十五（上）第 106—131 页。均在《饮冰室合集》第三册。

③ 其中《国会期限问题》收入《饮冰室合集·文集》之二十五（上）第 74—76 页，在《饮冰室合集》第三册；《立宪九年筹备案恭跋》，见《〈饮冰室合集〉集外文》第 552—561 页。

④ 赵尧生（1867—1948），名熙，字尧生，别号香宋，四川荣县人。清末民初以文章、学问、名望著称于世。

⑤ 录《饮冰室合集·文集》之四十五（下）第 77—79 页［标年份为民国四年（1915）］。在《饮冰室合集》第五册。潘若海（1870—1916），名博，字若海，广东南海人，康有为弟子。为改良派派往北京等地从事秘密活动者之一，系梁启超联络清廷权贵之重要人物。袁世凯内阁成立后，又任梁与袁联络之人。

⑥ 分别收入《饮冰室合集·文集》之二十一、二十二、二十三、二十四、二十五（上），均在《饮冰室合集》第三册。

⑦ 齐全按，《梁启超年谱长编》其《朝鲜灭亡之原因》作《朝鲜亡国之原因》（第 535 页），今据中华书局 1989 年版《饮冰室合集》改。此二文分别收入《饮冰室合集·专集》之二十第 1—7 页和《饮冰室合集·专集》之二十一第 1—21 页，在《饮冰室合集》第六册。另，《日本吞并朝鲜记》文后附有《朝鲜对于我国关系之变迁》一文，见《饮冰室合集·专集》之二十一第 23—27 页，亦在《饮冰室合集》第六册。

⑧ 录《饮冰室合集·文集》之四十五（下）第 47—50 页，在《饮冰室合集》第五册。

等篇。①】有关时事和政治方面的文章亦有若干篇。【如：《说政策》、《国会与义务》、《国会开会期与会计年度开始期》、《论请愿国会当与请愿政府并行》、《立宪政体与政治道德》、《咨（zī）议局权限职务十论》、《官制与官规》、《外官制私议》、《军机大臣署名与立宪国之国务大臣副署》、《资政院章程质疑》、《论资政院之天职》、《硃谕与立宪政体》、《评资政院》、《责任内阁与政治家》、《评新官制之副大臣》等。②】其讨论财政和经济问题者亦在不少。【如：《格里森货币原则说略》、《读农工商部〈筹备劝业富签公债折〉书后》、《论币制颁定之迟速系国家之存亡》、《论地方税与国税之关系》、《各省滥铸铜元小史》、《论国民宜亟（jí）求财政常识》、《币制条议》、《读度支部〈奏报各省财政折〉书后》、《读度支部〈奏定试办预算大概情形折及册式〉书后》、《论直隶湖北安徽之地方公债》、《公债政策之先决问题》、《读〈币制则例及度支部筹办诸折〉书后》、《节省政费问题》、《外债平议》、《亘（gèn）古未闻之预算案》、《偿还国债意见书》、《论中国国民生计之危机》、《米禁危言》、《中国最近市面恐慌之原因》等。③】还有诗词若干首。【即：《双涛园读书》、《庚戌岁暮感怀》各6首，读之即见梁启超这一年之感慨。④】另，有题长女梁思顺《题艺蘅馆日记第一编》文。⑤

一九一一年（宣统三年　辛亥）　三十九岁

入春，拟创办北京、上海两大日报。【2月，偕（xié）长女梁思顺及汤觉顿⑥等为台湾之游。此次之游历，考察而外，为报馆筹款亦为目的之一。抵台之日，恰值爱女生日，梁启超于鸡笼山舟中即兴作诗10首。至于开办常识学会事，

---

① 以上各篇见《饮冰室合集·专集》之二第114—123页，在《饮冰室合集》第六册。

② 分别收入《饮冰室合集·文集》之二十三、二十五（上），在《饮冰室合集》第三册。

③ 以上各文《饮冰室合集》均有收录。齐全按，其有些无关学术之杂论和诗作等，大多收录于《饮冰室合集》，篇目所限，本书一般不再详注说明，下同。

④ 齐全按，《梁启超年谱长编》《庚戌岁暮感怀》作《岁暮感怀》（第536页），今据中华书局1989年版《饮冰室合集》改。《双涛园读书》6首见《饮冰室合集·文集》之四十五（下）第52—53页，《庚戌岁暮感怀》6首见《饮冰室合集·文集》之四十五（下）第58页。均在《饮冰室合集》第五册。

⑤ 齐全按，《梁启超年谱长编》《题艺蘅馆日记第一编》作《艺衡馆日记》（第536页），今据中华书局1989年版《饮冰室合集》改。此文收入《饮冰室合集·文集》之四十五（下）第51—52页，在《饮冰室合集》第五册。

⑥ 汤觉顿（1878—1916），原名叡（ruì），又名为刚，字觉顿，1910年后用笔名明水，祖籍浙江诸暨（zhū jì）。1894年（16岁）经梁启超介绍入万木草堂，从康有为习治身经世之学。

是年虽办之不疲，但还是未能成功。】此外，亦就考察所得，欲撰一部《台湾游记》。[①]【5月，针对上海各报馆对其个人和立宪党屡次攻击，曾发表《与上海某某报馆主笔书》一文；9月16日由日本乘天草丸返国，于19日抵大连，在抵大连前后，感慨万千，作《归舟见月》、《述归杂诗》、《游旅顺》等诗数首。】9—10月，发表《中国前途之希望与国民责任》一文。【读此记述梁启超与汤觉顿有关国事之论辩文，即见梁启超其人对于国事问题之态度。[②]】又有《新中国建设问题》。【该文上下两篇，上篇论单一国体和联邦国体之问题；下篇论虚君共和政体和民主共和政体之问题。[③]】此外尚有若干讨论时事之文章。【《粤乱感言》、《对外与对内》、《敬告国人之误解宪政者》、《论政府违法借债诿（wěi）过君上之罪》、《违制论》、《国民破产之噩兆（è zhào）》、《政党与政治上之信条》、《中俄交涉与时局之危机》、《论边防铁路》、《为筹制宣统四年预算案事敬告部臣及疆吏》[④]、《立宪国诏旨之种类及其在国法上之地位》、《收回干线铁路问题》、《为川汉铁路事敬告全蜀父老》、《利用外资与消费外资之辨》。】还有若干诗作。【正月作《人日立春》；5月作《南海先生倦游欧美载渡日本同居须磨浦之双涛阁述旧抒怀敬呈一百韵》；10月作《十六日先帝三年丧毕志恸（tòng）》。】

一九一二年（民国元年　壬子）　四十岁

4月，撰书《中国立国大方针》。【该书先由共和建设讨论会印刷2万册发行，以后又附录于《庸言报》第1、2、4各号中。由于该著非常客观地探讨了中国今后之建设问题，所以深受各界欢迎。其《叙论》交代了编著该书的缘由；其《结论》则表明梁氏对当时革命运动成功问题之态度和今后对政治建设之主张。[⑤]】6月，《财政问题商榷书》完成[⑥]。【此著亦由共和建设讨论会付印发

---

① 参见张元济宣统三年（1911）4月14日《致任公同年书》。齐全按，《梁启超年谱长编》有该信节录，见该书第546页。

② 文见《饮冰室合集·文集》之二十六第1—40页，在《饮冰室合集》第三册。

③ 文见《饮冰室合集·文集》之二十七第27—46页，在《饮冰室合集》第四册。

④ 齐全按，《梁启超年谱长编》（第608页）此文标题作《为筹备宣统四年预算案事敬告部臣及疆使》，错。今据《饮冰室合集·文集》之二十五（下）改。

⑤ 见《饮冰室合集·文集》之二十八第39—78页，在《饮冰室合集》第四册。

⑥ 齐全按，此文又题《财政问题商榷书初编》，夏晓虹辑《〈饮冰室合集〉集外文》第1308—1324页有载。另，夏辑本又有《财政问题商榷书次编》，见《〈饮冰室合集〉集外文》第1325—1339页。

表。由《第一期财政计划意见书》、《偿还外债计划意见书》两篇组成。[①] 梁启超有关财政问题的文章还很多，其已发表者即有《吾党对于不换纸币之意见》[②] 一篇。当时中国大陆盛行提倡国民捐运动，政府亦拟大借外债。本书则论及国民捐强迫公债和不换纸币等问题，其针对性及指导性甚强。初印即15000册，可见其受欢迎之程度。】10月，与马良（相伯）、[③] 章太炎（炳麟）等发起“函夏考文苑”。【“函夏”一词指全中国，出于《汉书·扬雄传》[④]；“考文苑”，乃仿效法国之研究院，其目的在“提倡学风”。马良解释云：学风包含学术与风化。学术复分为二，一是作新旧学，示后生以从学之坦途。二是厘正新词，俾（bǐ）私淑者因辞而达义；风化亦分为二，一是奖励著作之有补风化民智者。二是奖诱凡民之有道义而艰贞者。不过，梁启超虽系考文苑发起人之一，但后来却因故未能参与其事。】12月，《庸言报》出版。【该报为半月刊，内容分五门十八类，发行后很受人们喜爱，第一号即印一万份，顷告罄（qìng），而续订者尚数千。】梁启超是年之著述尚有《庸言报》内文章若干篇。【如：《国性篇》、《省制问题》、《政策与政治机关》、《中国道德之大原》、《箴（zhēn）立法家》、《治标财政策》、《论国务院会议》、《论审计院》、《政治上之对抗力》、《专设宪法案起草机关议》、《宪法之三大精神》等。[⑤]】此外，亦在该月份，

---

① 《第一期财政计划意见书》全文见夏晓虹辑《〈饮冰室合集〉集外文》第1308—1324页。《偿还外债计划意见书》见《饮冰室合集·文集》之二十一第78—93页。齐全按，《偿还外债计划意见书》一文《饮冰室合集》标其题为《偿还国债意见书》。

② 文见《饮冰室合集·文集》之二十八第3—12页，在《饮冰室合集》第四册。

③ 马良（1840—1939），字相伯，亦作湘伯、芗伯，原名建常，江苏丹阳人，寄籍丹徒。著《文献通考》之宋代马端临，其二十世祖也。其弟建忠，字眉叔，早年赴巴黎留学，归国后助李鸿章办理新政。眉叔所著《马氏文通》，实经相伯删订（为提携其弟，相伯未署己名）。参见本书“一八九六年”条及其注文。

④ 参见中华书局1962年版《汉书》第3539页。

⑤ 《国性篇》见《饮冰室合集·文集》之二十九第82—86页，《省制问题》见《饮冰室合集·文集》之二十八第31—38页，《政策与政治机关》见《饮冰室合集·文集》之二十八第21—26页，《中国道德之大原》见《饮冰室合集·文集》之二十八第12—20页，《箴立法家》见《饮冰室合集·文集》之二十八第1—3页，《治标财政策》见《饮冰室合集·文集》之二十九第51—82页，《政治上之对抗力》见《饮冰室合集·文集》之三十第28—33页，《专设宪法案起草机关议》见《饮冰室合集·文集》之二十八第26—31页，《宪法之三大精神》见《饮冰室合集·文集》之二十九第92—109页。以上均在《饮冰室合集》第四册；《论国务院会议》见《〈饮冰室合集〉集外文》第588页。齐全按，《梁启超年谱长编》第662页此篇作《论国务会议》；《论审计院》见《〈饮冰室合集〉集外文》第589页。

张君劢（mài）[①]、蓝志先[②]所辑《梁任公先生演说集》第一辑出版。【本集共辑演说辞13篇，均为梁启超10月下旬在京赴各团体欢迎会时演讲之文。】四子梁思达[③]出生（12月16日）。

一九一三年（民国二年　癸丑）　四十一岁

4月，演说《共和党之地位与其态度》。【系在黎元洪（共和党理事长）于万生［牲］园公宴本党参众两院议员宴席上所讲，对该党以后应注意各事等论述详而又尽，用时长达3小时之久。[④]】7月，熊希龄任国务总理。【9月，熊内阁成立，梁启超受任为司法总长。就任司法总长后，发表一篇《告乡中父老书》；11月间致康有为一封长信，详述荐用同人之困难种种；10月，代熊总理所草内阁《政府大政方针宣言书》[⑤] 获国会通过发表。】是年亦有若干散篇文章。【有《敬告政党及政党员》，该文上篇论政党与朋党之别，下篇论中国政党政治之前途；[⑥] 有《军事费问题答客难》，读之即明梁氏对理财裁军等问题的主张；[⑦] 有《一年来之政象与国民程度之映射》，可明了当日知识阶级之现象；[⑧] 有《革命相续

---

① 张君劢（1887—1969），原名嘉森，字士林，号立斋，别署“世界室主人”，笔名君房，江苏宝山（今属上海市宝山区）人。1906年，考入日本早稻田大学修法律与政治学，期间结识梁启超。他追随梁启超从事立宪活动，为政闻社骨干人物。1918年，曾随梁启超赴欧洲考察。自20世纪30年代起，先后组建或参与组建中国国家社会党、中国民主政团同盟和中国民主社会党；参加过两次民主宪政运动，是国防参议会参议员，国民参政会参政员，政治协商会议代表（1946），并起草过《中华民国宪法》。1949年后去美国，1969年病逝。徐志摩第一任夫人张幼仪乃其胞妹。

② 蓝志先（1887—1957），即蓝公武，字志先，江苏吴江人。早年留学日本、德国。曾任《国民公报》社长及《庸言》杂志主笔。

③ 梁思达事参见本书附1“梁启超之家庭”相关内容。

④ 本演讲词见《饮冰室合集·文集》之三十第18—28页，在《饮冰室合集》第四册。齐仝按，对当时之情景及演讲之记录文，记者识曰：“4月14日，共和党理事长黎元洪，公宴本党参众两院议员于万生［牲］园，与会者数百余人。先由孙君武代表致祝词，次由梁任公先生演说，题为《共和党之地位与其态度》，凡演三小时之久，在坐［座］无不感动。今记其崖略如左［下］。先生所演洋洋洒洒，兹篇所记，未尽其十之六七也。”引文见《饮冰室合集·文集》之三十第18页，在《饮冰室合集》第四册。

⑤ 文见《饮冰室合集·文集》之二十九第109—124页，在《饮冰室合集》第四册。

⑥ 载《庸言报》第1卷第7号，见《饮冰室合集·文集》之三十一第1—14页，在《饮冰室合集》第四册。

⑦ 同上书，第8号，见《饮冰室合集·文集》之三十第5—7页，在《饮冰室合集》第四册。

⑧ 同上书，第10号，见《饮冰室合集·文集》之三十第16—18页，在《饮冰室合集》第四册。

之原理及其恶果》，可见梁氏是时对革命主张的态度。① 除上述外，尚有以下各篇：《进步党调查政费意见书》、《进步党政务部特设宪法问题讨论会通告书》、《进步党拟中华民国宪法草案》、《同意权与解散权》、《多数政治之试验》、《国会之自杀》、《述归国一年来所感》。②】

一九一四年（民国三年　甲寅）　四十二岁

2月20日辞司法总长职获准，上《呈请改良司法文》于袁世凯。【列举十事，恳请袁世凯采择施行。③】6月20日，在孔教会演讲《知命尽性》。④ 8月，《康梁文集》合刻出版。【共和编译局印。】11月6日，在北京青年会演讲《欧战后思想之变迁》。⑤ 是年冬，撰《欧洲战役史论》一部。【书成后为赋，内有数句表示他当时已对于从事政治活动不感兴趣欲放弃之的感悔之情。⑥】三女梁思懿⑦出生（12月13日）。

一九一五年（民国四年　乙卯）　四十三岁

正月，《大中华》出版。【《大中华》系中华书局发行之杂志。中华书局与梁启超订契约三年期，请他任总撰述。在该杂志第一号梁启超撰数千言之《发刊辞》一文，其分析当日亡国之种种现象至为详尽。⑧】中华书局又策划编辑出版《时局小丛书》。【也请梁启超任主编。梁启超拟编本套丛书第一集之各书目录有下列：第一编《世界大战役之中坚人物》，第二编《大战前后欧洲之国际关

---

① 载《庸言报》第1卷第14号，见《饮冰室合集·文集》之三十第51—57页，在《饮冰室合集》第四册。

② 均收《饮冰室合集》第四册。齐全按，尚有梁启超此时期所撰若干篇文稿补录于《〈饮冰室合集〉集外文》。

③ 原文见《饮冰室合集·文集》之三十一第33页，在《饮冰室合集》第四册。袁世凯（1859—1916），字慰亭，又作慰庭，号容庵，河南项城人。曾为北洋军阀首领。辛亥革命成功，做中华民国首任大总统。在位期间发展实业，统一币制，创立近代化司法和教育制度。后在杨度等人鼓惑下复辟称帝被推翻，抑郁而终。

④ 见当年6月29日《申报》。亦见《〈饮冰室合集〉集外文》第598页。齐全按，夏书标注该演说作于6月21日。

⑤ 见当年11月11日《申报》。齐全按，《〈饮冰室合集〉集外文》第604页标注该演说系为“北京基督教青年会”所作，其演讲题目则为《欧战后思想变迁之大势》。

⑥ 《欧洲战役史论》，载《饮冰室合集·专集》之三十第1—76页，在《饮冰室合集》第八册；赋文见《饮冰室合集·文集》之四十五（下）第71页，在《饮冰室合集》第五册。

⑦ 梁思懿事参见本书附1“梁启超之家庭”相关内容。

⑧ 文见《饮冰室合集·文集》之三十三第79—90页，在《饮冰室合集》第四册。

系》，第三编《日本舆论对于中国之态度》，第四编《塞尔维亚与比利时》，第五编《德国皇帝》，第六编《奥匈国与其皇室》，第七编《交战各国国民性》，第八编《巴尔干形势之迁移》，第九编《英德争霸之去来今》，第十编《战争哲理》。（凡十种。参见《中华书局启事》）。】2 月 25 日，其同学兼挚友（zhì yǒu）麦孟华（孺博）逝世。【梁启超当天即有诗八首，后又作纪念性之长诗一篇。① 康有为众弟子中麦孺博与梁启超齐名，时人习称“梁麦”。梁启超有封致麦孺博之长信，讨论学术修养及为人处世等事，从中足见二人之意投情合、相互影响之深。②】梁启超之在天津，正值日本提出“二十一条”，以故梁氏此时之著述，多关乎对日外交之问题。【如：《中日最近交涉平议》、《中日时局与鄙人之言论》、《解决悬案耶新要求耶》、《外交轨道外之外交》、《交涉乎命令乎》、《中国地位之动摇与外交当局之责任》、《再警告外交当局》、《示威耶挑战耶》等。此类文章，当时多登载《京报》、《国民亚西亚》等报中。③ 此外，是时梁启超尚有致江翊（yì）云等人信函，述及抵津后其著述和生活情形。④】3 月 31 日袁世凯拟派梁启超考察沿江各省司法教育事宜。【此前，即 2 月 12 日，袁世凯曾任命梁为其政治顾问。不过这两件事梁启超大概都未受命。】7 月 6 日，宪法起草委员会决定梁启超等十人为起草委员。【梁氏之就任宪法起草委员，招致友朋等不满，尤为社会舆论所诽议。梁启超即著《宪法起草问题答客难》一文，向大众阐明其理由和立场。⑤】8 月 14 日，“六君子”【杨度、孙毓筠（yù jūn）、严复、刘师培、李燮（xiè）和、胡瑛（yīng）】大搞帝制运动，于京师发起筹安会，梁启超则著《异哉所谓国体问题者》一文。【是文冷嘲加热讽，对袁世凯予以无情之揭露与批判，乃梁启超反袁之始。该文反对变更国体之理由十分充分，甚具说服和感染力。文章题目以后即为世人所模仿，一时间“异哉所谓……者”之文不绝于世，足见其影响面之大！欲窥（kuī）全豹可参考《饮冰室合集·专集》之三十三第 85—98 页原文，在《饮冰室合集》第八册。不过此文并非原稿，已经

① 即《哭孺博八首》和《祭麦孺博诗》。均见《饮冰室合集·文集》之四十五（下）第 74—76 页，在《饮冰室合集》第五册。

② 信见梁启超宣统二年（1910）夏初《致麦孺博书》，参见《梁启超年谱长编》，第 707—710 页。齐全按，《梁启超全集》亦有此信摘录，但不全，且标其目为《1915 年夏初致麦孺博》，见第 6000 页。

③ 上述各文均收入《饮冰室合集·文集》之三十二，在《饮冰室合集》第四册。

④ 梁启超：《致翊云宰平足下书》，民国四年（1915）。参见《梁启超年谱长编》，第 711 页。亦见《梁启超全集》，第 5999 页。

⑤ 原文见《饮冰室合集·文集》之三十三第 10—11 页，在《饮冰室合集》第四册。

删改，其较原文温和多了。①】12 月 25 日，云南正式宣布独立。【需要说明的是，在此前后所发诸如《致北京警告电》、《致北京最后通牒电》、《致各省通电》、《云贵檄（xí）告全国文》等各方文电，均为梁启超预先所撰。②】是年，广智书局停办。此外，梁启超是年有一文《吾今后所以报国者》。【坦言其这一年来极度厌倦政治活动，决定以后从事社会与教育事业。③】尚有《政治之基础与言论家之指针》、《伤心之言》二文。【前篇乃续《吾今后所以报国者》之作，后篇则是痛心时事之文。④】还有其他文章。【如：《中国与土耳其之异》、《敬举两质义促国民之自觉》、《作官与谋生》、《痛定罪言》、《复古思潮平议》、《欧战蠡（lí）测》、《论中国财政学不发达之原因及古代财政学说之一斑》、《孔子教义实际裨益（bì yì）于今日国民者何在欲昌明之其道何由》、《实业与虚业》、《国体问题与外交》、《告小说家》、《菲斯的人生天职论述译》等。⑤】另，梁启超在沪期间还喜好书法，故此时其题碑帖文甚丰。⑥

一九一六年（民国五年　丙辰）　四十四岁

3 月 16 日，抵海防。【居海防十日。此十日中著成《从军日记》一篇、《国民浅训》一书。⑦】4 月 12 日，广州发生海珠惨案，汤觉顿遇难，梁启超后来著有《祭海珠三烈文》《番禺（pān yú）汤公墓志铭》各一篇。⑧

---

① 参见吴贯因《丙辰从军日记》相关内容。《梁启超年谱长编》第 721 页有其片段引文。

② 其详细内容参见《饮冰室合集·专集》之三十三第 1—151 页《盾鼻集》及其附录，在《饮冰室合集》第八册。

③ 全文见《饮冰室合集·文集》之三十三第 51—54 页，在《饮冰室合集》第四册。

④ 二文均收入《饮冰室合集·文集》之三十三，在《饮冰室合集》第四册。

⑤ 除《国体问题与外交》一文外，均收入《饮冰室合集·文集》之三十二、三十三，在《饮冰室合集》第四册。齐全按，《国体问题与外交》一文，《〈饮冰室合集〉集外文》第 605 页标注为《国体问题与五国警告》。亦参见本书所节录梁启超致其女儿梁思顺信函内容，见“1915 年 8 月 23 日致梁思顺”条。

⑥ 可参阅梁启超民国四年（1915）12 月《致黄溯初书》。见《梁启超年谱长编》，第 727—728 页。亦见《梁启超全集》，第 6000 页。

⑦ 《国民浅训》收入《饮冰室合集·专集》之三十二，在《饮冰室合集》第八册。《从军日记》见《盾鼻集》后之附录，收入《饮冰室合集·专集》之三十三第 121—127 页，在《饮冰室合集》第八册。参见本书所节录梁启超致其女儿梁思顺信函内容，即“1916 年 3 月 18 日致梁思顺”、“1916 年 3 月 20—21 日致梁思顺”等条。

⑧ 分见《饮冰室合集·文集》之四十四（上）第 12—13 页、第 15—16 页，在《饮冰室合集》第五册。

【读之可明了该案情形之大概。另，5 月 1 日，两广都司令部成立的第二天，梁启超即发表《告爱国诸军人书》（与岑西林署名）；护国军政府成立，则连发五号宣言，六号布告，三次致电公使团领事团。①】5 月 30 日，闻父逝世之噩耗（è hào），后即有《闻讣辞职书》② 及《哀启》各一篇。【读之可了解其父之生平。③】8 月，对报馆记者发表谈话。【计 3 篇。其第 1 篇中有论自己今后出处走向的内容。④】9 月，《盾鼻集》出版。【系辑护国运动中梁启超所作各种文电而成。⑤ 本月还发表《对于兴亚借款问题之意见》，见 9 月 22 日上海《申报》。亦见夏晓虹《〈饮冰室合集〉集外文》第 614 页。夏书其来源注为“1916 年 9 月 23 日《时事新报》”。】10 月 11 日，致信梁思顺。【告诫儿女做官易损人格，终非安身立命之所，顺便告知自己是时已在谋办一二教育事业，要女婿以后须向此方面发展。⑥】11 月 8 日，蔡锷⑦逝世，【系肺病。】梁启超撰《邵阳蔡公略传》⑧，【载《松坡军中遗书》中。】12 月，为纪念蔡锷，在上海发起建松坡图书馆事。【有关蔡锷其人生平及其发动护国之役经过，可参看梁启超撰《蔡松坡遗事》和《松坡军中遗书》等。】是年著述尚有其他各篇。【如：《扩充富滇（diān）银行的救国利商议》、《两广护国军募集军资公启》、《袁世凯之解剖（pōu）》、《袁政府伪造民意密电书后》、《军务院致前大总统袁公函》（未发）、《军务院致各省公函》（未发）、《西南军事与国际公法》、《辟复辟论》、《五年来之教训》、《番禺汤公略传》、《南海王公略传》、《新会谭公略传》等。⑨】四女梁思宁⑩出生（10 月 30 日）。

---

① 这些宣言、布告、电文等见《饮冰室合集·专集》之三十三第 10—14 页，在《饮冰室合集》第八册。

② 见《饮冰室合集·专集》之三十三第 30 页，在《饮冰室合集》第八册。

③ 见《饮冰室合集·专集》之三十三第 127 页，在《饮冰室合集》第八册。

④ 见《饮冰室合集·专集》之三十二第 132 页，在《饮冰室合集》第八册。

⑤ 收入《饮冰室合集》第八册。见《饮冰室合集·专集》之三十三。参见本书已注内容。

⑥ 参见《梁启超年谱长编》，第 795—796 页。亦见《梁启超全集》第 6178 页及本书附录一“梁启超与子女书”“1916 年 10 月 11 日致梁思顺”条。

⑦ 蔡锷（1882—1916），原名艮寅（gèn yín），字松坡，湖南邵阳人。为 1911 年云南重九起义之总指挥，1915 年云南护国起义之主要组织者和领导者，中华民国开国元勋。1916 年 8 月去日本治病，11 月 8 日病逝于福冈大学医院，年仅 34 岁。其遗著编为《蔡松坡集》（《蔡松坡先生遗集》）。

⑧ 文收《饮冰室合集·文集》之三十四第 26 页，在《饮冰室合集》第四册。

⑨ 大多收入《饮冰室合集·文集》之三十四，参见《饮冰室合集》第四册。

⑩ 梁思宁事参见本书附 1“梁启超之家庭”相关内容。

一九一七年（民国六年　丁巳）　四十五岁

2—3月，《申报》载《梁任公之中德国际前途观》、《梁任公之主张整理关税》、《梁任公与西报记者谈话外交问题内情》三文。【系对梁启超所作专访之文，分载于2月13日、2月20日和3月10日《申报》。护国运动成功后，梁启超即有放弃政治活动，专门从事社会教育事业之打算。然而一系列诸如关于宪法、关于对德外交、关于内阁、关于复辟等等问题，都与他有着千丝万缕之关系，这样，处于风口浪尖上的梁启超很自然地又被卷入漩涡之中。本年他所写文章即有《外交方针质言》、《余与此次对德外交之关系及其所主张》、《政局药言》、《代段祺瑞讨张勋复辟通电》、《反对复辟电》等。①】本年又撰有《麻哈吴公略传》、《贵定戴公略传》、《都匀熊公略传》、《永川黄公略传》四短文②。另，是年其题跋（bá）碑志最多。③

一九一八年（民国七年　戊午）　四十六岁

3月，已着手作中国通史。【民国七年（1918）5月初梁启超致信陈叔通④："所著已成12万言，……体例……自信前无古人耳。宰平⑤曾以半日读4万言之稿两遍，谓不忍释，吾计凡读者或皆如是也。"⑥另，有关这年春夏间梁启超的著述情况，尚有下面几篇材料可资参考：民国七年（1918）5月5日致籍亮侪（chái）书；5月7日，复蹇（jiǎn）季常书；5月10日再致蹇季常书等。⑦】7—8

---

① 均见《饮冰室合集·文集》之三十五，在《饮冰室合集》第四册。按，在袁世凯准备称帝期间，以梁启超为首的进步党等组织即派人赴云南策动武装起义。前云南督军蔡锷与云南将军唐继尧等人，在袁世凯1915年12月宣布接受帝制时，即在当年12月25日于昆明宣布云南独立，建立云南都督府，组织讨袁护国军，出兵讨袁，此即护国运动，又称"云南起义"。这场护国战争（1915—1916）中，袁世凯军队受挫，南方其他各省亦纷纷宣布独立，袁世凯内外交困，四面楚歌，被迫宣布取消帝制，数月后即抑郁而死。

② 均收入《饮冰室合集·文集》之三十四，在《饮冰室合集》第四册。

③ 参见《饮冰室合集·文集》之四十四（上），在《饮冰室合集》第五册。

④ 陈叔通（1876—1966），名敬第，浙江杭州人。清末翰林。甲午战后留学日本，曾参加戊戌维新运动。辛亥革命后，任第一届国会众议院议员。此后，长期担任上海商务印书馆董事、浙江兴业银行董事等职。1966年2月卒于北京。

⑤ 宰平，即林志钧（1878—1961），字宰平，号北云，福建闽县人。辛亥革命前留学日本。曾任北洋政府司法部部长，后为清华研究院导师。与梁启超交厚，编《饮冰室合集》。其事迹参见本书相关内容。

⑥ 转引自《梁启超年谱长编》，第861页。

⑦ 参见《梁启超年谱长编》，第862—863页。蹇季常（1877—1930），名念益，字季常，世于贵州为望族。1900—1901年在日本早稻田大学读书。于时结交梁启超，两人毕生为契友。

月间，致陈叔通信，商量松社开会及拟办杂志等事。【其信曰：“思出杂志，专言学问，不涉政论，即以通史稿本分期付印，广求当世评骘 zhì（目的在此），其他读书笔记之类，数月来所积亦不少，而君劢（mài）、百里、振飞诸君，亦颇著有成书，计现所有者已足供半年六期之资料而有余，故欲遽（jù）办之。”①】夏秋间，与弟梁仲策信，述其著通史的情形和计划。【其信曰：今日《春秋载记》已脱稿，都百有四叶［页］，……拟于《战国载记》后，别为《秦以前文物制度志略》一卷，以后则两汉、三国为一卷，南北朝、唐为一卷，宋、元、明为一卷，清为一卷，皆不以羼（chàn）于《载记》……②另，在此期间，梁启超一边撰述，一边还为其女梁思顺等讲授国学源流。在给梁仲策的信中，有三封信提及此事；此外，在给陈叔通的一封信中，亦提及此事，并有其著通史等事。③】因笔耕不辍，劳累过度，8—9月间，曾连日呕血。【其通史之作，恐怕从这时起不得不暂时撂（liào）下了。其病初愈，既暂不为通史，闲不住的梁氏乃转向读有关佛学作品。另，自去年腊月以来，梁启超治碑刻之学甚勤，故是岁所为金石跋、书籍跋等最多而散篇文章较少。只有年初所作《中华民国宪法草案》未完，《饮冰室合集》收录有8页37条；而夏秋间屏弃（píng qì）百事所作之《中国通史》，仅成十余万言。】12月28日，梁启超偕（xié）朋旧数人赴欧，是为其专心致力于教育事业之起点。【有蒋百里（方震）、刘子楷（崇杰）、丁在君（文江）、张君劢（嘉森）、徐振飞（新六）、杨鼎甫（维新）等。系从上海乘日本邮船会社之横滨丸直航。旅欧途中综其所见所闻著《欧游心影录》，但此书未能完成。《饮冰室合集》所收者乃节录，且此书大部分应在民国八年（1919）所完成。④】

---

① 参见《梁启超年谱长编》，第863页。

② 见《梁启超年谱长编》，第864页。亦见《梁启超全集》，第6020页。

③ 均见《梁启超年谱长编》，第864—865页。亦见《梁启超全集》，第6020—6021页。齐全按，《梁启超全集》这些信的排序与《梁启超年谱长编》有异。

④ 有关《欧游心影录节录》，参见下目（一九一九年条）相关内容及其注释。蒋百里（1882—1938），原名蒋方震，字百里（以字行），晚号澹宁，笔名飞生、余一。浙江杭州府海宁州硖石镇人。1919年蒋百里与梁启超等一起赴欧洲考察，次年春回国。梁启超决心放弃政治生涯，全力从事新文化运动，蒋百里则积极参与，成了梁氏最得力之助手，号称“智囊”；刘崇杰（1880—?），字子楷，闽县（今福州市区）人。1906年毕业于日本早稻田大学政治经济科，后入外交界；徐新六（1890—1938），字振飞，祖籍浙江余杭，生于杭州。1902年入南洋公学。1908年赴英国留学，获伯明翰大学理学士和维多利亚大学商学士，后又在巴黎国立政治学院学习国家财政学一年。1914年回国，参加北京政府的高等文官考试，以第一名被录取，派任财政部公债司任佥事，并任教于北京大学经济系。

一九一九年（民国八年　己未）　四十七岁

2月11日，抵达伦敦，【其在伦敦居留一周之详情，有《伦敦初旅》一文可参阅。①】18日抵巴黎，居20天。3月7日出发，观览战地。【关于此次参观各战地之详情，有《战地及亚洛二州纪行》一文可参考。②】9月，《解放与改造》杂志出版。【此杂志由新学会主办。新学会乃梁启超与张君劢、蒋百里、张东荪（sūn）③ 等所发起，其宗旨简言之即欲从学术思想上谋根本之改造，以为将来新中国之基础。有关新学会详情及该杂志的性质、内容等，可参考《新学会宣言书》和《解放与改造宣言》二文。④】游欧时所经所历及感想等，梁氏均有记述。【在巴黎期间，他曾整理出一部分，归国后则因百事缠身，已无时间顾此，故全书未能完成。收录于《饮冰室合集》中的《欧游心影录节录》数篇，只是全书的一部分，亦即梁启超回国后在《近著第一辑》上卷中所发表者。⑤ 其目如下：《欧游中之一般观察及一般感想》上篇《大战前后之欧洲》，下篇《中国人之自觉》、《欧行途中》、《伦敦初旅》、《巴黎和会鸟瞰》、《西欧战场形势及战局概观》、《战地及亚洛二州纪行》、《国际联盟评论》、《国际劳工规约评论》。以上文章其最重要者当为《中国人之自觉》一篇，因为读之可明了其思想转变轨迹及其对将来政治社会等问题之主张。⑥】

一九二〇年（民国九年　庚申）　四十八岁

1月17日自巴黎起程归国，3月5日抵沪。【此次归来后的梁启超，彻底放弃上层间的政治活动，全力以赴从事教育事业，期以培植国民之素质。其是年所着手者主要有：承办中国公学、组织共学社、发起讲学社、整顿《改造杂志》等。】在上海，应吴淞中国公学之请而演说一次。【此次演说，对于其游历

---

① 见《饮冰室合集·专集》之二十三第47—63页，在《饮冰室合集》第七册。

② 见《饮冰室合集·专集》之二十三第104—125页，在《饮冰室合集》第七册。

③ 张东荪（1886—1973），原名万田，字东荪，曾用笔名“圣心”，晚年自号“独宜老人”。浙江杭县（今杭州市）人。现代哲学家、政治活动家、政论家、报人。但自1949年后基本未做文章。1968年1月被捕——年已82。直到1973年，其家人得到如是通知：张东荪已死在秦城监狱。时年已87岁高龄矣。其实，作为思想家的一代哲人张东荪，同绝大多数知识分子一样，其命运早已注定了。

④ 均见该杂志第1卷第1号。

⑤ 《欧游心影录节录》收入《饮冰室合集·专集》之二十三第1—162页，在《饮冰室合集》第七册。

⑥ 文见《饮冰室合集·专集》之二十三第20—38页，在《饮冰室合集》第七册。

所见所得及中国诸多问题（如社会、政治、经济等）多加阐述，感慨颇多。①】4月10日，有张元济一信，【请梁启超快些决定译辑新书之计划，以铸造全国青年之思想。②】4月17日，蒋百里致梁启超信，【商共学社各事，③ 梁启超亦有与蒋百里信，商为共学社募集基金等事，④ 又与张东荪一信，语及共学社章程和编译书目各事。⑤】5月3日，张元济致梁启超信，【商量聘请博格森来华讲演及共学社编译垫款办法等事。⑥】5月5日，吴统续致信梁启超，【详告共学社评议会开会之情形。⑦】5月12日，梁启超致梁伯强等诸人信，【商量筹集共学社以外所需之特别费用等事，读之可知本社之宗旨及其进展情形。⑧】5月14日，王抟沙（敬芳）致信梁启超，【谈中国公学事。⑨】5月15日，张东荪致梁

---

① 见民国九年（1920）3月15日《申报》《梁任公在中国公学演说》。亦见夏晓虹《〈饮冰室合集〉集外文》第833页。齐全按，夏书其来源注为“1920年3月14日《时事新报》”，夏晓虹并注之云：“此乃演说大意。”

② 见张元济民国九年（1920）4月10日《与任公同年兄书》。此信参见《梁启超年谱长编》第904—905页。张元济（1866—1959），字菊生，号筱（xiǎo）斋，浙江海盐人。1902年，入商务印书馆历任编译所所长、经理、监理、董事长等。甲午海战后，在京首倡通艺学堂，《时务报》创刊后，他又在京帮助发行。当梁启超与汪康年发生矛盾，准备愤而离馆时，他则代致汪函，请予挽留。百日维新时，他与康有为同被光绪帝召见，任刑部主事，充总署章京。戊戌政变后遭革职。辛亥革命后，一直主持上海商务印书馆，与梁启超等人往来至为密切。中华人民共和国建国后，曾任上海文史馆馆长、商务印书馆董事长等。他在涵芬楼的基础上建成东方图书馆向公众开放，还用最好的现代印刷技术，影印出版古籍。从第一种《涵芬楼秘笈（jí）》始，陆续主持编校、辑印《四部丛刊》、《续古逸丛书》、《百衲本二十四史》、《四库全书珍本初集》等，并著有《校史随笔》、《张元济日记》、《张元济书札》、《张元济傅增湘论书尺牍（dú）》等，乃中国藏书、编书、出书第一人。

③ 见蒋方震民国九年（1920）4月17日《致任师书》。此信参见《梁启超年谱长编》，第905页。

④ 见梁启超民国九年（1920）《与百里书》。此信参见《梁启超年谱长编》，第905—906页。亦见《梁启超全集》，第6027页。

⑤ 见梁启超民国九年（1920）《与东荪兄书》。此信参见《梁启超年谱长编》，第906页。亦见《梁启超全集》，第6026页。

⑥ 见张元济民国九年（1920）5月3日《致任公同年兄书》。此信参见《梁启超年谱长编》，第908页。

⑦ 见吴统续民国九年（1920）5月5日《致新会先生书》。此信参见《梁启超年谱长编》，第908页。

⑧ 见梁启超民国九年（1920）5月12日，《致伯强亮侪等诸兄书》。此信参见《梁启超年谱长编》，第909页。亦见《梁启超全集》，第6027页。

⑨ 见王敬芳民国九年（1920）5月14日《致任公先生书》。此信参见《梁启超年谱长编》，第910页。

启超信，【商量《解放与改造》杂志改名及编译新书等事。①】6月28日，蒋百里致信梁启超，【商出刊杂志并派遣留学等事。②】7月2日，蒋百里致梁启超信。【就第一期杂志，拟仍用文化运动事商诸梁启超。③】7月20日，梁启超与梁思顺信，【告知其为中国公学捐募基金，并打算起草宪法意见书等事。④】7月30日，梁启超致信梁伯祥等，【商量聘请罗素来华讲学等事。⑤ 本日，蒋百里致信梁启超，论及为《改造》杂志撰文事。⑥ 按，《解放与改造》杂志自本年9月第3卷第1期起易名《改造》，其体裁、内容等亦改变。七八月间，梁启超曾两次致信张东荪，商谈有关发刊词和宣言各事。⑦ 至于《改造》杂志改版后之体例及内容等情，可参考《〈改造〉发刊词》一文。⑧】8月8日，徐振飞致信梁启超，【亦商量罗素来华讲演等事。⑨】9月5日，梁启超致张东荪信。【商量筹办讲学社等事。⑩ 9月10日，又致张东荪一信，商谈讲学社与中国公学事。⑪ 10月4日，梁启超又在信中与张东荪商量迎接罗素之事。此时罗素已在来华途中，梁启超则正在著《清代学术概论》一书："顷方为一文，题为《前清一代中国思想界之蜕变》（为《改造》作，然已褎然（xiù rán）成一书矣，约五六万言。）颇得意，

---

① 见张东荪民国九年（1920）5月15日《致任公先生书》。此信参见《梁启超年谱长编》，第910页。

② 见蒋方震民国九年（1920）6月28日《致任师书》。此信参见《梁启超年谱长编》，第911页。

③ 见蒋方震民国九年（1920）7月2日《致任师书》。此信参见《梁启超年谱长编》，第911—912页。

④ 见梁启超民国九年（1920）7月20日《与娴儿书》。此信参见《梁启超年谱长编》，第912—913页。亦见《梁启超全集》，第6188—6189页。

⑤ 见梁启超民国九年（1920）7月30日《致伯祥溯初两兄书》。此信参见《梁启超年谱长编》，第913页。亦见《梁启超全集》，第6029页。

⑥ 见蒋方震民国九年（1920）7月30日《致任师书》。此信参见《梁启超年谱长编》，第914页。

⑦ 该两封信参见《梁启超年谱长编》，第916页。亦见《梁启超全集》，第6028页。齐全按，《梁启超年谱长编》就第二封信括号内标注"民国元年《与东荪书》"，似误，见第916页。

⑧ 见民国九年（1920）《改造》第3卷第1号。

⑨ 见徐新六民国九年（1920）8月8日《致任公年丈书》。参见《梁启超年谱长编》，第917—918页。

⑩ 见梁启超民国九年（1920）9月5日《致东荪兄书》。参见《梁启超年谱长编》，第919页。亦见《梁启超全集》，第6030页。

⑪ 见梁启超民国九年（1920）9月10日《致东荪兄书》。参见《梁启超年谱长编》，第920页。亦见《梁启超全集》，第6030页。

今方得半……”①】10月，所著《清代学术概论》一书已然脱稿。【18日致信胡适，言其事。②】10月24日，与张东荪信。【内告中国公学各事；③12月9日，张元济致信梁启超，谈及商务印书馆资助讲学社聘请欧美学者来华讲学办法等事。④】是年，又著《墨经校释》一书成。⑤此外，尚有《老子哲学》、《孔子》、《老孔墨以后学派概观》三文。⑥【另外，因已有著《中国佛教史》之打算，故本年梁启超此类文章即有12篇之多。其目如下：《印度史迹与佛教之关系》、《佛教之初输入》、《千五百年前之中国留学生》（一名《中国印度之交通》）、《翻译文学与佛典》、《佛教与西域》、《佛典之翻译》、《读异部宗轮论述纪》、《说“四阿含”》、《说“六足”、“发智”》、《说“大毗婆沙”》、《读修行地道经》、《那先比邱经书》（乙丑本《饮冰室文集》作《那先比邱经书后》）。⑦】其他一般文章，尚有若干篇。【如：《主张国民动仪制宪之理由》、《国民自卫之第一义》（一名《国民制宪运动》）、《军阀私斗与国民自卫》、《政治运动之意义及价值》、《历史上中华国民事业之成败及今后革进之机运》等。⑧】

一九二一年（民国十年　辛酉）　四十九岁

1月19日，复张东荪一信：《论社会主义运动》。【读此信可见梁启超对于当时新兴的社会主义思潮之态度与主张。其详可参考《梁任公近著》第一辑

---

① 见梁启超民国九年（1920）10月4日《与东荪书》。参见《梁启超年谱长编》，第920页。罗素（1872—1970），即伯特兰·亚瑟·威廉·罗素，20世纪英国著名的思想家、哲学家、数学家、逻辑学家和社会活动家。1920年曾来中国讲学。他在多方面的建树深刻影响了西方哲学，1950年获诺贝尔文学奖。一生著作达40余部，重要者有《哲学原理》、《哲学问题》、《心的分析》、《物的分析》、《西方哲学史》、《论教育》等。

② 参见《梁启超年谱长编》，第922页。亦见《梁启超全集》，第6031页。

③ 见梁启超民国九年（1920）《与东荪书》。参见《梁启超年谱长编》，第923页。亦见《梁启超全集》，第6031页。

④ 见张元济民国九年（1920）12月9日《致任公吾兄书》。参见《梁启超年谱长编》，第926页。

⑤ 此著收入《饮冰室合集·专集》之三十八，在《饮冰室合集》第八册。齐全按，参见拙著《梁启超读书著文法》，第331—332页。

⑥ 分别收入《饮冰室合集·专集》之三十五、三十六、四十，均在《饮冰室合集》第八册。

⑦ 分别收入《饮冰室合集·专集》之五十三、五十二、五十七、五十九、五十五、六十、六十一、六十二、六十三、六十四、六十五、六十六，均在《饮冰室合集》第九册。

⑧ 分别收入《饮冰室合集·文集》之三十五、三十六，在《饮冰室合集》第四册。齐全按，后二文《饮冰室合集》影印本标为民国十年作。

下卷原文。①】5月16日，与梁思顺一信。【信中有言曰："自汝行后，未尝入京，且除就餐外，未尝离书案一步，偶欲治他事，辄为著书之念所夺……"②】10月4日，致信陈叔通。【主要谈翻译韦尔思《史纲》事。足见该书之成，梁启超润色之功实不可没。③】10月10日起，应京、津各校团体之请，公开演讲7次。【第一次在10月10日，讲题为《辛亥革命之意义与十年双十节之乐观》；第二次在11月12日，讲题为《无枪阶级对有枪阶级》；第三次在11月21日，讲题为《市民与银行》；第四次在11月26日，讲题为《太平洋会议中两种外论辟谬》；第五次在12月17日，讲题为《续论市民与银行》；第六次在12月20日，讲题为《外交欤内政欤》；第七次在12月21日，讲题为《"知不可而为"与"为而不有"主义》。七篇演说稿，于第二年汇集印单行本行于世，题为《梁任公先生最近讲演集》。④】11月19日，致信蒋百里等，谈论中国公学风潮事。【提出应勉强办将下去而断不宜放弃之主张。⑤】11月23日，舒新城致信梁启超，【告知中国公学风潮大体已解决及以后仍不肯放松教育事业之计划。⑥】11月26日，蒋百里致信梁启超，【详论有关中国公学和自立中学等事。⑦】12月11日，舒新城致梁启超信。【报告解决中国公学风潮情形及今后发展教育势力之计划。⑧】11—12月间，梁启超致信蒋百里等。【详言关乎中国公学、自立中学和发展他校等事。⑨】另，是年春，梁启超曾撰《墨子学案》一著。

① 此信收入《饮冰室合集·文集》之三十六第1—12页，在《饮冰室合集》第四册。

② 见梁启超民国十年（1921）5月16日《与娴儿书》，引文参见《梁启超年谱长编》第930页及《梁启超全集》第6189页。亦见本书附录一"梁启超与子女书""1921年5月16日致梁思顺"条。

③ 见梁启超民国十年（1921）10月4日《与叔通吾兄书》，其引文参见《梁启超年谱长编》，第937页。亦见《梁启超全集》，第6034页。

④ 均收入《饮冰室合集·文集》之三十七，在《饮冰室合集》第四册。

⑤ 见梁启超民国十年（1921）11月19日《与百里东荪新城诸公书》。参见《梁启超年谱长编》，第938页。亦见《梁启超全集》，第6034页。

⑥ 见舒新城民国十年（1921）11月23日《致任公先生书》。参见《梁启超年谱长编》，第939—940页。舒新城（1893—1960），原名玉山，学名维周，字心怡，号畅吾庐，曾用名舒建勋，湖南溆浦（xù pǔ）人。1921年任吴淞中国公学中学部主任。为教育界名人。1930年起，任中华书局编辑所所长，全力主编《辞海》。

⑦ 见蒋方震民国十年（1921）11月23日《与任师书》。参见《梁启超年谱长编》，第940—941页。

⑧ 见舒新城民国十年（1921）12月11日《致任公先生书》。参见《梁启超年谱长编》，第941—942页。

⑨ 分见梁启超民国十年（1921）《致百里东荪新城三公书》、《致东荪百里新城三君书》。参见《梁启超年谱长编》，第943—946页。亦见《梁启超全集》，第6034—6036页。

【是书系由上年冬于清华学校讲授国学小史讲义之一部分删订而成，11 月商务印书馆承印出版。①】此外尚有《复胡适之论墨经》② 及《墨子讲义摘要》等关乎墨学之文两篇。【前一篇于《墨经校释》和《墨子学案》中均有收录；后一篇见《改造》杂志第 3 卷第 10 号。】还有《中国历史研究法》一著。【此著系汇集梁启超在南开大学所讲《中国文化史稿》而成者，其自序言及其著此书和治史的缘起、经过等。③ 这年秋季，梁启超曾应天津南开大学聘请，为该校主讲中国文化史。】此外，梁启超是年所作散篇文章尚有数篇。【即：《自由讲座制之教育》、《时事新报五千号纪念辞》、《从发音上研究中国文字之源》、《阴阳五行说之来历》、《新太平洋发刊辞》、《辩论术之实习与学理序》、《黄太公寿辞》以及《代黎元洪等致萧耀南书》、《代黎元洪等致吴子玉书》、《代黎元洪等致赵炎午书》、《代熊秉三范静生致赵炎午书》。④】

一九二二年（民国十一年　壬戌）　五十岁

1 月，《中国历史研究法》初版出书，由商务印书馆承印。【此书之

---

① 此书收入《饮冰室合集·专集》之三十九第 1—73 页，在《饮冰室合集》第八册。

② 齐全按，"纯粹一学者"（梁启超门人对之评判语）的梁启超其人，不谙（ān）人情世故，纯学术而学术。他曾邀请胡适为其新作《墨经校释》写篇序言，后者自然应命而作。不过梁启超并不认同胡适的观点，因此出版该著时就把胡适的《序》放在卷后，而把自己的《答书》置之卷首。对这种"侮辱"，胡适颇表不满，其《日记》云："梁任公的《墨经校释》出来了。他把我的序放在书末，却把他答我的《序》的书稿放在前面，未免太可笑了！"但胡适究竟受传统熏陶至深，时刻不忘长幼有序之道。不管他如何不满于梁氏其人，最多在日记中有所流露而已，其在公开场合，绝不与之争论，往往以晚辈待梁。（其最严重的一次是，梁启超在台上评论其文章，胡适先是不到，后被强拉来，则坐在台下绷着脸一语不发。）胡适虽屡为梁氏痛驳，但在 1924 年出版的《胡适文存》里，全文附录了梁启超所列书目及其对自己的批评之文。而梁启超亦在不少场合大力推介胡氏之著，不失公允。（参见拙著《梁启超读书著文法》相关内容）。1929 年 1 月梁启超大殓（liàn）之日，胡适日记评价梁启超云："任公为人最和蔼可爱，全无城府，一团孩子气。人们说他是阴谋家，真是恰得其反。他对我虽有时稍露一点点争胜之意，……如在北大公开讲演批评我的《哲学史》，如请我作《〈墨经校释〉序》，而移作后序，把他的答书登在卷首而不登我的答书，——但这都表示他的天真烂漫。全无掩饰，不是他的短处，正是可爱之处。"

③ 《中国历史研究法》，收入《饮冰室合集·专集》之七十三第 1—128 页，在《饮冰室合集》第十册。齐全按，读此书应参阅梁启超《研究文化史的几个重要问题——对于旧著〈中国历史研究法〉之修补及修正》，见《饮冰室合集·文集》之四十第 1—7 页，在《饮冰室合集》第五册。亦可参考拙著《梁启超读书著文法》附录甲"梁启超国学类论著详目（一）"，见第 350—351 页。

④ 除《黄太公寿辞》外，余均收入《饮冰室合集·文集》之三十六，在《饮冰室合集》第四册；《寿辞》则收入《饮冰室合集·文集》之四十四（上）第 13 页，在《饮冰室合集》第五册（标示：作于民国十年）。

出版，其给予学术界特别是史学界的影响非常之大，至今犹然——已21世纪矣！当时在中国大陆对之有系统的批评者不多见，惟有日本史学家文学博士桑原骘藏于第二年发表《读梁启超的〈中国历史研究法〉》一文。[①] 该文在纠正梁启超书中几处错处之余，力挺梁著，对之极为推重，读者由此亦可明了梁著之影响和其价值。】2月3日，致信高梦旦[②]等，主要谈译《世界史纲》事。【从此信可知晓梁启超和丁在君于该书之加工润色、校阅方面用功之深，使之较寻常译本完善得多。[③]】2月，《梁任公先生最近讲演集》出版。【是书乃杨维新辑去年10月至12月间梁启超在各地之讲演而成，共7篇演讲稿。书首杨维新为一序文，叙述其辑印该书之缘由和过程。】2月22日（旧历正月二十六日），梁启超50寿诞。【熊秉三作《湖南时务学堂遗编》一书为梁启超贺寿，后者则应熊氏之请，为之作序文一篇。本书对他们在时务学堂时代之事追述甚为详尽。】3月，《孟禄讲演集》出版。【梁启超为之作篇序文。序中谓去年（1921）所受刺激中最剧要者之一即此次所闻孟禄博士讨论之教育问题。[④]】4月1日起，应各校和团体之邀作学术讲演廿余次。[⑤]【4月1日演讲《我对于女子高等教育希望特别注意的几种学科》；10日讲演《趣味教育与教育趣味》；15日讲演《美术与科学》；16日讲演《评非宗教同盟》；21日讲演《情圣杜甫》。5月间为北京法政专门学校作五四讲演4次，题目：《先秦政治思想》[⑥]。6月3日讲演《佛教心理学浅测》（一名《从学理上解释“五蕴皆空”义》）；7月3日讲演《教育与政治》；8月5日、6日讲演

① 原文见《支那学》第2卷第12号《天行》译文。载民国十六年（1927）7月23日《庸报》。桑原骘藏（1870—1931），日本学者。其对中国典籍之素养，深厚坚实，苟非确证，不轻易下断语。1909年始任京都大学教授直至退休。生前鲜有专著出版，身后则有《桑原骘藏全集》5卷传世。

② 高梦旦（1870—1936），原名凤谦，字梦旦，长乐人。1902年为浙江大学堂教习。翌年回国，被聘为上海商务印书馆编译所国文部部长，后任编译所所长。任上，他扩展业务，使编译所最盛时为大陆影响最大之编译机构。1919年，他推举王云五接任，自己转任出版部长。1928年，辞去出版部长职，只任董事会董事，仍一如既往关心馆务。

③ 见梁启超民国十一年（1922）2月3日《与梦旦叔通兄书》。其引文参见《梁启超年谱长编》，第950页。亦见《梁启超全集》，第6036—6037页。

④ 此序《饮冰室合集》有收录。孟禄（Paul Monroe，1869—1947）美国教育家。1921年9月来华，与中国教育界人士共同组织中华教育改进社，被推选为名誉董事。回国后，在纽约创设中国研究所，任所长。他主要从事教育史研究，其著作有：《教育史课本》、《中等教育原理》、《在演变进程中的中国》等。他曾主编《教育百科全书》，乃教育“心理起源论”的代表人物。

⑤ 齐全按，参见拙著《梁启超读书著文法》附录乙“梁启超国学类论著详目（二）”相关内容，见第371—372页。

⑥ 原文初载《改造》杂志第4卷第8号。

《教育家的自家田地》和《学问之趣味》；8月13日讲演《美术与生活》；8月14日讲演《敬业与乐业》；18日讲演《生物学在学术界之位置》；20日讲演《科学精神与东西文化》；10月10日讲演《市民的群众运动之意义及价值》（一名《对于双十节北京国民裁兵运动大会所感》）；11月3日讲演《屈原研究》；6日为南京女子师范学校讲演《人权与女权》；10日为东南大学史地学会讲演《历史统计学》；12月25日讲演《护国之役回顾谈》；27日讲演《为学与做人》。上述而外，在北京大学为哲学社讲演《评胡适之〈中国哲学史大纲〉》；为南京金陵大学第一中学演讲《什么是文化》及《研究文化史的几个重要问题——对于旧著〈中国历史研究法〉之修补及修正》等。而《治国学的两条大路》、《东南大学课毕告别辞》、《教育应用的道德公准》3篇讲演，乃第二年1月间在南京所讲者。①】4月22日，致信张元济，商量为中国公学购房垫款事。【可见梁启超此时仍在不遗余力地谋中国公学发展事。②】5月21日，蒋百里致函梁启超。【商谈关乎共学社、《改造杂志》和中国公学等事。③】6月10日，梁启超致信黄溯初等。【商谈关乎《晨报》、中国公学等事。④】6月30日，张东荪致信梁启超。【告知《时事新报》经费窘况。⑤】是年7月初游历济南，【讲演于中华教育改进社；8月2日则赴南京，中旬至上海，末旬至南通，所到之地，均有讲演。】至8月末则前往武昌长沙，后经河南而返津。【《申报》记梁启超莅（lì）湘讲演事云："任公于8月31日乘专列到省，……午后4时在一中演讲，……题为《什么是新文化》，……9时……至省议会……讲演《湖南省宪之实施》。……3时半赴遵道会公开讲演，题为《奋斗之湖南人》，……5时许复至一中，……在该校演讲，题为

---

① 以上各篇讲演，均收录在《梁任公学术讲演集》第一、二、三辑。参见《饮冰室合集·文集》之三十八、三十九、四十，在《饮冰室合集》第五册。其中的最后一篇（即《教育应用的道德公准》），《饮冰室合集》收入《文集》之三十九，标为民国十一年（1922）作。

② 见梁启超民国十一年（1922）4月22日《致菊生同年兄书》。参见《梁启超年谱长编》，第955页。亦见《梁启超全集》，第6037页。

③ 见蒋方震民国十一年（1922）5月21日《致任公先生书》。参见《梁启超年谱长编》，第955—957页。

④ 见梁启超民国十一年（1922）《与溯初、东荪、君劢三兄书》。参见《梁启超年谱长编》，第958—959页。亦见《梁启超全集》，第6038页。黄溯初（1883—1945），祖籍平阳，父辈迁居温州。1904年赴日入早稻田大学攻读政法。学成归国后，参与政治活动。后弃政从商，其对故乡文化、教育、卫生事业贡献甚巨。

⑤ 见张东荪民国十一年（1922）6月30日《致任公先生书》。参见《梁启超年谱长编》，第960页。

《湖南教育界之回顾与前瞻》。"①】10月1日致信张东荪。【言埋头著述及被催稿情形。②】10月7日，所撰《大乘起信论考证》一著成。【其自序中述撰该著之缘由经过云："吾草创本文，其初不过欲辑译日本学者所说，介绍于我学界而已。既而参考各书，亦往往别有所发明，且日人著作其繁简详略之处，多不适于吾国人之检阅，乃全部重行组织之（《饮冰室合集》此句作：'乃全部重行组织如左'），虽名翻译，实不异新构矣。为行文便利起见，故篇中所述孰为望月说，孰为其他两家说，孰为我所新附，不复一一标举。十一年（1922）9月26日作始，10月7日成，此十二日中尽废百事矣。"③】10月8日，致信张元济等。【商量刊印《大乘起信论考证》等事。④ 12日，张元济即复梁启超一信，从此信可知梁氏是时还与商务印书馆订有撰文之约。⑤】10月10日《梁任公近著第一辑》编辑完成。【该辑分卷上、中、下，其上卷在今年12月出版，中、下卷则于第二年6月出版。从其自序，可考梁启超两年来之著述情形及该书之内容大概："民国九年（1920）春，归自欧洲，重理旧业，除在清华、南开诸校担任功课，及在各地巡回讲演外，以全力从事著述。已印布者有《清代学术概论》约5万言，《墨子学案》约6万言，《墨经校释》约4万言，《中国历史研究法》约10万言，《大乘起信论考证》约3万言。又三次所辑讲演集约共十余万言。其余未成或待改之稿有《中国韵文里头所表现的情感》约5万言，《国文教学法》约3万言，《孔子学案》约4万言。又《国学小史稿》及《中国佛学史稿》全部弃却者各约4万言，其余曾经登载各报及杂志之文，约30余万言——辄辑为此编，都合不满百万言，两年有半之精力，尽在是矣。……过而存之，借觇（chān）异时学力之进退云尔。上卷即《欧游心影录》之一部分，彼书既中辍（chuò），录其可存者，分别标题凡8篇。中卷专为研究佛典之著作，内中有《中国佛教史》之一部分，都凡12篇。下卷研究国史及其他国学之著作，及政治问题诸论文，与夫无可归类者，凡27篇，与三

---

① 转引自《梁启超年谱长编》，第962页。原文见民国十一年（1922）9月7日《申报》：《梁任公莅湘讲演记》。齐全按，夏晓虹《〈饮冰室合集〉集外文》收录上述诸篇，分见该书第906—920页。不过夏辑之标题分别为：《甚么是新文化》（科学的理解与自律的情操）、《祝湖南省宪之实施》、《奋斗的湖南人》及《湖南教育界之回顾》。

② 见梁启超民国十一年（1922）10月1日《致东荪足下书》。参见《梁启超年谱长编》，第963—964页。亦见《梁启超全集》，第6039页。

③ 此序收入《饮冰室合集·专集》之六十八之附录一，见第35—38页，在《饮冰室合集》第九册。

④ 见梁启超民国十一年（1922）10月8日《与菊生梦旦两兄书》。参见《梁启超年谱长编》，第964—965页。亦见《梁启超全集》，第6040页。

⑤ 见张元济民国十一年（1922）10月12日，《致任公吾兄同学书》。参见《梁启超年谱长编》，第965—966页。

次所编讲演集无一从同焉。"①】10 月末，讲学于南京东南大学。【11 月 29 日，给其女儿梁思顺一信，将这一个月来学术活动的情况简报一番："每日下午 2 时至 3 时在东南大学讲《中国政治思想史》，除来复日②停课外，日日如是；每来复五晚为校中各种学术团体讲演，每次 2 小时以上；每来复四晚在法政专门讲演，每次 2 小时，每来复二上午为第一中学讲演，每次 2 小时；每来复六上午为女子师范讲演，每次 2 小时；每来复一、三、五从早上七点半起至九点半，我自己到支那内学院上课，听欧阳竟无先生讲佛学。……讲演之多既如此，而且讲义都是临时自编，自到南京以来（一个月）所撰约十万字。"③】11 月，《梁任公学术讲演集》出版。【此集辑梁启超一年来在各地所作学术讲演而成。分一、二、三辑，第一、二辑本月出版，第三辑在第二年 9 月始出版。全书共收讲演稿 26 篇，除此而外未经收录和整理者亦在不少，在其第三辑自序中业已提及。10 月间为付印该书而给张东荪的信中亦道此情。④】另，是年冬在东南大学讲《中国政治思想史》。【后因病于汉以后部分暂付阙如（quē rú）。】该讲义经梁本人整理后，即成《先秦政治思想史》一著。【本著自序中，梁启超述著该书缘由和经过较详。⑤ 梁启超于是书中在阐发先秦政治思想之余，又批评时髦的民族虚无主义，深赞中国古代哲学之博大精深，以如何发扬光大之事业殷切期待于后来学者。其结论一章还涉及到中西结合，将中国固有学术同西洋现代政治思想比较研究之问题。⑥】总之，是年著述，多为讲演文章。【尚有下列各篇：于清华学校讲国史时为该校文学社诸生所作之《中国韵文里头所表现的情感》；⑦ 在北京清华、高师两校所讲之《地理及年代》。⑧ 而《作文教学法》一文（原名《中学以上作文教学法》），则专为中学以上文科教师讲授及学生自习之用，其主旨在研究文章构造之原则，令学

① 详见《饮冰室合集·文集》之三十九第 48 页，在《饮冰室合集》第五册。

② 来复日，星期日之谓。来复，星期；每来复，每周。

③ 见梁启超民国十一年（1922）11 月 29 日《与思顺书》。转引自《梁启超年谱长编》，第 968—969 页。此信原文见《梁启超年谱长编》，第 968—970 页及《梁启超全集》第 6192—6193 页。亦见本书附录一"梁启超与子女书""1922 年 11 月 29 日致梁思顺"条。

④ 见梁启超民国十一年（1922）《至东荪书》。参见《梁启超年谱长编》，第 970—971 页。亦见《梁启超全集》，第 6037 页。

⑤ 见《饮冰室合集·专集》之五十第 1 页，在《饮冰室合集》第九册。齐全按，亦见拙著《梁启超读书著文法》附录甲"梁启超国学类论著详目（一）"之按语，在第 340—341 页。

⑥ 详见《饮冰室合集·专集》之五十第 182—184 页原文，在《饮冰室合集》第九册。

⑦ 原文见《改造》杂志第 4 卷第 6、第 8 两期，原文收入《饮冰室合集·专集》之三十七第 70—140 页，在《饮冰室合集》第四册。

⑧ 原文收入《饮冰室合集·专集》之四十七第 1—13 页，在《饮冰室合集》第九册。

者掌握作文之技术章法，以便打好坚实之基础者。① 此外还有《中国历史上民族之研究》(《五千年史势鸟瞰（kàn)》② 之一部)、《五十年中国进化概论》(为《申报》五十周年纪念作)、《中学国史教本改造案并目录》、《哀告议员》等等。③】

一九二三年（民国十二年　癸亥）五十一岁

1月13日，东南大学讲学毕，发表课毕告别演说，④【这一天还为王仲武著《统计学原理及应用》一书撰序文一篇。⑤】1月29日，与梁思顺一信。【内云："我现在杜门谢客，号称静养，却是静而不养。每日读极深奥的《成唯识论》，用尽心思，一日读三四叶［页］，还是勉强懂得一点罢了……"⑥】是月，发起创设文化学院事。【关于为何发起该学院，其宗旨及详细计划怎样，有其《为创设文化学院事求助于国中同志》文可参。⑦ 1月30日及2月2日分别就创办该学院事致信林志钧及张东荪。⑧ 梁启超创办文化学院的计划及征求资助之启事到达各处后，不少名流慷慨解囊，学生致信愿来受教者亦大有人在。然而，此项计划最终未能实现，恐怕仍是经费原因。】2月10日，《陶渊明年谱》著成。【梁启超在该著自序中述著该书之经过云："秋冬间讲学白下，积劬（qú）婴疾，医者力戒静摄，宁家后便屏百虑，读陶集自娱。偶钩稽（gōu jī）其作品年月，而前人所说，皆不能惬（qiè）吾意。……遂发愤自撰此谱，三日而成。成后检箧（qiè）中故事，得旧谱数种，复以两日校改之为斯本。号称养病，亦颇以馊（sōu）

---

① 原文载《改造》杂志第4卷第9期。收入《饮冰室合集·专集》之七十，在《饮冰室合集》第九册。

② 系未完之稿。其第一章原文分两节载《改造》杂志第4卷第7期。

③《中国历史上民族之研究》原文见《饮冰室合集·专集》之四十二第1—34页，在《饮冰室合集》第八册；《五十年中国近化概论》，见《饮冰室合集·文集》之三十九第39—48页，在《饮冰室合集》第五册；《中学国史教本改进案并目录》，见《饮冰室合集·文集》之三十八第26—37页，在《饮冰室合集》第五册；《哀告议员》，见《饮冰室合集·文集》之三十八第2—3页，在《饮冰室合集》第五册。

④ 演说辞见《饮冰室合集·文集》之四十第7—15页，在《饮冰室合集》第五册。

⑤ 序文见《〈饮冰室合集〉集外文》，第926—927页。

⑥ 见梁启超民国十二年（1923）1月29日，《与宝贝思顺书》。转引自《梁启超年谱长编》，第982页。此信原文见《梁启超年谱长编》，第982—983页。亦见《梁启超全集》，第6196—6197页。本书附录一"梁启超与子女书""1923年1月29日致梁思顺"条有其引文。

⑦ 文见《〈饮冰室合集〉集外文》，第927—929页。

⑧ 分见梁启超民国十二年（1923）1月30日《与宰平吾兄书》及民国十二年（1923）2月2日《与东荪足下书》。分见《梁启超年谱长编》第983页和第985页。亦见《梁启超全集》，第6042页。齐全按，《梁启超年谱长编》将致张东荪书年代标为民国十三年（1924），许是核对错误？见该书第985页。

刻愁肝肾矣！"①】3月15日，朱兆莘（shēn）来信，言已荐梁启超为万国著作家俱乐部名誉会员。【其信云："伦敦万国著作家俱乐部，征求亚洲名誉会员二人，……该会悬格极高，入会者皆当世知名之士。环顾国中，著作等身，足膺（yīng）斯选者，舍公谁属？故擅（shàn）举大名，代表吾国……"②】3月18日，致信陈叔通等。【商谈出售并改组《时事新报》等事。③】3月20日，致高梦旦一信，言其《世界史纲》之翻译和撰《陶渊明》、《释伽》等事。【其信云："弟因遵医戒养病，暂屏绝费心血之著作，读陶诗以自遣。此两旬间成一书，拟提曰《陶渊明》。内分三部分：（一）陶渊明之品格及其文艺价值；（二）陶渊明年谱（胡适之来此数日极激赏此作。）（三）陶诗解题及新笺（此部分尚有少许未成）。……《释伽》一篇在组织中，《陶渊明》完功后，当全力着手。"④】《陶渊明》著成后⑤，于4月1日为短序。【短序云："客冬养病家居，诵陶集自娱，辄成论陶一篇，陶年谱一篇，陶集考征一篇。"又云："更有陶集私定本，以吾所推证者重（chóng）次其年月，其诗之有史迹可稽者为之解题。但未敢自信，仅将彼三篇布之云尔。"⑥】4月3日，致张元济一信，请代钞《汾州府志》序文。【此时已有撰《清儒学案》之计划。信曰："《汾州府志》不必借读，但欲公饬（chì）人将原序抄寄耳。顷欲辑《清儒学案》，先成数家以问世。其第一家即戴东原，现将脱稿，故欲知此书来历也。"⑦ 遗憾者此书最终未果。】4月28日，复寄一信致张元济。【言寄稿《东方杂志》等事。】是时梁氏已在翠微山养病。【居翠微山期间，4—5月份，曾应《清华周刊》记者之请，为该刊撰文《国学入门书要目及其读法》。本文初载《清华周刊》，后刊印单行本，附录有《最低限度之必读书目》、《治国学杂话》、《评胡适之的〈一个最低限度的国学书目〉》

---

① 序文见《饮冰室合集·专集》之九十六第21页，在《饮冰室合集》第十二册。

② 见朱兆莘民国十二年（1923）3月15日《致任世伯大人书》。转引自《梁启超年谱长编》，第990页。朱兆莘（1879—1932）字鼎青，广东花县人。1907年选派美国学习。1918年，任驻美国旧金山总领事，1920年调任中国驻英公使馆一等秘书。写此信时，他任职驻英国使馆代办公使。

③ 见梁启超民国十二年（1923）3月18日《与叔通、溯初、东荪、君劢诸公书》。引文参见《梁启超年谱长编》，第990—991页。亦见《梁启超全集》，第6042—6043页。

④ 见梁启超民国十二年（1923）《与梦旦兄书》。转引自《梁启超年谱长编》，第991页。亦见《梁启超全集》，第6043页。

⑤ 《陶渊明》（包括所附《陶集私定本》）全书见《饮冰室合集·专集》之九十六第1—59页，在《饮冰室合集》第十二册。

⑥ 该序见《饮冰室合集·专集》之九十六第1页，在《饮冰室合集》第十二册。

⑦ 见梁启超民国十二年（1923）4月3日《致菊公书》。转引自《梁启超年谱长编》，第992页。亦见《梁启超全集》，第6043页。

三篇。其时胡适亦为《清华周刊》撰《一个最低限度的国学书目》一文。①】5月7日，其子梁思成、梁思永同被车撞。【思成住院。此间梁启超致思成一信，嘱其趁此机会阅读国学书籍。信中有言："吾欲汝以在院两月中取《论语》、《孟子》温习闇（ān）诵，务能略举其辞，尤于其中有益人修身之文句，细加玩味。次则将《左传》、《战国策》全部浏览一遍，可益神智，且助文采也。更有余日读《荀子》则益善。……《荀子》颇有训诂难通者，宜读王先谦《荀子集解》。"②】居翠微山期间，又曾撰《稷（jì）山论书序》一篇。【内颇多讨论书法。③】另，张君劢、丁文江二人，因人生观之争论，于是年春夏间发起颇剧烈之有关玄学与科学之论争。【其时梁启超正在翠微山养病，因担心张、丁等过用意气伤了和气，故撰文《关于玄学科学论战之战时国际公法》和《人生观与科学》，藉以导向为真理而论战之正途。④ 从其《人生观与科学》一文中，颇可看出他对于玄学⑤与科学所抱态度。】7月，在南开大学暑期学校讲学。7月30日，致信张元济等，言撰《读书法》事。【云："梦兄委撰读书法极愿从事，惟因一月来在南开演讲，带编讲义，日不暇给（xiá jǐ），故未着手。顷南开讲义将完，而教育改进社又将开会，须入京旬日，大约8月杪（miǎo）9月初始能属稿（zhú gǎo），不审太迟否？若尚可赶及，当暂阁置一切即成之。"⑥】8月1日，致信蹇季常，言其读书著述之忙。【云："我满脑里都是顾亭林、戴东原，更无

---

① 《国学入门书要目及其读法》其原文见《饮冰室合集·专集》之七十一第1—20页，在《饮冰室合集》第九册。齐全按，亦可参阅拙著《梁启超读书著文法》相关内容，见第53—84页。有关梁启超、胡适上述几篇文章之相关花絮，参见本书"一九二一年"条《复胡适之论墨经》及其注文。

② 见梁启超民国十二年（1923）5月《与思成书》。转引自《梁启超年谱长编》，第995页。此信原文见《梁启超全集》，第6199页。亦见本书附录一"梁启超与子女书""1923年5月致梁思成"条。王先谦（1842—1917），字益吾，因宅名葵园，学人称"葵园先生"，湖南长沙人。清末湘绅领袖、学界泰斗，集史学家、经学家、训诂学家、实业家诸多称号于一身。校刻《皇清经解续编》，并编有《十朝东华录》、《汉书补注》、《后汉书集解》、《荀子集解》、《庄子集解》、《诗三家义集疏》、《续古文辞类纂》等。

③ 原文见《饮冰室合集·文集》之四十第19—20页，在《饮冰室合集》第五册。

④ 二文见《饮冰室合集·文集》之四十第21—28页，在《饮冰室合集》第五册。

⑤ 玄学，在这里用作哲学的别称。（原指对《老子》、《庄子》、《周易》之研究与解说，产生于魏晋，是魏晋时期道家和儒家融合而出现的一种哲学思潮。另，所谓玄学乃形而上学（metaphysica）的另一译。或指研究超经验的事物之学问。）

⑥ 见梁启超民国十二年（1923）7月31日《致菊梦两公书》。转引自《梁启超年谱长编》，第1001页。此信亦见《梁启超全集》，第6045页。

余裕等闲事也。”① 8月11日，复张元济等信，又言撰《读书法》事。云：“国学讲义中《读书法》一种，顷已撰成一半，因恐全讲义出版期迫，谨先寄上。”② 同日又寄信蹇季常，商谈办印刷局事。③】9月6日，与长女一信。【言将往清华讲学事。④ 本月15日致张元济信中，又言及所撰《读书法》和赴清华讲学各事。⑤】10月10日，发起戴东原生日二百年纪念会。【撰文《戴东原生日二百年纪念会缘起》，藉以广泛征得学者之同情，并为纪念会之准备。⑥】11月4日，松坡图书馆成立。【6月20日松坡图书馆择定馆址于北海快雪堂时，梁启超曾作《馆记》一篇云：“民国五年（1916）11月7日蔡公薨（hōng），国人谋所以永其念者，则有松坡图书馆之议。顾以时事多故，集资不易，久而未成，仅在上海置松社，以时搜购国籍作先备。十二年（1923）春，所储中外书既逾十万卷，大总统黄陂（bēi）黎公命拨北海快雪堂为馆址。于是以后庑（wǔ）奉祀蔡公及护国之役死事诸君子，扩前楹（yíng）藏书，且供阅览。……入斯室者百世之后犹当想见蔡公为人也。”⑦】11月10日，应北京中国大学之请，做《中国人格教育之两大出发点——性善论性恶论》讲演。【曾有中国大学学生童过西所记笔记，但该讲演稿终未发表。】11月16日，与长女一信，详述讲演之忙碌。【曰：“日来京中各学校知道我在京，纷纷请讲演，又闹得象去年在南京一样的忙了……”另，12月18日的信中又云：“我被各学校学生包围，几乎日日免不了讲

① 见梁启超民国十二年（1923）8月1日《致季常书》，转引自《梁启超年谱长编》，第1001页。此信亦见《梁启超全集》，第6046页。顾亭林（1613—1682），名炎武（明亡后所改者），字宁人，自署蒋山佣，学者尊称为“亭林先生”，苏州府昆山县（今江苏苏州昆山）人。明末清初著名的思想家、史学家、语言学家。其与黄宗羲、王夫之并称“明末清初三大儒”；戴东原（1724—1777），即戴震，字东原，安徽休宁隆阜村（今黄山市屯溪区）人，清乾隆年间著名学者、思想家。50岁入四库全书馆校理古籍，精于考据、训诂，在天文、数学、地志、经籍等领域均有造诣，乃清代考据之学第一大师。

② 见梁启超民国十二年（1923）8月11日《与菊生、梦旦两兄弟》。转引自《梁启超年谱长编》，第1002页。此信亦见《梁启超全集》，第6046页。

③ 见梁启超民国十二年（1923）8月11日《致季常足下书》。此信亦见《梁启超全集》，第6046页。

④ 见梁启超民国十二年（1923）9月6日《与宝贝思顺书》。原信见《梁启超年谱长编》，第1003页。亦见《梁启超全集》，第6202页。

⑤ 见梁启超民国十二年（1923）9月15日《致菊公书》。见《梁启超年谱长编》，第1003页。亦见《梁启超全集》，第6047页。

⑥ 原文见《饮冰室合集·文集》之四十第38—40页，在《饮冰室合集》第五册。

⑦ 见《饮冰室合集·文集》之四十第29页，在《饮冰室合集》第五册。

演……"①】12月22日，致信高梦旦，言为《东方杂志》纪念号撰文事。②【此文以《颜李学派与现代教育思潮》为题发表。③是时乃值美国杜威博士④到中国讲演实验主义以后，故在中国，一时间提倡颜李学者颇多。】是年之著述尚有《朱舜水年谱》。【另有以下数篇文章：《黄梨洲朱舜水乞师日本辩》、《阳明先生传及阳明先生弟子录序》、《为江苏省议员摧残教育事告江苏人民》、《救灾同志会公启》、《巴黎和会预备提案序》、《蒋母扬太夫人墓志铭》、《清代通史序》、《晨报增刊经济界序》。⑤】

一九二四年（民国十三年　甲子）　五十二岁

2月11日，致信张元济。【曰："有在北京万国史学会（欧美人所设）演讲一篇，系译成英文登外报者，本国报纸未注销，今寄上，充《东方杂志》之用。"⑥】2月12日，张君劢致信梁启超，【约梁为《申报》撰文。⑦】3月7日，梁启超致信蹇季常，【商量为印度诗人泰戈尔筹备住所等事。⑧另，在此期

---

① 见梁启超民国十二年（1923）11月16日和12月18日《与思顺书》。转引自《梁启超年谱长编》，第1006—1007页、第1008页。亦见本书附录一"梁启超与子女书""1923年11月16日致梁思顺"、"1923年12月18日致梁思顺"条。原信分见《梁启超全集》，第6205、6206页。

② 见梁启超民国十二年（1923）11月22日《与梦旦兄书》。参见《梁启超年谱长编》，第1007页。亦见《梁启超全集》，第6047页。

③ 文见《饮冰室合集·文集》之四十一第3—27页，在《饮冰室合集》第五册。颜李学派，清初思想领域颇具影响的一个学术流派，因该派的创始人为清初著名学者颜元与李塨而得名。颜李学派主张"实文、实行、实体、实用"，与清初官方提倡之宋明理学相对立，其在社会上产生过很大影响。

④ 杜威（John Dewey，1859—1952），20世纪美国教育家、哲学家、心理学家，也是一位积极推动社会改革、倡言民主政治理想之自由主义派人士，亦是一位致力于民本主义教育思想的实践者。1919年，曾先后在北京、南京、杭州、上海、广州等地讲学，胡适任其翻译，将民主与科学的思想直接播种于中国。

⑤ 《朱舜水先生年谱》收入《饮冰室合集·专集》之九十七，在《饮冰室合集》第十二册；后几篇文章收入《饮冰室合集·文集》之四十、四十一，在《饮冰室合集》第五册；《蒋母扬太夫人墓志铭》收入《饮冰室合集·文集》之四十四（上）第16—18页，在《饮冰室合集》第五册。

⑥ 见梁启超民国十三年（1924）2月11日《致菊公书》。转引自《梁启超年谱长编》，第1010页。此信亦见《梁启超全集》，第6047页。

⑦ 见张嘉森民国十三年（1924）2月12日《致任公先生书》。参见《梁启超年谱长编》，第1010页。

⑧ 见梁启超民国十三年（1924）3月7日《与季常书》。参见《梁启超年谱长编》，第1010页。亦见《梁启超全集》，第6048页。

间，有张东荪等数（shuò）促梁启超积极发展中国公学事。①】4月11日，陶行知致信梁启超。【内云："我国书院教育状况，先生知之最详，而书院教育之制度及其精神，在今日尤为办教育者所应知。先生素以发扬国粹为志，此次展览定有以慰海内教育界之望。现为期已迫，尊处筹备经过及现状何似，统祈（qí）示知。"②】4月18日，夏穗卿去世。【梁启超不久即撰《亡友夏穗卿先生》，内中回忆他30年前对夏穗卿之印象。当时梁启超正专心《中国近三百年学术史》中《清代学者整理旧学之总成绩》一章的写作，闻此噩耗，悲痛之至，旋即著成此文，并致信张元济，言登此文一事："穗卿死了，我做得一篇文曰《亡友夏穗卿先生》，因他和《东方杂志》关系极深，要寄来登入。但《晨报》副刊抢着先登，以表哀悼。我想《晨报》只销在北京一隅（yú），《东方》销得广，诸君若不嫌重复，我很盼望仍然注销，一以表东方的纪念，一以见我们从前的精神，于青年也有益，请您斟酌（zhēn zhuó）罢。"③】4月23日，致信张元济，商量刊登《清代学者整理旧学之总成绩》一事。【曰："顷著有《清代学者整理旧学之总成绩》一篇，本清华讲义中一部分，现在欲在《东方杂志》先行注销（因全书总须一年后方能出版）。但原文太长，大约全篇在十万字以外，不审与东方编辑体例相符合？此文所分门类（一、经学；二、小学及音韵学；三、校注古字；四、辩伪书；五、辑佚书；六、史学；七、方志；八、谱牒（pǔ dié）；九、目录学；十、地理；十一、天算；十二、音乐；十三、金石；十四、佛学；十五、编类书；十六、刻丛书；十七、笔记；十八、文集；十九、官书；二十、译书。）每类首述清以前状况，中间举其成绩，末自述以后加工整理意见，搜集资料所费工夫真不少。我个人对于各门学术意见，大概都发表在里头，或可以引起青年治学兴味，颇思在杂志上先发表，征求海内识者之批驳及补正，再泐为（lè wéi）成书。若杂志可登，欲要求每期登二万字以上，……今先寄上经学、小学、音韵学之一部分，若谓可登，请即

---

① 参见张东荪民国十三年（1924）3月27日、4月3日《致任公先生书》；陈筑山民国十三年（1924）3月28日、4月4日《致任公先生书》以及4月23日梁启超《致东荪筑山两兄书》。分见《梁启超年谱长编》，第1011页、第1013页、第1016—1017页。梁启超《致东荪筑山两兄书》亦见《梁启超全集》，第6048页。

② 见徐则陵（全国教育展览会筹备委员会正主干）、陶知行（副主干）民国十三年（1924）4月11日《致任公先生书》。转引自《梁启超年谱长编》，第1014页。陶行知（1891—1946），原名文濬（jùn），大学期间推崇明代哲学家王阳明"知行合一"学说，取名"知行"，43岁时则改名为陶行知。徽州歙县人。著作有：《中国教育改造》、《古庙敲钟录》、《斋夫自由谈》、《行知书信》、《行知诗歌集》等。

③ 见梁启超民国十三年（1924）4月23日《致菊公书》。转引自《梁启超年谱长编》，第1015页。亦见《梁启超全集》，第6049页。

复书，当别为小序一篇，冠于首也。”[①]】本月末旬，印度诗人泰戈尔至北京。【26日的《申报》记梁启超等人在北海静心斋欢迎他之情况云：“梁致词：‘中印为文化上亲属，阔别千余年，今重聚，喜可知……’”[②]】6月7日，致信蹇季常。【言松坡图书馆各事。[③] 7月2日，蹇季常亦致梁启超一信，还是商谈有关松坡图书馆等事。就在此信中可知梁启超曾鬻（yù）字为该馆筹款。蹇信言：“前日总结本馆上半年各项经费，计用（经常、临时）费2300余元，购书费350余元，存3300余元，约计下半年费用（如印刷、报告、修缮、购置冬季煤炭、祭祀等费），月非500元外不可，稍不撙（zǔn）节，或竟不敷（fū）。公鬻字所得，似应重在添基金、购图书两事。馆中杂费，不宜再事增加也。”[④]】7—8月间，曾致信师范大学史地学会。【谈国史教本问题。内有句云：“民族特刊号何时发行？仆拟作《民族醇化（chún huà）与文学》一篇应命……”[⑤]】9月13日（旧历八月十五日）梁夫人（李蕙仙）逝世，梁启超至为悲痛，即刻撰《悼启》一文。[⑥]【有关梁夫人生平事迹及嘉言懿行等，另有梁启超于第二年所撰《祭梁夫人文》可参阅。[⑦] 此外，12月3日在其为北京《晨报》纪念增刊所写《苦痛中的小玩意儿》，亦述及他这年的悲痛心情。[⑧]】其他著述尚有数篇。【即：《非“唯”》、《支那内学院精校本玄奘传书后——关于玄奘年谱之研究》、《大宝积经迦叶品梵藏汉文六种合刻序》、《印度与中国文化之亲属的关系》（为欢迎泰戈尔在师范大学讲演）、《泰戈尔的中国名——竺震旦》、《说方志》、《陈伯谦诔（lěi）词》、《师范大学第一次

---

① 见梁启超民国十三年（1924）4月23日《致菊公书》。引自《梁启超年谱长编》，第1016页；亦见《梁启超全集》，第6049页。《清代学者整理旧学之总成绩》收入《饮冰室合集·专集》之七十五第176—364页，在《饮冰室合集》第十册。

② 见《申报》民国十三年（1924）4月26日北京电，转引自《梁启超年谱长编》，第1017页。泰戈尔（1861—1941），印度著名诗人，生于加尔各答市，属婆罗门种姓。1913年凭其宗教抒情诗《吉檀迦利》（英文版 Gitanjaei，即《牲之颂》）获得诺贝尔文学奖，是首位获得诺贝尔文学奖之亚洲人。其与黎巴嫩诗人纪·哈·纪伯伦齐名，并称为“站在东西方文化桥梁的两位巨人”。

③ 见梁启超民国十三年（1924）6月7日《与季常书》。参见《梁启超年谱长编》第1017页引文。亦见《梁启超全集》，第6049—6050页。

④ 见蹇念益民国十三年（1924）7月2日《致任公先生书》。转引自《梁启超年谱长编》，第1018页。

⑤ 见梁启超民国十三年（1924）《致史地学会同学书》。转引自《梁启超年谱长编》，在第1020页。亦见《梁启超全集》，第6051页。

⑥ 原文见《饮冰室合集·文集》之四十四（上）第24—25页，在《饮冰室合集》第五册。

⑦ 见梁启超民国十四年（1925）9月30日撰文。引文见《梁启超年谱长编》，第1021—1023页。

⑧ 原文见《饮冰室合集·文集》之四十五（上）第113页，在《饮冰室合集》第五册。

毕业同学录序》、《明清之交中国思想界及其代表人物》、《释“四诗”名义》。①】五子梁思礼②出生（8月24日）。

一九二五年（民国十四年　乙丑）　五十三岁

2月5日，与梁仲策一信。【内云：“年假期内督课群童，每晚辄聚讲读书，声出金石，群童乐不可支，但旷我著作常课亦不少矣……”③】2月13日，致信蹇季常。【内云：“日来拼命著述，余晷（guǐ）又为儿曹讲诵。”④ 其4月17日给已在赴加拿大途中的女儿思顺、思庄的信中亦有句云：“今日……和你七叔讲了一会［儿］书，便着手著述，已成二千多字……”⑤】是年，发生五卅（sà）惨案。⑥【愤慨之余，梁启超与朱启钤（qián）、李士伟、顾维钧、范源濂（lián）、张国淦（gàn）、董显光、丁文江等人发表一篇共同宣言，并另撰有《为沪案敬告欧美朋友》、《我们怎样应付上海惨杀事件》、《沪案交涉方略敬告政府》、《赶紧组织会审凶手的机关啊》、《答北京大学教职员》等文章。⑦】6月25日，张君劢致信梁启超。【言圣约翰大学聘请后者讲学等事。⑧】9月初，至清华，【主持该校研究院事。】13日，与梁思顺等人一信，言在清华上课忙碌情形。【内云：“校课甚忙——大半也是我自己找着忙——我很觉忙得有兴会。新编的讲义极

---

① 分见《饮冰室合集·文集》之四十一、《饮冰室合集·专集》之六十八、七十四，在《饮冰室合集》第五、第九、第十册。

② 梁思礼事参见本书附1“梁启超之家庭”相关内容。

③ 见梁启超民国十四年（1925）2月5日《与仲弟书》。转引自《梁启超年谱长编》，第1027页。亦见《梁启超全集》，第6051页。

④ 见梁启超民国十四年（1925）2月13日《致季常先生书》。转引自《梁启超年谱长编》，第1028页。亦见《梁启超全集》，第6052页。

⑤ 见梁启超民国十四年（1925）4月17日《与思顺、庄庄书》。转引自《梁启超年谱长编》，第1031页。亦见本书附录一“梁启超与子女书”“1925年4月17日致梁思顺、梁思庄”条。原信亦见《梁启超全集》，第6210页。齐全按，本信中“七叔”指梁启超弟梁启雄。

⑥ 五卅惨案（亦称五卅血案），因发生于1925年5月30日得名。这一日，上海学生两千余人在租界内散发传单，发表演说，号召收回租界，被英国巡捕逮捕一百余人。下午万余人聚集英租界南京路老闸巡捕房外，要求释放被捕学生。英国巡捕开枪射击，当场打死13人，重伤数十人，逮捕150余人，造成惨案。

⑦ 均收入《饮冰室合集·文集》之四十二，在《饮冰室合集》第五册。

⑧ 见张嘉森民国十四年（1925）6月25日《致任公先生书》。参见《梁启超年谱长编》，第1042页。

繁难，费的脑力真不少……"①】12月15日致信袁守和，【言及写就《经录》一文及正撰发刊辞等事。同日又致一信言及图书馆事。②是时梁启超已任京师图书馆馆长一职。】12月20日，致信李仲揆（kuí）等，重点谈论制定中国图书分类法等事。【内云："鄙意宜自创中国之分类十进法，不能应用杜威原类，以强驭（yù）中国书籍，致陷于削趾适屦（xuē zhǐ shì jù）之弊。……购书事日本方面不可忽略，弟意欲将彼国研究中国史及佛教之书，先行搜罗。最要者为几种专门杂志，最好能自第一号搜起，购一全份，例如《史学杂志》、《史林》、《支那学》、《佛教研究》、《宗教研究》、《佛教学杂志》、《东洋学艺》、《外交时报》等。"③】另，这年的12月，清华周刊社印刷出版其《要籍解题及其读法》一著。【该著系梁启超于中华民国十三年（1924）春在清华学校所用之讲义。梁启超撰写此讲义之经过和其内容，可参考他于本年11月17日所撰序文一篇。④】此外，本年度作词兴致颇浓，6至7月一月间成果颇丰。【6月27日，曾致信林志钧，言及近好作词等事。云："日来颇为小词自遣，曾用便笺（biàn jiān）写数阕（shù què），付以新式符号……"⑤】还有，是年其题跋碑志画最多。【至于其他文章，尚有以下各篇：《致段执政书》、《复余姚评论社论邵二云学术》、《中华图书馆协会成立会演说辞》、《如何才能完成国庆的意义》、《复刘勉己书论对俄问题》、《范母谢太夫人七十寿言》、《国产之保护及奖励》等。⑥】

一九二六年（民国十五年　丙寅）　五十四岁

2月27日给其子女一信，言及梁思成、梁思永等读书问题。【曰："本来想思忠学工程，将来和他（指梁思成，后同。）合作。现在忠忠既走别的路，他所学单纯

---

① 见梁启超民国十四年（1925）9月13日《与思顺书》。参见《梁启超年谱长编》，第1056页。亦见本书附录一"梁启超与子女书""1925年9月13日致孩子们"条。原信见《梁启超全集》，第6217页。

② 均见梁启超民国十四年（1925）12月15日《与守和吾兄书》。信件引文参见《梁启超年谱长编》，第1066页。亦见《梁启超全集》，第6059—6060页。

③ 见梁启超民国十四年（1925）12月20日《致仲揆、守和两兄书》。转引自《梁启超年谱长编》，第1066—1067页。此信亦见《梁启超全集》，第6060页。

④ 原著见《饮冰室合集·专集》之七十二第1—96页，在《饮冰室合集》第九册。齐全按，有关此书详情亦见拙著《梁启超读书著文法》按语之相关内容，在第348—349页。

⑤ 见梁启超民国十四年（1925）6月27日《致宰平足下书》。转引自《梁启超年谱长编》，第1042页。亦见《梁启超全集》，第6257页。

⑥ 均收入《饮冰室合集·文集》之四十二、四十三、四十四（上），在《饮冰室合集》第五册。其中《国产之保护及奖励》一文，《饮冰室合集》标其年为民国十六年（1927）。

是美术建筑，回来是否适于谋生，怕是一问题。……我从前希望他学都市设计，只怕缓不济急。他毕业后转学建筑工程何如？我对专门学科情形不熟，思成可细细审度（shěn duó），……我所望于思永、思庄者，在将来做我助手。第一件，我做的中国史非一人之力所能成，望他们在我指导之下，帮我工作。第二件，把我工作的结果译成外国文。永、庄两人当专作这种预备。"①】4月14日，致信张元济，【告知已代该馆购书事。② 是时梁启超已就任北京图书馆馆长一职。】4月18日，致信袁守和，【商谈欲派其女儿女婿代领耶鲁大学所赠名誉博士学位事。③】6月18日，致信李仲揆（kuí）等，【商量为图书馆购书事；④ 7月5日又致信李仲揆等，亦言购书等事；⑤ 其7月20日致李仲揆等人信，则商谈为图书馆筹款事。⑥】6月29日，致任志清（可澄）一信，【商谈改组京师大学及有关庚款用途⑦等事。任可澄（rén kě chéng），时任北洋政府杜锡珪（guī）内阁之教育总长。⑧】7月12日，致信袁守和，【谈

---

① 见梁启超民国十五年（1926）2月27日《给孩子们书》。转引自《梁启超年谱长编》，第1074—1075页。此信亦见《梁启超全集》，第6228页。亦见本书附录一"梁启超与子女书""1926年2月27日致孩子们"条。

② 见梁启超民国十五年（1926）4月14日《致菊生书》。参见《梁启超年谱长编》，第1076页。此信亦见《梁启超全集》，第6061页。

③ 见梁启超民国十五年（1926）4月18日《与守和吾兄书》。参见《梁启超年谱长编》，第1076页。此信亦见《梁启超全集》，第6061页。

④ 见梁启超民国十五年（1926）6月18日《与仲揆、守和两兄书》。参见《梁启超年谱长编》，第1080页。此信亦见《梁启超全集》，第6062页。

⑤ 见梁启超民国十五年（1926）7月5日《与仲揆、守和两兄书》。参见《梁启超年谱长编》，第1082页。此信亦见《梁启超全集》，第6063页。

⑥ 见梁启超民国十五年（1926）7月20日《与仲揆、守和两兄书》。参见《梁启超年谱长编》，第1083—1084页。此信亦见《梁启超全集》，第6064页。

⑦ 庚款——1900年（光绪二十六年庚子年），义和拳在中国北方地区扩散，清廷趁势宣布与国际列强开战，八国联军攻陷北京紫禁城皇宫。1901年（辛丑年）9月，中国和11个国家达成《解决1900年动乱最后议定书》，即中国史称之《辛丑条约》。条约规定，中国从海关银等关税中拿出4亿5千万两白银赔偿各国，并以各国货币汇率结算，按4%的年息，分39年还清。这笔钱史称"庚子赔款"，即西方所称"拳乱赔款"（Boxer Indemnity）。1918年第一次世界大战结束，同盟国战败，协约国获胜。中国为协约国一方，亦战胜国之一。巴黎和会后，英国政府于1922年宣言"以后中国应付逐期庚款预备悉数退回"。1930年中英两国政府正式换文。1931年4月在南京召开了中英庚款董事会，购料委员会亦于同日在伦敦成立。美、法、意、荷、比等国也仿效英国先后与中国政府协议或换文确定退回庚子赔款办法。

⑧ 见梁启超民国十五年（1926）6月29日《与志清足下书》。参见《梁启超年谱长编》，第1081—1082页。此信亦见《梁启超全集》，第6062页。任可澄（1878—1945），原名文爍（róng），字志清，号匏齑（páo jī），贵州普定人。贵州宪政派代表人物，与李端棻有姻亲关系，系梁启超得意弟子。由其主持之《贵州通志》（续修）及所编印之《黔南丛书》，为后人留下了弥足珍贵之资料。

欲撰《图书馆小史》各事。①】8月10日，致信任志清等，【仍是有关京师图书馆经费事。②】9月14日给其子女一长信，【告之入清华讲学及任职司法储才馆等事。③】9月17日，与梁思顺一信，【告之有关办理司法储才馆及京师图书馆等事。④】10月15日，致张东荪信。【告知北京图书馆辛苦经营情形。⑤】11月8日，为蔡松坡十周年忌日。【梁启超亲率松坡图书馆同人公祭之。袁思亮撰写祭文，梁启超略作修改。当天北京《晨报》出一纪念特刊登载此篇祭文；同时亦载梁启超于这年5月所撰之《邵阳蔡公略传》。此外，梁启超还撰有数千言之长文《蔡松坡遗事》，所记蔡锷（è）事迹甚详。】11月11日，致江翊云（yì yún）一信，商两图书馆合并事。【信云："教育部直辖之方家胡同图书馆，顷已由弟完全接收，改为独立机关，定名国立京师图书馆。现在与中华文化基金会所设之北京图书馆仍暂取分立形式。弟以一人而兼两馆馆长，俟（sì）新建筑成立后，再行合并。……东方文化基金会设图书馆于北京，为原定计划之一，自当赓续（gēng xù）进行。惟文化基金会既有此举，重规迭矩（chóng guī dié jǔ），于义无取。……鄙见以为最好是东方文化会、中华文化基金会、国立京师图书馆三方合作，成一规模较大之馆，岂非快事……"⑥】11月26日，致信袁守和，【商量重缮（chóng shàn）《四库全书》事。⑦】12月3日，

---

① 见梁启超民国十五年（1926）7月12日《与守和吾兄书》。参见《梁启超年谱长编》，第1082页。此信亦见《梁启超全集》，第6063页。

② 见梁启超民国十五年（1926）8月20日《与志清、石青足下书》。参见《梁启超年谱长编》，第1085—1086页。此信亦见《梁启超全集》，第6065页。

③ 见梁启超民国十五年（1926）9月14日《给孩子们书》。《梁启超年谱长编》第1087—1091页有此信详细引文。原信全文见《梁启超全集》，第6234—6236页。其节录亦见本书附录一"梁启超与子女书""1926年9月14日致孩子们"条。齐全按，就在本信中，梁启超还述及协和医院对之误诊、误疗情况，但仅仅用"手术是协和孟浪错误了"寥寥数字一带而过，以后还屡屡告诫家属门人及社会，勿对新近起步之大陆医生围剿问责——足见一代伟人之胸襟！

④ 见梁启超民国十五年（1926）9月17日《与顺儿书》。原信全文见《梁启超年谱长编》，第1091—1093页，亦见《梁启超全集》，第6236—6237页。其节录见本书附录一"梁启超与子女书""1926年9月17日致梁思顺"条。

⑤ 见梁启超民国十五年（1926）9月15日《与东荪足下书》。参见《梁启超年谱长编》，第1095—1096页。

⑥ 见梁启超民国十五年（1926）11月11日《致翊云吾兄书》。转引自《梁启超年谱长编》，第1097—1098页。此信亦见《梁启超全集》，第6066页。

⑦ 见梁启超民国十五年（1926）11月26日《与守和兄足下书》。参见《梁启超年谱长编》，第1098—1099页。此信亦见《梁启超全集》，第6067页。

致信江翊云，【商谈处理其亡友曾刚父（fǔ）遗著以谋其遗族抚养等事。①】12月9日，林志钧致信梁启超，【报告司法储才馆招生事。②】12月10日，梁启超致信梁思永，【告已为其接洽回国参加考古等事。③】12月20日与梁思顺等一信，述其忙碌情景及拟接受耶鲁大学所赠学位等事。【信曰："我近来因病已全愈，一切照常工作，渐渐忙起来了。新近著成一书，名曰《王阳明知行合一之教》约4万余言，印出后寄给你们读。前两礼拜几乎天天都有讲演，每次短者一点半钟，多者继续至三点钟，内中有北京学术讲演会所讲3次，地点在前众议院（法大第一院），听众充满全院（约四千人）……前几天耶鲁大学又有电报来，再送博士，请6月22日到该校，电辞极恳切，已经复电答应去了……"④】梁启超是年之著述，大多关于学术方面。【计有：《中国历史研究法补编》、《〈图书馆学季刊〉发刊辞》、《王阳明知行合一之教》、《先秦学术年表》、《荀子评诸子语汇释》、《〈韩非子·显学篇〉释义》、《〈尸子·广泽篇〉〈吕氏春秋·不二篇〉今释》、《〈淮南子要略〉书后》、《司马谈〈论六家要指〉书后》、《〈史记〉中所述诸子及诸子书最录考释》、《〈汉书〉艺文志、诸子略考释》、《汉志诸子略各书存佚真伪表》、《〈庄子·天下篇〉释义》、《〈荀子〉正名篇》、《中国考古学之过去及将来》、《清华研究院茶话会演说辞》、《为南开大学劝捐启》、《民国初年之币制改革》等。⑤】

一九二七年（民国十六年　丁卯）　五十五岁

1月17日司法储才馆正式开馆。【其开馆仪式盛况，可参考该馆季刊《司法储才馆开馆仪式纪事》一文。⑥ 另可参考梁启超所撰《司法储才馆开馆辞》《〈司法储

---

① 见梁启超民国十五年（1926）12月3日《致翊云吾兄书》。参见《梁启超年谱长编》，第1099页。此信亦见《梁启超全集》，第6067页。

② 见林志钧民国十五年（1926）12月9日《致任公先生书》。参见《梁启超年谱长编》，第1099页。

③ 见梁启超民国十五年（1926）12月10日《给思永书》。参见《梁启超年谱长编》，第1099—1100页。此信亦见《梁启超全集》，第6241页。其节录见本书附录一"梁启超与子女书""1926年12月10日致梁思永"条。

④ 见梁启超民国十五年（1926）12月20日《给孩子们书》。转引自《梁启超年谱长编》，第1100—1101页。此信全文见《梁启超全集》，第6064页。其节录亦见本书附录一"梁启超与子女书""1926年12月20日致孩子们"条。

⑤ 分见《饮冰室合集·专集》之九十九及《饮冰室合集·文集》之四十三，《饮冰室合集·专集》之七十六、七十八、七十九、八十、八十一、八十三、八十四、八十五、七十七、一百、一百一，在《饮冰室合集》第五、十二、十册。参见《梁启超年谱长编》，第1108—1109页。

⑥ 见《司法储才馆季刊》第1期第7页。

才馆季刊〉发刊词》等文。① 尚可参看本书所选梁启超与子女书相关内容。至于梁启超就任该馆馆长一职，乃系司法部长罗文幹（gàn）依据该馆章程所聘。②】1月26日，梁启超致梁思顺等一信，详述司法储才馆、京师图书馆各事。【信中云："司法储才馆已经开学了，余樾（yuè）园任学长，学生220余人，青年居多，尚可造就，但英文程度太低，而本馆为收回法权预备起见，特注重此点。……我自己每星期6下午担任一堂功课，题目为《人生哲学》，此外每星期5、6两日各有两点钟为接见学生时期。我的时间费在此馆者大约如此。……现在我要做的事，在编两部书：一是《中国图书大辞典》，预备1年成功；二是《中国图书索引》，预备5年成功。两书成后，读中国书真大大方便了。关于编这两部书，我要放许多心血在里头才能成，尤其是头一年训练出能编纂（biān zuǎn）的人才，非我亲自出马不可。现在清华每日工作不轻，又加以燕大，再添上这两件事，真够忙了。但我兴致勃勃，不觉其劳……"③】2月16日，梁启超给梁思顺等一封信，谈思成、思永等今后在学习中应注意之事项。【齐全按，内有几页令孩子们传阅后特嘱由梁思成保存之。其见解，对任何学人均有益处。④】3月5日，在司法储才馆做《学问的趣味与趣味的学问》之演讲。【其讲演辞见该馆季刊第一期第90页。⑤】3月10日，致信子女，言拟撰《中国通史》等事。【云："我的《中国史》诚然是我对于国人该下一笔大帐，我若不把他做成，真是对国民不住，对自己不住。也许最近期间内，因为我在北京不能安居，逼着埋头三、两年，专做这种事业，亦尚未可知，我是无可无不可，随便环境怎样，都有我的事情做，都可以助长足我的兴会和努力的。"⑥】3月31日，康有为逝世。【这年的3月8日

---

① 分见《〈饮冰室合集〉集外文》，第1014—1016页、第1018页。

② 参见《司法储才馆季刊》第1期第1页罗文幹《致任公先生书》。亦见《梁启超年谱长编》，第1109页。罗文幹（1888—1941），字钧任，广东番禺（pān yú）人，1904年赴英国留学，入牛津大学荣誉班，专攻法律，4年毕业，获法律硕士学位。1927年1月，任北洋政府顾维钧内阁司法部总长。

③ 见梁启超民国十六年（1927）1月26日《给孩子们书》。转引自《梁启超年谱长编》，第1112—1113页。亦见本书附录一"梁启超与子女书""1927年1月18日至26日致孩子们"条。齐全按，该信详尽内容，参见《梁启超全集》，第6246—6249页。

④ 见梁启超民国十六年（1927）2月16日《给孩子们书》。转引自《梁启超年谱长编》，参见第1115—1116页。亦见本书附录一"梁启超与子女书""1927年2月6日至16日致孩子们"条。齐全按，该信详尽内容，参见《梁启超全集》，第6250—6252页。

⑤ 亦见《〈饮冰室合集〉集外文》，第1025—1029页。

⑥ 见梁启超民国十六年（1927）3月10日《给孩子们》。转引自《梁启超年谱长编》，第1120页。亦见本书附录一"梁启超与子女书""1927年3月10日致孩子们"条。齐全按，《梁启超年谱长编》第1119—1120页有该信详尽摘录。原信亦见《梁启超全集》，第6256页。

（旧历二月五日）乃是康有为70寿日，梁启超、同门诸弟子等均亲往上海祝寿。梁启超还亲撰《七十寿序》一篇，情文并茂，传诵一时。他还集汉贤成语撰一联云：“述先圣之玄意，整百家之不齐，入此岁来已七十矣。奉觞（shāng）豆于国叟，致欢忻（xīn）于春酒，亲授业者盖三千焉。”4月17日，梁启超、同门诸弟子等则在北京畿辅（jī fǔ）先哲祠举行公祭。梁启超还撰写祭文一篇，挽联一副。其挽联曰：“祝宗祈死，老眼久枯，翻幸生也有涯，幸免睹全国陆沉鱼烂之惨；亚西狩获麟，微言遽（jù）绝，正恐天之将丧，不仅动吾党山颓（tuí）木坏之悲。”①】5月13日，与长女一信，谈家庭杂事。【读之可了解梁启超家庭教育之一斑。②】另，是年初夏，梁启超曾与清华研究院诸生徒至北海游历，并发表谈话一篇。【该谈话劝勉学生在道德和知识方面应注意之问题，从中可看出梁启超对当时学校制度和社会风俗的不满情绪。谈话中梁启超亦提出了如何改造当时学校制度与社会风俗之方法。此外，从这篇谈话中，人们也能看出梁启超之施教情形及他对于清华所寄予之殷切期望。该篇谈话后来刊入《清华学校研究院同学录》中，其学生吴其昌曾记其经过。③ 吴其昌、周传儒还有该谈话之详细记录。④】6月1日，余樾⑤致信梁启超。【商谈司法储才馆事。⑥】6月15日，梁启超致信梁思顺等，告知王国维⑦死事，对之进行评价并言及自己对此事之感受。【云：“此公治学方法，极新极密，今年仅51岁，若再延寿10年，为中国学界发明，当不可限量……”⑧】

---

① 本挽联转引自《梁启超年谱长编》，第1124页。

② 见梁启超民国十六年（1927）5月13日《与顺儿书》。参见上书第1135—1137页。亦见本书附录一“梁启超与子女书”“1927年5月13日致梁思顺”条。原信见《梁启超全集》，第6268页。

③ 见丁卯（1927年）初夏《清华学校研究院同学录》吴其昌附识。参见《梁启超年谱长编》，第1137—1138页。

④ 见周传儒、吴其昌《梁先生北海谈话记》，载丁卯（1927年）初夏《清华学校研究院同学录》。《梁启超年谱长编》引文甚详，见第1138—1144页。

⑤ 余樾（1821—1907），字阴甫，号曲圆，浙江德清人。博通典籍，乃晚清重要学者。其《古书疑义举例》一书，颇受学界推崇。

⑥ 见余樾民国十六年（1927）6月1日《致任公先生书》。参见《梁启超年谱长编》，第1144页。

⑦ 王国维（1877—1927），字伯隅、静安，号观堂、永观，浙江海宁盐官镇人。为文学、美学、史学、哲学、古文字、考古学等各方面成就卓著之学术巨子，国学大师。生平著述62种，批校古籍逾200种。以其《遗书》，尤其是《观堂集林》最为著名。

⑧ 见梁启超民国十六年（1927）6月15日《给孩子们》。转引自《梁启超年谱长编》，第1145页。亦见本书附录一“梁启超与子女书”“1927年6月15日致孩子们”条。齐全按，《梁启超年谱长编》第1145—1148页有该信详尽内容。其原信亦见《梁启超全集》，第6270—6272页。

7月22日，致信北京图书馆，谈编纂《中国图书大辞典》事。【8月8日，又致北京图书馆一信，复谈此事。①】8月3日，与梁仲策一信。【言打算摆脱诸多琐事，只任清华董事等事。②】8月29日，致信梁思顺等，对梁思成等儿女的学习事进行规划。【内云："思成所学太专门了，我愿意你趁毕业后一两年，分出点光阴多学些常识，尤其是文学或人文科学中之某部门，稍为多用点工夫。我怕你因所学太专门之故，把生活也弄成近于单调；太单调的生活，容易厌倦，厌倦即为苦恼，乃至堕落之根源。再者，一个人想要交友取益，或读书取益，也要方面稍多，才有接谈交换，或开卷引进的机会。不独朋友而已，即如在家庭里头，像你有我这样一位爹爹，也属人生难逢的幸福，若你的学问兴味太过单调，将来也会和我相对词竭（jié），不能领着我的教训，你全生活中本来应享的乐趣，也削减不少了。我是学问趣味方面极多的人，我之所以不能专积有成者在此，然而我的生活内容，异常丰富，能够永远保持不厌不倦的精神，亦未始不在此。我每历若干时候，趣味转过新方面，便觉得换个新生命，如朝旭升天，如新荷出水，我自觉这种生活是极可爱的，极有价值的。我虽不愿你们学我那泛滥无归的短处，但最少也想你们参采我那烂漫向荣的长处……"③】8月31日，中国图书大辞典编纂处致信北京图书馆，报告其工作简况。【云："敝处此二月工作，系编纂梁任公先生《饮冰室藏书目录》。梁先生家藏书籍，宋元善本书虽少，而普通书至十余万卷之多，……故决意先编《饮冰室书目》。现已编成经史二部及子部之四分之一，约已成二十余卷，书片已在八千七八百以上。惟因几乎每书实验原书，故耗费时间较多，然得实益亦颇不少……"④】是年著述，尚有下列诸篇：《中国文化史》、《图书大辞典簿录之部》、《儒家哲学》、《书法指导》、《古书真伪及其年代》、《曾刚甫诗集序》。⑤

---

① 分见梁启超民国十六年（1927）7月22日、8月8日《致北京图书馆书》。参见《梁启超年谱长编》，第1150页、第1151—1152页。亦见《梁启超全集》，第6068、6069页。

② 见梁启超民国十六年（1927）《与仲弟书》。参见《梁启超年谱长编》，第1150—1151页。亦见《梁启超全集》，第6068页。

③ 见梁启超民国十六年（1927）8月29日《给孩子们书》。转引自《梁启超年谱长编》，第1152—1153页。亦见本书附录一"梁启超与子女书""1927年8月29日致孩子们"条。齐全按，《梁启超年谱长编》第1152—1155页有该信详尽内容。其原信亦见《梁启超全集》，第6273—6275页。

④ 见图书辞典编纂处民国十六年（1927）8月31日《致北京图书馆》。转引自《梁启超年谱长编》，第1155—1156页。

⑤ 分别收入《饮冰室合集·专集》之八十六、八十七、一百零二、一百零三、一百零四及《饮冰室合集·文集》之四十三，分别在《饮冰室合集》第十、第十二、第五册。

一九二八年（民国十七年　戊辰）　五十六岁

3月17日，袁守和致信梁启超。【商谈有关北京图书馆购书费事。①】4月26日，梁启超致其子、媳（梁思成、林徽因夫妇）一信，言及他们婚后学习谋职等事。【内曰："若专为生计独立之一目的，勉强去就那不合式［适］或不乐意的职业，以致或贬损人格或引起精神上苦痛，倒不值得。……所以我一面随时替你们打算，一面愿意你们先有这种觉悟，纵令回国一时未能得相当职业，也不必失望沮丧。失望沮丧，是我们生命上最可怖之敌，我们须终身不许他侵入。……回来时立刻得有职业固好，不然便用一两年工夫，在著述上造出将来自己的学术地位，也是大佳事……"又云："《中国宫室史》诚然是一件大事业，但据我看，一时很难成功。因为古建筑什九被破坏，其所有现存的，因兵乱影响，无从到内地实地调查，除了靠书本上资料外，（书本上资料我有些可以供给你，尤其是从文字学上研究中国初民建筑，我有些少②颇有趣的意见，可惜未能成片断，你将来或者用我所举的例继续研究得有更好的成绩。）只有北京一地可以着手。（幸而北京资料不少，用科学的眼光整理出来，也很够你俩费一两年工作。）所以我盼望你注意你的副产工作——即《中国美术史》。这项工作，我很可以指导你一部分，还可以设法令你看见许多历代名家作品。我所能指导你的，是将各派别提出个纲领，及将各大作家之性行及其时代背景详细告诉你，名家作品家里头虽然藏得很少（也有些佳品为别家所无），但现在故宫开放以及各私家所藏，我总可以设法令你得特别摩挲（mā sā）研究的机会，这便是你比别人便宜的地方。所以我盼望你在旅行中，便做这项工作的预备。所谓预备者，其一是多读欧人美术史的名著，以备采用他们的体例。关于这类书认为必要时，不妨多买几部；其二是在欧洲各博物馆、名画苑中见有所藏中国作品，特别注意记录……"③ 又，这年的5月13日，给梁思顺一封信，云："思成（目前）职业问题，居然已得解决。清华及东北大学皆请他，两方比较，东北为优，因为那边建筑事业前途极有希望……所以我不等他回信，径替他作主辞了清华（清华太舒服，会使人懒于进取）……"④】6月18日，致信袁守和，言及编纂《中国图

---

① 见袁同礼民国十七年（1928）3月17日《致任公先生书》。参见《梁启超年谱长编》，第1171—1172页。

② 些少，些许。

③ 见梁启超民国十七年（1928）4月26日《与思成、徽因书》。转引自《梁启超年谱长编》，第1173—1174页。全信见《梁启超全集》，第6290—6291页。其节录见本书附录一"梁启超与子女书""1928年4月26日致梁思成林徽因"条。

④ 见梁启超民国十七年（1928）5月13日《与顺儿书》。引自《梁启超年谱长编》，第1178页。亦见本书附录一"梁启超与子女书""1928年5月13日致梁思顺"条。原信亦见《梁启超全集》，第6295—6296页。齐全按，梁信一般呼林徽因之原名林徽音。参见本书附1"梁启超之家庭"之注文。

书大辞典》事。【云："此书编纂颇费苦心，其义例及方法皆迥然（jiǒng rán）不袭前人，意欲为簿录界开一新纪元；衍刘略阮录之正绪而适应于现代图书之用……"①】又，同日致信胡适，谈有关《中国图书大辞典》事。【曰："仆自去秋受北京图书馆之属托（zhǔ tuō），编纂《中国图书大辞典》，一年以来，督率门人数辈，昕（xīn）夕从事，虽写定之稿未及什之一，然颇感斯业之有益，兴味引而弥长。窃不自揆（kuí），意欲使此书成后，凡承学之士欲研治某科之学，一展卷即能应其顾问，示以资料之所在，及其资料之种类与良窳（yǔ）；即一般涉览者，亦如读一部有新系统的《四库提要》，诸学之门径可得窥（kuī）也。此种愿望之成绩，虽未敢期绝对的满意，然黾勉（miǎn miǎn）赴之，最少亦可树立规模以俟来者之补正，于愿亦已足矣。……自谓其组织记述批评，皆新具别裁，与章实斋所谓横通者迥别（jiǒng bié），将来全书即略用此例。……此等工具之书，编纂备极繁难，非有一人总揽全部组织不可，却绝非一人之精力所能独任。现在同学数辈分功［工］合作，写卡片四万余纸，丛稿狼籍盈数箧（qiè）。幸得董事会之助，使诸人薄得膏火之资，等于工读。……仍盼我公稍注意审查成绩，估其价值，在会中力予主持，俾（bǐ）不致废于半途……"②】6月19日，与长女一信。【告已完全摆脱清华研究院事。③】8月22日，又与梁思顺等一信，告之拟辞去编纂《中国国书大辞典》事。【曰："我辞了图书馆长以后，本来还带着一件未了的事业是编纂《中国图书大辞典》，……这件事本来做得津津有味，但近年来廷灿④屡次力谏我，说我……常常工作过度，于养病不相宜。……所以我再四思维，已决

---

① 见梁启超民国十七年（1928）6月18日《与守和足下书》。引自《梁启超年谱长编》，第1180页。原信亦见《梁启超全集》，第6071页。刘略阮录，"刘略"指西汉哀帝时期之刘歆，继承乃父刘向遗志，利用天禄阁政府藏书所编成之中国第一部综合性图书分类目录《七略》；"阮录"指南朝梁阮孝绪所撰《七录》。即阮孝绪继汉刘歆《七略》、南朝齐王俭《七志》之后的一部图书目录分类专著。其为书总结了前代目录学之成就，在中国目录学史上占有重要地位。原书已佚，其序保存于唐代释道宣之《广弘明集》卷三。

② 见梁启超民国十七年（1928）6月18日《与适之足下书》。转引自《梁启超年谱长编》，第1180—1181页。齐全按，《梁启超年谱长编》署日期为民国十六年（1927）6月18日，见第1181页。原信亦见《梁启超全集》，第6071页。

③ 见梁启超民国十七年（1928）6月19日《与思顺书》。见《梁启超年谱长编》，第1182—1183页。全信见《梁启超全集》，第6297—6298页，其节录见本书附录一"梁启超与子女书""1928年6月19日致梁思顺"条。

④ 梁廷灿，梁启超侄。幼年时在新会读书，毕业后常年跟随叔父梁启超，为其管家，安排佣人工作及大小杂务，还帮忙管理梁启超私人图书，为梁启超"离不开的人"。

意容纳廷灿的忠告，连这一点首尾，也斩钉截铁的［地］辞掉……”[①] 8 月 24 日，又致信北京图书馆，请求辞却《中国图书大辞典》编纂工作及善后事宜；同日还致信袁守和，告知坚决辞却北京图书馆之编纂津贴费。[②] 9 月 7 日，北平图书馆复梁启超信，恳请其维持续编《图书大辞典》。曰：“编纂《图书大辞典》事，为中西学人所渴望，年来赖先生之指导，已有特殊之成绩，倘全书能继续进行，固不仅本馆之光也。此事近经委员会之协商，仍盼先生在可能范围内，惠允维持，并委托袁副馆长日内赴津面陈一切……”[③]】9 月 18 日，张君劢致信梁启超，考虑到后者之病情，请他速作自传类述作，以为后人之楷模。【曰：“常望于先生者，将先生对于世界，对于吾国，对于旧友之希望，以简单之言择要纪录，俾（bǐ）同人有以继续先生之志愿而已……”[④] 后来，胡适在其《四十自述》一书之《自序》中谓：“梁启超先生……自信他的体力精力都很强，所以他不肯开始写他的自传。谁也不料那样一位生龙活虎一般的中年作家只活了 55 岁！虽然他的信札和诗文留下了绝多的传记材料，但谁能有他那样‘笔锋常带情感’的健笔来写他那 55 年最关重要又最有趣味的生活呢！中国近世历史与中国现代文学就都因此受了一桩无法补救的绝大损失了……”[⑤]又，梁启勋《病床日记》云：“（1929 年）1 月 11 日，任公拟预备自祝 60 岁寿，请其友人作文百篇，请林宰平作关于任公之佛学研究，罗复庵（ān）作任公书法。1 月 15 日病势垂危，至临终时，无一语遗嘱……”[⑥]】9 月 22 日，梁启超致信叶揆（kuí）初[⑦]等，谈及撰《辛稼轩

---

① 见梁启超民国十七年（1928）8 月 22 日《给孩子们书》。转引自《梁启超年谱长编》，第 1187 页。亦见本书附录一“梁启超与子女书”“1928 年 8 月 22 日致梁思顺”条。齐全按，其原信《梁启超年谱长编》第 1186—1187 页有录。亦见《梁启超全集》，第 6300 页。

② 分见梁启超民国十七年（1928）8 月 24 日《致北平图书馆》及《致袁守和兄书》。参见《梁启超年谱长编》，第 1187—1189 页。亦见《梁启超全集》，第 6072—6073 页。

③ 见北平图书馆民国十七年（1928）9 月 7 日《致任公先生书》。转引自《梁启超年谱长编》，第 1192 页。

④ 见张嘉森民国十七年（1928）9 月 18 日《致任公先生书》。转引自《梁启超年谱长编》，第 1192—1193 页。

⑤ 见胡适：《四十自述》，海天出版社 1992 年版，第 1 页。齐全按，有系统的自传，梁启超先生只有一部《三十自述》，余则散见于某些著述中及与亲朋往来的信札。如《清代学术概论》之二十五、二十六两节等（见《饮冰室合集·专集》之三十四第 61—66 页，在《饮冰室合集》第八册）。

⑥ 见梁仲策：《病床日记》，民国十八年（1929）1 月 21 日《大公报》。转引自《梁启超年谱长编》，第 1200 页。

⑦ 叶揆初（1874—1949），名景葵，字揆初，浙江仁和（今杭州）人。25 岁到北京会试落第，受维新思想影响，进张元济所办通艺学堂学习英语、数学，30 岁时再度参加会试，终于中了进士。曾随盛京将军赵尔巽赴东北，任时政总局会办。

(jià xuān) 年谱》之情形。【云:"日来撰成《辛稼轩年谱》,并为稼轩词作编年,竟什得七八,又得一佳钞,用校四印斋重雕(chóng diāo)之元大德本,是正伪舛(wěi chuǎn),将及百条,深用自喜。一月来光阴全消磨于此中,再阅十日可蒇(chǎn)事矣……"① 按,梁启超之编撰该年谱,其以9月10日属稿,至10月12日始则因病情加重而被迫搁笔。梁启勋《曼殊室戊辰笔记》记其经过云:"《辛稼轩年谱》,9月10日始属稿,24日编至稼轩52岁,入夜痔大发,竟夕不能睡。25日过午始起,侧身坐属稿。26日痔疮痛剧,不能复坐。27日,始入京就医,10月5日,始返,仍未能执笔。……从北京就医,归途感冒发烧,不自觉,6—7两日执笔校改前稿甚多。7日下午,始知有病,遂卧床两日。9日下午,势全退,乃赓续作此。10月10日,昨日势已全退,今晨复升至三十七二,可厌之至。无聊故,仍执笔,12日,为最后绝笔。"② 又,梁启勋于中华民国十八年(1929)为《辛稼轩先生年谱》作跋记云:"伯兄所著《辛稼轩先生年谱》属稿于十七年(1928)9月10日。不旬日而痔疮发,乃于同月之27日入协和医院就医。病榻岑寂(cén jì),惟以书自遣。无意中获得资料数种,可为著述之助,遂不俟全愈,携药出院,于10月5日回天津执笔,侧身坐,继续草此稿,如是者凡7日至月之12日,不能支,乃搁笔卧床。旋又到北平入医院,遂以不起。《谱》中录存稼轩'祭朱晦翁文'至'凛凛犹生'之'生'字,实伯兄生平所书最后一字矣!时则12日午后3时许也。"③】

【余　目】

一九二九年(民国十八年　己巳)　五十七岁

1月19日,在北平协和医院逝世。【《梁启超年谱长编》:"先是去年11月27日再入协和医院诊治后,病势远未大减,不久且发见[现]新病,加以身体虚弱太甚,遂卒不支,于1月19日午后2时溘逝(kè shì)。"④】1月21日,《大公报》转载梁启勋《病床日记》,述其兄梁启超几年来病情及逝世经过。【内云:"任公于四年前即患小便出血症,当时因在清华讲学,城内各校时有定期讲演,异常忙碌,加以其夫人病体沉重不可救治,任公以此种种关系,未暇医治。及

① 见梁启超民国十七年(1928)9月22日《致撄初、叔通、季莳、振飞诸公书》。转引自《梁启超年谱长编》,第1193页。此信亦见《梁启超全集》,第6074页。

② 转引自《梁启超年谱长编》,第1193—1194页。

③ 见《饮冰室合集·专集》之九十八第61页,在《饮冰室合集》第十二册。

④ 见该书第1198页。

其夫人病殁（mò）之后，任公失偶，情极难堪，仍在清华讲学如常，亦借此寄托，以过其难堪之日月也。”又云：“二三年来，精神体力已大不如从前，……而任公因著述方面未完之工作甚多，虽友朋切劝而思潮时起，欲理旧业，仍不能绝对停止。近数月来，专心词曲自遣，拟撰一《辛稼轩年谱》。去年9月中旬痔疾复发，未能脱稿，即来平，入协和割治，服泻药二星期之久，稍见轻。在院中仍托人觅关于辛稼轩材料，忽得《信州府志》等书数类，狂喜，携带出院，痔疾并未见好，即驰回天津，仍带泻药到津服用。拟一面服泻药，一面继续《辛稼轩年谱》之著作……（1929年）1月15日病势垂危，至临终时，无一语遗嘱……”①】其子梁思成等亦追述其父病中情形。【曰：“……自出医院之后，又讲学清华学校及燕京大学。家有苦谏节劳，然以学问欲太强，不听也。直至十七年（1928）4月，始辍（chuò）讲清华，返天津休养……”又云：“先君子著《辛稼轩年谱》，未成而痔发，入院数日，无意中搜得稼轩之轶事二种，遂不俟退院之期，力疾返津，痔疮未收，乃执笔侧身而坐，如是者三日，至10月12日不能支，乃卧床，从此遂不起矣！先君子曾谓：‘战士死于沙场，学者死于讲座。’方在清华、燕京讲学，未尝辞劳，乃至病笃（dǔ）仍不忘著述，身验斯言，悲哉！”又云：“先君子于人生以无论环境如何，辄以不忧不惧为宗旨，虽至临终之前数日，犹日夜谋病起之后，所以继续述作之计划……”子女们受父亲人格力量之感召，对其所遗藏书，作如是处理：“所遗藏书数十万卷，当俟国中有稍完备之图书馆时全数捐赠，以供海内学子之求，则先君子虽往，吾学术界庶几犹沾遗教，亦不孝等所以继先君子讲学之志于万一者也。”②】徐佛苏《记梁任公先生逸事》，对梁启超四十年之报国事业及笔耕情形进行综述。【云：“先生年甫（fǔ）十六时（1888年）……大享文名，而誓欲终身以文字报国，距其戊辰（1928年）冬间逝世时恰近四十年之报国历史。……四十年之中，脑中固绝未忘一‘国’字，且平昔眼中无书，手中无笔之日亦绝少，……则先生生平之文字合‘著’与‘述’两项言之，约在‘一千四百万字’内外。盖每月平均以三万字计，每年平均以卅六万字计，而四十年可得‘千四百万字’之和数也。先生之著述，既能有一千数百万字之多，其价值又极重，则确为‘世界第一之博学家’无疑。”③】梁启超族人于2月17日举行吊

---

① 见梁仲策《病床日记》，民国十八年（1929）1月21日《大公报》。转引自《梁启超年谱长编》，第1198—1200页。

② 见梁思成等述《梁任公得病逝世经过》。转引自《梁启超年谱长编》，第1200—1202页。

③ 见徐佛苏：《记梁任公先生逸事》。转引自《梁启超年谱长编》，第1204页。齐全按，《梁启超年谱长编》第1203页该书作《梁任公先生逸事》。

唁活动。同一天，各界人士分别在平（北京）、沪（上海）举行隆重的悼念仪式。【天津《益世报》于是年春季增刊中，专文记述了北京是日追悼梁启超之情形；[①]2月18日，上海《新闻报》、2月19日《申报》等均对上海当天之追悼活动进行了详尽的报道。[②]】美国《史学界消息》（个人简讯）则载文评述梁启超。【文曰："梁启超……在1898年的政变中，他险些丧失生命，以后几年，他过着流亡生活。在此期间，他撰写宣传政治改革的文章，登在他担任编辑的刊物上。民国建立（1912年）后，他全心致力于历史科学的教学、讲授、写作……"又曰："康、梁对17至18世纪的所谓'汉学派'的史学评论的深刻研究，以及他们学到的西方方法，很自然地使他们成为当今史学研究复兴的奠基者。"又云："梁启超最新的《合集》（《饮冰室文集》）于1927年出版，共80卷。另外一些学术著作以单行本出版，对其中三种，他很自豪，即：《中国历史研究法》、《清代学术概论》和《先秦政治思想史》，……最后一种已译成法文。他的最新著作之一，《要籍解题及其读法》是当今古籍评论的最好总结。在他逝世前，他正在编写一部巨著《中国文化史》，只有部分付印。在一本小自传《三十自述》里，梁先生说：'我十八岁初到上海，第一次拿到一本地图册之前，我不知道世界上有五大洲。'（按，梁启超原文为：'……下第归，道上海，从坊间购得《瀛环志略》，读之，始知有五大洲各国。'——译者原注）然而就是这个年轻人，以非凡精神活力和自成一格的文风，赢得全中国知识界的领袖头衔，并保留他一直到去世。表现在他的文风和他的思想里的这种能够跟上时代变迁的才华，可以说是由于他严格执行他自己常常对人引用的格言：'切勿犹疑以今日之我宣判昨日之我。'"[③]】

附1 梁启超之家庭[④]

梁启超一生有过两位夫人：李蕙仙和王桂荃。

光绪十五年（1889），17岁的梁启超考中举人，被主考官李端棻（fēn）相中。后在李端棻撮合（cuō he）下，19岁的梁启超于光绪十七

---

① 见天津《益世报》春季增刊之一，《北平公祭梁任公先生情状志略》。

② 分见上海《新闻报》民国十八年（1929）2月18日之《静安寺路公祭梁任公先生记》及民国十八年2月19日《申报》之《商学界公祭梁任公》文。齐全按，北京、上海两地公祭详情参见《梁启超年谱长编》所引上述各报文，在第1205—1209页。

③ 梁思庄译自《美国历史评论》第34卷第670—671页，1929年4月。转引自《梁启超年谱长编》，第1210—1212页。

④ 齐全按，以下所附："梁启超之家庭"、"梁启超之故居"及"梁启超之墓地"三文参见吴荔明著《梁启超和他的儿女们》相关内容。

年（1891），与长他4岁的李蕙仙（李端棻堂妹）结婚。时李蕙仙带来两位丫环，其中一位即王桂荃。

王桂荃（1886—1968），四川广元人，梁启超的第二位夫人。[①] 梁启超的长子出生时身体非常单薄孱弱（chán ruò），为了香火旺盛，1903年，梁启超征得夫人李蕙仙的同意后纳王桂荃为侧室。以后的岁月中，王桂荃一连给梁启超生育七个子女（其中曾起名为思同的男婴夭折）。李蕙仙在世时，梁启超极少在公开场合提及王桂荃，要求孩子们称王桂荃为"王姑娘"或"王姨"。不过，梁启超所有的孩子们对王桂荃都感情至深，他们叫李蕙仙为"妈"，王桂荃为"娘"。梁启超去世后，与李蕙仙合葬在北京香山。之后的岁月里，王桂荃一人照顾全家老小。1968年，85岁的王桂荃与孩子们四散分离，最后孤独而悲惨地撒手人寰，子女们至今不知其尸骨所在。1995年，梁家子女们在北京西香山梁启超、李蕙仙合葬墓旁深情地种下一棵"母亲树"，立碑纪念这位培育了数名栋梁之材的平凡母亲。不论面临怎样的境遇，梁家子女对自己的家族，始终不离不弃。而在家族内部，他们则保持着异乎寻常的血脉之情。所有这一切，都与他们的这位王桂荃母亲有着密切之关系——正是这位母亲，在很长一段时间里，隐身幕后，忍辱负重，无论在梁启超生前抑或身后，一直支撑着整个大家庭的生活，精心抚育他们长大成人，从小即培养了他们百折不挠的坚韧品性。

梁启超共有九位子女：梁思顺、梁思成、梁思永、梁思忠、梁思庄、梁思达、梁思懿（yì）、梁思宁、梁思礼。其中，梁思顺、梁思成、梁思庄为李夫人所生；梁思永、梁思忠、梁思达、梁思懿、梁思宁、梁思礼为王夫人所生。[②]

长女梁思顺（1893—1966）即梁令娴。出生于广东新会，毕业于日本女子师范学校。自幼身受父亲的熏陶与教育，爱好诗词、音乐。她深受父亲梁启超的喜爱（是梁启超的"宝贝思顺"），长期担任父亲的助手，并尽心照顾年幼的弟弟妹妹。梁启超流亡日本期间，她任父亲的

---

① 戊戌变法失败后梁启超流亡日本时与之结为夫妻。

② 思成、思忠、思庄、思达四人出生于日本，在日本度过了童年时代，1913年才随父母回到中国。

日语翻译。由于她精心保存了父亲的几乎所有的往来信件，为后人留下了极为珍贵的资料，是为《梁启超年谱长编》的重要素材。她还编有《艺蘅馆词选》（1908年初版，后再版多次），乃人们研究梁启超学术思想之又一重要资料。就是这样一代才女，在“文革”中被逼得死于非命。

长子梁思成（1901—1972）1915年入清华学堂学习，1923年赴美留学，毕业于宾夕法尼亚大学建筑系，获硕士学位。梁思成一生在各项事业上（尤其在中国建筑学领域）多有创辟之功：1928年学成归来，在父亲的安排下，去了条件艰苦的东北大学，创办了中国北方的第一个建筑系；“九一八”事变前夕，他离开东北大学回到北平（今北京），入中国营造学社，从事中国古建筑之研究。他运用所学现代科学方法，为中国建筑史的研究开拓了道路，编撰出中国第一部建筑史专著——《中国建筑史》，并用英文为外国读者写就一本通俗易懂的《中国建筑史图录》；1945年，他又创办了清华大学建筑系；中华人民共和国成立后，他领导并参加了“国徽图案”及“人民英雄纪念碑”的设计工作；他还指导整修了怀仁堂。他长期从事古建筑研究与教学，在建筑理论、建筑思想、城市规划等方面都提出了全新之观点，是中国古建筑研究及建筑教育的奠基人之一。1947年，他被推荐为联合国大厦设计顾问团的中国代表。美国普林斯顿大学则因他在中国建筑学术上的重大贡献，在这一年授予他名誉博士学位。1948年，梁思成当选为中央研究院首届院士（人文组）、技术科学学部委员。1972年，饱受屈辱和折磨的梁思成抑郁而终。他的妻子林徽因①亦是博学多闻的才女。1955年林徽因故去后，梁思成于1962年又娶妻林洙（zhū），后者也是知识女性，著有

---

① 齐全按，林徽因原名林徽音，徽音语出《诗经·大雅·思齐》：“思齐大任，文王之母。思媚周姜，京室之父。大姒似徽音，则百斯男。”20世纪30年代有一男性作家亦同名姓，故改为林徽因。她不无幽默地说：“我不怕人家把我的作品当成他的，只怕把他的作品错当成我的。”不过梁启超在给子女的信中仍用旧名。现在不同版本（甚至同一版本）常有林徽因、林徽音（甚至林微音）相混用者，至于林徽因为何将原名林徽音之“音”改为“因”，据说同她堂弟建议有关。分见陈学勇著《林徽因寻真》，中华书局2004年版，第48页及第149页。从1934年她再发表作品，即改署林徽因，行于世（极各别时亦用过林徽音）。其常署用笔名有：林徽因、林徽音、徽音、徽因，曾用笔名尺棰、灰因，亦使用过梁林徽音。其乳名徽徽，并有西名 phyllis（菲丽斯），还有昵称 whei（徽）。参见陈学勇著《林徽因寻真》，中华书局2004年版，第152页。本书一律正之为林徽因。

《梁思成、林徽因与我》①。

次子梁思永（1904—1954）出生于澳门，在日本度过童年。1923年，他毕业于清华学校留美预备班，后赴美入哈佛大学研究院攻读考古学和人类学，研究东亚考古，曾参加印第安人古代遗址之发掘。其间，曾一度回国到清华学校国学研究所任助教。1930年，从美国哈佛大学毕业后，回国参加中央研究院历史语言研究所考古组工作。同年，他又到黑龙江参加了昂昂溪遗址之发掘。1931年，参加河南安阳小屯和后冈的发掘，同年秋季，又参加了山东历城（今章丘）龙山镇城子崖的第二次发掘。和他的哥哥梁思成一样，他也在其领域多有创新之举：是他提高了中国考古发掘的科学水平，将其纳入了近代考古学的范畴；是他从地层学证据上明确了仰韶文化和龙山文化两个新石器时代遗址的先后顺序及它们与商代文化之间的关系；他所主笔的《城子崖遗址发掘报告》（1934年出版），乃是在中国首次出版的大型田野考古报告集。而他在“第六次太平洋学术会议”（1939年）上提交的论文，其成果一直影响着今天对龙山文化类型之划分。他是中国近代考古学和近代考古教育开拓者之一，著有《梁思永考古论文集》传世。1948年成为第一届中央研究院院士（人文组）。1954年，长期带病工作的他因心脏病发作逝世于北京，年仅五十挂零。

三子梁思忠（1907—1932）先后就学于美国弗吉尼亚陆军学院和西点军校。20世纪30年代初毕业回国，加入国民革命军，以其才干旋即升任第十九路军炮兵上校，淞沪抗战（1932）中，表现极为出色。不久，竟因患腹膜炎贻误治疗而辞世，年仅25岁。

次女梁思庄（1908—1986）遵父嘱咐，1925年由姐姐梁思顺关照，梁思庄赴加拿大，在渥太华中学学习。毕业后又考入麦基尔大学攻读文学，获得文学学士学位（1930）。次年，至美国纽约哥伦比亚大学图书

---

① 参见本书所附“参考书目举要”。林洙（1928— ），福建省福州市人，梁思成的第二任妻子，伴其走过了人生艰难岁月的十年（1962—1972），直到梁思成临终。1953年入清华大学梁思成主持的中国建筑史编撰小组工作，1959年，为清华大学建筑系资料馆管理员，担当整理资料工作。自1973年起，林洙即全力整理梁思成遗稿，先后参与编辑了《梁思成文集》、《梁思成建筑画集》、《梁思成全集》等著。另撰有《大匠的困惑》、《叩开鲁班的大门——中国营造学社史略》及《建筑师梁思成》（其《梁思成、林徽因与我》即据此书修订再版）。

馆学院学习，获图书馆学士学位。[①] 1931 年学成归国后，先后在北平图书馆、燕京大学图书馆、广州中山图书馆从事西文编目工作。1936 年，她又重返燕京大学，任图书馆西文编目组长、主任。1943—1946 年，在南迁的成都燕京大学任图书馆主任。燕京大学迁回北京后，继续担任图书馆西文编目组组长，后任图书馆副主任。1952 年，任北京大学图书馆副馆长。梁思庄才华横溢，她精通英、法、德、俄等语言，熟悉各种西文工具书与书刊资料；她被公认为是中国图书馆西文编目方面首屈一指的专家——奠定了燕京大学图书馆和北京大学图书馆西文图书编目的基础。除了默默无闻地致力于西文编目、参考咨询等工作外，她还呕心沥血奋战在教学工作第一线。1981 年，梁思庄患脑栓塞，卧床整 5 年，于 1986 年逝世。

四子梁思达（1912—2001）1935 年毕业于南开大学经济系，旋即考取该校硕士生，并于 1937 年取得学位。他长期从事经济学研究，曾参加科学院经济所《中国近代经济史》编写工作。1965 年主编《旧中国机制面粉工业统计资料》一书。1971 年被“退休”，2001 年抱憾而终。

三女梁思懿（1914—1988）1933 年考入燕京大学医学预备班，三年后入协和医学院学医。后转入燕京大学历史系。自 1935 年下半年开始投身学生运动，是燕大学生领袖，为“燕京三杰”之一。1941 年，随丈夫赴美，学习美国历史。1949 年离美回国。后长期从事“对外友好联络”工作，多次代表中国参加国际红十字会议。1988 年病逝于北京。

四女梁思宁（1916—2006）生于上海，就读于南开大学。1937 年因日军轰炸南开，她被迫失学。1940 年，在其社会活动家姐姐梁思懿的

---

① 经过了缜密的思量，考虑到家庭的具体情况（“弟兄姊妹，到今还没有一个学自然科学，很是我们家里的憾事”——梁启超语）、亦有学术方面的考虑（生物学乃“现代最进步的自然科学，而且为哲学社会学之主要基础”——梁启超语），对女孩子来说，它又是“极有趣而不须粗重的工作”，“极为合宜”，且“容易有新发明”。加上“中国女子还没有人学这门”（引号中均为梁启超语，下同），所以梁启超原本希望女儿思庄学习生物，励其“做一个先登者”。但是，当梁思庄因对此缺乏兴趣而终于放弃时，梁启超又加以肯定：“凡学问最好是因自己性之所近，往往事半功倍。”他要女儿以“自己体察作主”，“不必泥定爹爹的话”。正由于梁启超能够尊重孩子们的自我选择，使梁思庄日后成了卓有成就的图书馆学家。参见本书所选“梁启超与子女书”相关内容。

影响下，投奔新四军，在123支队司令部工作。[①] 1948年起，梁思宁被迫害长达35年，直到1983年才算告一段落。后离休。

五子梁思礼（1924— ）出生于北京，1941年随三姐梁思懿赴美，在普渡大学电机工程系主修无线电，后又学自动控制。聪明的他仅用两年时间即修完三年的课程，于1945年取得了学士学位。1947年，他还获得了辛辛那提大学硕士学位，1949年则获得该校博士学位。1949年回国，被安排在邮电部电信技术研究所和通信兵电子科学研究所从事技术工作，曾参加中华人民共和国国务院组织的"12年科学远景规划"，负责起草运载火箭研制的长远规划。1956年，他调任中华人民共和国国防部第五研究院导弹系统研究室主任。此后，他先后领导和参加了多种导弹和运载火箭的控制系统研制试验。他曾领导研制出全惯性制导系统；他曾参加了导弹核武器试验（1966）；他还是中华人民共和国向南太平洋发射远程液体火箭和长征二号运载火箭的副总设计师、控制系统研制工作的负责人。在他主持下，中国首次把集成电路用于弹上计算机，并首次以此进行全弹自动化测试。1987年，梁思礼当选为国际宇航科学院院士。1993年，当选为中国科学院院士。[②]

• 梁启超子孙世系

梁启超—

梁思顺（女）—周念慈、周同轼、周有斐、周嘉平

梁思成—梁再冰、梁从诫

梁思永—梁柏有

---

① 曾任新四军负责人的陈毅对梁思成说过："当年我手下有两个特殊的兵，一个是梁启超的女儿，一个是章太炎的儿子。"陈毅所指即梁思宁。陈毅（1901—1972），名世俊，字仲弘，四川乐至人。中华人民共和国十大元帅之一。1972年1月患直肠癌辞世。

② 1924年，李蕙仙去世，就在是年，梁启超的另一夫人王桂荃生下了梁思礼。1929年1月19日，梁思礼只有4岁半时，父亲梁启超却因误疗而猝然离世。梁思礼回忆道："9个子女里头，父亲最喜欢的是大女儿梁思顺和最小的儿子我。"——两个孩子相差30多岁，梁思顺的儿子比梁思礼还大2岁。梁思顺昵唤儿子"小Baby"，梁思礼出生后，梁启超就叫他"老Baby"。后来，为人幽默的梁启超干脆将这一昵称汉语化，径呼为"老白鼻"。1915—1929年，梁启超一直生活在"饮冰室"。为了安静，在他写作时，不准小孩进去捣乱，尤其是大孩子更不让进，唯独"老白鼻"梁思礼不在此限制之列。

梁思忠

梁思庄（女）—吴荔明

梁思达—梁忆冰、梁任又、梁任堪

梁思懿（女）—张郁文、张安文

梁思宁（女）—章俊锋、章安秋、章安健、章惠、章安宁

梁思礼—梁红、梁旋

附2　梁启超之故居

（一）新会故居

梁启超新会故居位于今广东省新会市环城镇茶坑村。建于光绪年间，是一幢古老的青砖土瓦平顶房，由故居、怡堂书室、回廊等建筑组成，建筑面积有400多平方米。它坐落在郁郁葱葱的凤山脚下，周边环绕有鱼塘、沃野、绿树，民房分布其间，举目但见乡亲父老来来往往，一派古朴纯真景象，它即梁启超的诞生之地。

故居有一正厅、一偏厅、一饭厅、二耳房。正厅和偏厅前各有一天井。入门跨过天井，便见一古色古香的房间。偏厅侧有梯级直达其顶部楼亭书房，极目可望崖海风光。正厅、两厢的耳房都有小楼阁，上有栏杆曲折，颇具晚清建筑之风格。离此故居不远处，有两处梁启超少年时代读书之所：一为故居前方的“怡堂书室”，一为村口处的“奎楼”（俗称“文昌阁”），即后来“宏文社学”之所在地。

怡堂书室为梁启超曾祖父所建，是梁启超少年读书受教的地方。光绪十八年（1892），梁启超携同新婚妻子李蕙仙回乡，就居住在此书室的偏房，其长女梁思顺即出生于此。

为缅怀梁启超在教育、学术等多方面的杰出贡献，故乡父老于2001年在这里又兴建了梁启超故居纪念馆。它是由中国工程院院士、中国建筑大师莫伯治[①]所主持设计。其建筑形式中西合璧，既有晚清岭南侨乡建筑之韵味，亦现天津饮冰室之风格，面积1600平方米。纪念馆存放有梁启超部分遗物、著作，展出其生平事迹和照片，有《饮冰

---

① 莫伯治（1915—2003），原籍广东东莞。1936年毕业于中山大学工学院，获学士学位。在长期的建筑创作中，他将岭南庄园融合于岭南建筑之中，并在实践和理论上推进岭南建筑与岭南园林的同步发展，形成了独特之岭南建筑园林设计风格。有《莫伯治集》。

室合集》、《欧游心影录》、《时务报》、《清议报》、《国风报》等珍贵之典籍。

（二）天津故居

梁启超于民国初年在天津意租界西马路（今河北区民族路）购得周国贤一块面积约4市亩（约合0.27公顷）的空地，于1914年建成一所住宅楼。十年后又建一所书斋，这即闻名中外之“饮冰室”。

住宅为意式两层砖木结构楼房，前后共有两幢。前楼为主楼，水泥外墙罩面，塑有花饰，红色瓦顶，石砌台阶，双槽门窗，还有地下室。建筑面积1121平方米。楼上楼下各有9间居室。整体建筑分为两部分，东半部为梁启超自用，有书房、客厅、起居室等；西半部为家人所用住屋。后楼有厨房、锅炉房、贮藏室、佣人住房等，为附属建筑。前楼与后楼有走廊、天桥连接。整所建筑相当讲究，有花园、车库、门房。

饮冰室在今河北区民族路46号，与住宅（民族路44号）相毗邻（pí lín），建于1924年，系意大利建筑师白罗尼欧专为梁启超所设计。这是幢浅灰色两层小洋楼，造型极别致典雅，建筑面积为949.50平方米。楼内正面有三个小拱厅，门前两侧是石台阶，当中有蓄水池，池中雕一座石兽，口中喷水常年不断。首层正中为大厅，大厅周围5间房子除1间为放杂物外，其余均为书房及藏书室。二楼做卧室和会客用，其在西北角为1间大厅，靠东南角的几间即用作卧室或图书资料室，梁启超后期著述均在这里完成。

吴荔明著《梁启超和他的儿女们》记：“70多年（指1998年时）过去了，这两幢楼依然完好，只是1976年唐山大地震后为了安全把新楼屋顶上的小装饰去掉了，现在住进去了二十多户人家①，房屋自不免有所损坏，令人不安。当年全国皆知，国外汉学者皆知，多少青年人及爱国志士文人所向往的饮冰室，如今已面目全非，渐渐快被人遗忘了，不

---

① 齐全按，北京大学出版社2009年版《梁启超和他的儿女们》，吴荔明更正为“现住进去了91户人家。”见第67页。

知何日才能恢复它本来的面貌?”①

曾几何时，当梁启超的外孙女吴荔明（梁思庄女儿）1998年6月4日重游故地饮冰室时，只见进门大厅已被一楼几户人家用木板隔成数个厨房，大厅门外堆满杂物，共住91户人家。主要装饰物（从菲律宾带来的大蜥蜴标本），早已不知去向，而又高又大的饮冰室房间的门已由深棕色变成淡黄色。只有韩老师（所住居民之一）一家保留了当年阅览室从屋顶到地的书柜，不仅完好，其颜色亦毫无稍变，仍为深棕色。

1991年，饮冰室被列为天津市“文物保护单位”及“爱国主义教育基地”。当时，在新楼院内已盖满各种小棚屋。有个叫崔鉴的女士，系街道办事处所办以残疾人为主的小工厂（宏光印刷厂）的厂长，她的厂房即盖在老楼的院中。其人对梁启超十分敬爱，她用自己所应得之微薄奖金（并在部分区政协委员及街道办事处帮衬下），在老楼的院子里盖起了一间房，办了一个“梁启超旧居展室”。她还请美术学院师生雕了一尊梁启超半身像。展示的牌匾，是她自己手书，在美院毕业朋友帮助下用四个晚上所刻成。其事迹引起轰动，多家报纸报道此举，还有不少人前来参观。观展众人在敬佩之余不禁感慨：办展览的竟是一家福利小厂!②

附3　梁启超之墓地

梁启超墓位于今北京植物园东环路东北的银杏松柏区内，③ 总面积1.8公顷，分东西两部分：东部为墓园，西部为附属林地。墓园系由梁启超长子梁思成遵父亲生前嘱托所设计。墓园背倚大山，坐北朝南，北

---

① 见上海人民出版社1999年版，第67页。后吴荔明补记云：“当我这本书的第一版三年后的2001年，传来消息：天津市政府要恢复饮冰室原貌。……2001年7月31日，最后一户居民迁出，至此占用这里的91户居民从这里全部迁出。……按‘整旧如旧’的原则，……在故居建立了梁启超纪念馆（1100平方米），复原了饮冰室书斋（950平方米）。纪念馆展室展出大量的照片、文献、图表等历史资料，全面展示了梁启超波澜壮阔、丰富多彩的一生。饮冰室书斋再现了梁启超生前学习、生活的环境。……该馆是了解梁启超一生和近代中国历史的重要场所。随着2002年故居的对外开放，这里已成为梁启超及其学术思想研究和交流中心。”见北京大学出版社2009年版《梁启超和他的儿女们》，第67—71页。

② 参见吴荔明上述两个版本《梁启超和他的儿女们》相关内容及插图说明。

③ 这里古木参天，郁郁葱葱。山坡上还有醒目的碉楼一座。

高南低,[①] 四周环围矮石墙，内栽满松柏，面积约 4300 平方米——梁启超发妻李蕙仙下葬在这里（1924），1929 年梁启超逝世后亦葬于此。[②] 墓园内北墙正中平台上即是梁启超及其发妻李蕙仙的合葬墓。墓呈长方形。[③] 墓前所立凸字形墓碑，状似宝座。其阳面镌刻（juān kè）：“先考任公府君暨（jì）先妣（bǐ）李太夫人墓”14 个汉字，碑阴刻：“中华民国二十年 1931 十月 男梁思成 思永 思忠 思达 思礼 女适周 思顺 思庄 思懿 思宁 媳林徽因 李福曼 孙女任孙敬立”46 字。碑前有供台,[④] 两侧各有一段带雕饰的直角形衬墙，墓碑、墓顶及供台衬墙，均为土黄色花岗岩雕筑而成，前后连接，浑然一体。[⑤] 墓碑既无逝者生平，亦无任何墓主生前之名衔。[⑥] 平台下的松柏丛林中，还有梁启超其他家族人员之墓：甬路东侧为其弟梁启雄墓，西侧为其子梁思忠、女梁思庄墓。[⑦] 再西侧有一精美小巧白色的八角石亭，四周辟有洞门，周围建有平台，穹顶雕刻花瓣图案，亭内空无一物。[⑧] 在墓园前方不远处，砖砌甬路左右各立一座康熙年间的皇族墓碑。[⑨] 1978 年 2 月 24 日，梁启超子女思庄、思达、思懿、思宁、思礼等将梁墓及所属资产悉数无偿交给北京植物园。[⑩]

墓之东侧，有一棵端庄的白皮松——“母亲树”，系梁启超的后代子孙为纪念其先慈王桂荃女士而栽种。碑文刻“梁氏子女九人（思顺、思成、思永、思忠、思庄、思达、思懿、思宁、思礼）深受其惠，影

---

① 墓园东西宽约 90 米，南北长约 100 米。

② 此园还葬有梁启超其他亲属。

③ 其高 1.08 米，宽 2.75 米，长 4.52 米。墓前立有碑，高 2.8 米，宽 2.18 米，厚 0.71 米。

④ 其高 75 厘米。

⑤ 此墓系梁启超二弟梁启勋亲自督工所建，前者生前对之屡屡表示感激。参见“梁启超与子女书”相关内容。

⑥ 梁启超生前曾嘱咐其子女：“将来行第二次葬礼时，可立一小碑于墓门前之小院子，题新会某某暨夫人某氏之墓，碑阴记我籍贯及汝母生卒年月日，各享寿若干岁，子女及婿、妇名氏，孙及外孙名，其余赞善浮词不用。”见梁启超民国十四年（1925）10 月 4 日《与思顺、思成、思永、思庄书》。转引自《梁启超年谱长编》，第 1063 页。

⑦ 著名的图书馆学家梁思庄墓碑的碑座为八册巨书石雕，寓意深刻。

⑧ 按原设计，亭里欲立一尊梁启超纪念铜像，后因财力不足未果。

⑨ 原本为梁家从没落的皇族墓地买来的废碑，拟磨掉旧碑文重刻新字，后还是因财力问题而弃置于墓园内，后由北京植物园所立。

⑩ 即由梁思庄代表梁家全体兄弟姐妹所献者。计有：土地 1.8 公顷，各种树木 965 棵，水井 1 眼，亭子一座，未竖起的碑石及碑座两套，围墙 380 米。

响深远，及于孙辈。缅怀音容，愿夫人精神风貌常留此园，与树同在。待到枝繁叶茂之日，后人见树，如见其人。”碑阴记梁家27位后裔建碑人之姓名及立碑时间。[1]

---

① 1995年4月立。

附录一　梁启超与子女书

1912年10月11日　致梁思顺[①]

汝功课如何，所听受能领悟否，随时告我。思成病全愈否？本月家用尚充否？现尚未收报款，故不能寄来。北方今年大约无事，住此极可安适勿念。

1912年10月13日　致梁思顺[②]

汝叔因语言不甚通，料理家务极苦，日言须汝母来，吾意无论如何，必须俟（sì）汝听讲毕业，虽人事难知，或不及待，亦未可知，当念光阴难得，黾勉（miǎn miǎn）日进，诸事可禀祖父大人知之。

1912年10月17日　致梁思顺[③]

汝学业何如，能听受领会否？吾于一身起居饮食，既不惯料理，加以此间食客日常十数，仆役亦十余人，汝叔言语不大通，荷丈又无暇，在理非汝母归来（汝母归后家费月当省百数）不可，然吾欲汝学成，不思移

---

① 梁启超在民国元年（1912）9月末由日本神户启程归国，10月5日抵大沽（gū），8日到天津。在天津住十多日，于20日入北京。入京前曾数次（至少4次）给其女儿梁思顺写信通报其在天津之各种情况。本书所附这封信，即梁启超于10月11日所写之第一封信之节录。其原文见《梁启超年谱长编》，第651—652页。亦见《梁启超全集》，第6104页。

② 这里所附系梁启超第二封信之节录，原文见《梁启超年谱长编》，第652—653页。亦见《梁启超全集》，第6104—6105页。

③ 这里所附系梁启超第三封信之节录，原文见《梁启超年谱长编》，第653页。亦见《梁启超全集》，第6105页。

家也。客散将睡，辄复作此。娴儿读。饮冰。项城书[①]呈祖父一览。

1912 年 10 月 24 日 致梁思顺[②]

吾虽极忙，然居然已一逛琉璃厂，（其中一书贾呼吾为老叔，言吾前此常向其父买书云，可笑之至。彼亦在店中盛设欢迎，陈列无数宋本书，请观，迫得我亦随意买一二闲书，亦费百数十矣。）已为汝购得《东坡集》《韩柳合集》，汝现在方治他学，暂不寄，何如？百忙中，抽写数纸，可持慰重堂[③]。余徐闻。示娴儿。饮冰。电款千二百收否？续来二书已收。

1912 年 10 月 29 日　致梁思顺[④]

昨日又到琉璃厂一次，购得文具多种，赏汝曹，待到津后托人带上。祖父大人心绪佳，吾滋慰。吾虽终日劳顿，而精神愈旺，亦一奇也。汝母暂不必来，若迁入都（若以天津租屋，在京租屋，可得园林院落极胜之地），须请汝母来布置矣。

1912 年 11 月 1 日　致梁思顺[⑤]

在京十二日，而赴会至十九次之多，民主、共和党各两次（一次演说会、一次午餐会），统一党、国民党各一次，其他则同学会、同乡会、直隶公民会、八旗会、报界、大学校工（国学会政治研究会）、商会，尤奇者则佛教会及山西票庄、北京商会等。吾既定本日出京，前日则各团争时刻，以至一日四度演说。若再淹留，则不知何日始了也。昨日吾自开一茶会于湖广会馆，答谢各团，此会无以名之，只得名之曰“李鸿章杂碎”而

---

① 项城书，指袁世凯信。

② 梁启超到北京后，于当月（10 月）24、29 日两次写信给女儿梁思顺，通报其入京后之各种情况，本书所节录即其第一封。原文见《梁启超年谱长编》，第 655 页。亦见《梁启超全集》，第 6106 页。

③ 重堂，指梁启超父，即梁思顺之祖父。

④ 此乃第二封信之节录（参见上注）。原文见《梁启超年谱长编》，第 655—656 页。亦见《梁启超全集》，第 6106—6107 页。

⑤ 梁启超居京 12 日，于 11 月 1 日又返天津，当日即给其女儿梁思顺一封甚长之信，详述其在京时之各种情况。本书所附即此信之节录。原文见《梁启超年谱长编》，第 656—658 页。亦见《梁启超全集》，第 6107—6108 页。百花文艺出版社 2006 年版《梁启超文选》亦选有该信，并附题解及注释，见第 205—210 页。

已，政界在焉，报界在焉，各党在焉，军人在焉，警界在焉，商界各行代表在焉，蒙古王公在焉。乃至和尚亦到十余人。（内中有一和尚，汝叔谓为酷似鲁智深，吾不知汝叔几时曾见智深也）杂沓（zá tà）不可名状，可谓自有北京以来，未有之奇观矣。每夜非两点钟客不散，每晨七点钟客已麇（qún）集，在被窝中强拉起来，循例应酬，转瞬又不能记其名姓，不知得罪几许人矣。吾演说最长者，为民主党席上，凡历三时，其他亦一二时，每日谈话总在一万句以上。然以此之故，肺气大张，体力愈健。又每日坐车总有数时，车中摇动，如习体操，故胃病若失。可惜者，每日不得饱食（治胃病甚好），盖各团皆请食西菜。日日望得食一京菜，而不可得也。最舒服者，来往皆坐专车，吾国火车本优于日本，专车则有客室，有睡房，此后来往京津间，皆坐专车，此亦各国所未有，而在共和国尤为笑话，亦只得安享之而已。有一大问题极难解决者，则为洗澡，到京后未尝得一浴也。（汝叔居然偷浴一次，然彼每日必浴，今十日仅得一浴耳。）至今返津，仍无从解决。到京十日，稍添衣服买器物，已费去五六百金，各种食用车马费在外，盖皆由别人供应也。……吾逛琉璃厂已两次矣，买得许多古玩（一二日内托船主带返），赏诸孩并赏家中诸叔及诸姑，惟无一物赏汝者，赏汝一部《苏集》，然仍拟留在此间，汝若气不分，则迟日寄汝亦得。项城月馈三千元，已受之，一则以安反侧，免彼猜忌，二则费用亦实浩繁，非此不给（jǐ）也。东中尚存款几何，暂足支家用否？吾当按月寄五六百来，祖父大人若欲归粤，则当别寄千金来，粤中家事大约非祖父一归整顿不可，汝四叔不知闹到若何田地矣。汝母可暂勿来，吾行踪无定，大约到鄂后，当须历游东南各省，盖各省人士，皆望我如望岁也。此间家事可渐就整理，汝叔已渐惯矣。（家中壮士及仆役几二十人，日间当稍裁汰）吾极喜欢北京房子，汝叔始终攻击，谓一返天津，如登天堂，吾不谓然。然吾实不能居京，居京则卖身于宾客而已。吾从今日起，拟谢客十日，未知能否。然所欠文字债，已如山积，亦非能安逸也……

1912 年 12 月 1 日　致梁思顺①

汝所学精进，吾甚喜慰。货币问题，答案十条，条条无误（汝师记

---

① 本书所附此信系节录，其原文见《梁启超全集》，第 6108—6110 页。

何如），从此加勉，他日必能传吾学，且能助吾，不让汝叔矣。吾实欲汝毕此一年之业，但汝不能离汝母久不满吾，甚不便。万一汝叔有事他往，则吾更不得了，吾今已其忧此矣。故欲将汝学科缩为半年，至明年阳历三月杪（miǎo）则全眷归国。缩之之法，其一则请津村将经济学讲义稍加省略或添时间；其二则讲法学通论时将民、刑、商等法删去，而惟讲宪法、行政法大意，此两法吾必欲汝稍得门径也。得门径则可以自修矣。可以此意商津村，吾日间亦当专函与彼商也。思成若往青岛，亦当在七月前往，终不能待汝一年也。此著若定则口纳町（dīng）之屋，不妨与中村预商或可通融办理，此事可禀汝母商行……

汝劬（qú）学宜得赏，吾有极精美之文房品赏汝，但恐未必有便人耳，思成学进，亦更有赏也。

1912 年 12 月 2 日　**致梁思顺**[①]

今因刘子楷东渡，托带各物。计影宋本《韩集》一箱，镶珠金镯一对，金领扣一枚，借赏汝者。镀金银镯二双，衣料二袭（欲购物赏思成等三人竟不得），赏思庄、思静（衣料足副做衣裤各两套）。又送教习年礼诸口共一包（每人笔一盒，墨一盒，镇纸两枚）可点收。余续问。示娴儿。

收到后即复一书，因金器价颇不薄。

1912 年 12 月 3 日　**致梁思顺**[②]

别有影宋本《四书》一部，赏与思成。此书至可宝，可告之。又衣料一件给汝，偶见其花色雅驯，故购之。又核桃、虾油、小菜等物，缘子楷行李少，故用一网篮装之，即添购以富此篮也。

1912 年 12 月 5 日　**致梁思顺**[③]

前托刘子楷带各物，本有虾油、辣椒两篓，后子楷言放在车中恐有气味为人所不喜，故已抽出矣。（又小说两部呈祖父消闲）其中有摹本缎

---

① 本书所附此信系节录，其原文见《梁启超全集》，第 6111 页。

② 本书所附此信原文见《梁启超全集》，第 6111 页。

③ 本书所附此信系节录，其原文见《梁启超全集》，第 6111—6112 页。

两段，乃赏汝两妹者，人各一套，（问思庄何故写信与二叔而不与我。岂至今尚未得闲耶?）其外国缎一段则赏汝者也。金器两件赏汝。汝两妹亦各一件，此次汝姊妹所得很多，汝诸弟想气不分矣。然思成所得《四书》乃最贵之品也。可令其熟诵，明年侍我时，必须能背诵，始不辜此大赍（jī）也。吾游曲阜可令山东都督办差，张勋派兵护卫我，亦极思絜汝行（若国内一年内无乱事，吾又一年内可以不组织内阁，则极思絜汝遍游各省），俾汝一瞻圣蹊，但又不欲汝辍学耳。津村先生肯，则诲汝中央银行制度，大善大善，惟吾必欲汝稍学宪法行政法（宪法所讲比较尤妙），其大言经济学亦必须，毕业而各课皆须于三月前完了，试以商津村何如？经济学吾曾为汝讲生产论，此可稍略，交通论中之银行货币既有专课尤可略，然则亦易了也。

1912 年 12 月 16 日　致梁思顺[1]

吾前为汝计学科，竟忘却财政学，可笑之至。且法学一面亦不欲亦诚不欲太简略（国际法实须一学），似此非再延数月不可，每来复[2] 14 小时大不可，吾决不许汝如此。从前在大同学校以功课多致病，吾至今犹以为戚，万不容再蹈覆辙。吾在此已习安，绝无不便。汝叔沪行亦未定（此必须俟荷丈一到沪乃定），即行后吾亦能自了，得汝成学，吾愿大慰，诸师既如此相厚，尤不可负。且归后决无从得此良师。今但当以汝卒业为度不必计。此间请商诸师，若能缩短数月固佳，否则遥如前议至明年 9 月亦无不可，汝必须顺承我意，若因欲速以致病是大不孝也。汝须知汝乃吾之命根，吾绝不许汝病也。

1912 年 12 月 18 日　致梁思顺[3]

顷见报知米复大落，不知汝母稍有所获否？此后波澜必仍甚多，然切勿见猎以喜，吾家殆终不能享无汗之金钱也。……

日来频见魏铁丈大快，彼言将用册页写《圣教序》一本赠汝也。

---

① 本书所附此信系节录，其原文见《梁启超全集》，第 6113 页。

② 来复，星期；每来复，每周。（前已注）

③ 本书所附此信系节录，其原文见《梁启超全集》，第 6113—6114 页。其片段亦见《梁启超年谱长编》，第 661 页。

（彼近年专写张猛龙《圣教序》，郑文公欲合三者自成一家，正与我同）铁丈见思成之字大激赏，谓再一二年可以跨口，思成勉之。崇雨铃之《圣教序》原本吾已见之，爱不忍择，使非为米所累，此物必归吾家矣。祖父生日合家所照相，即寄一分［份］来，吾久欲见此，屡次书皆忘写及耳。

汝求学总不必太急，每来复十四小时总嫌太多，多留口两三月，绝不关紧要，吾今甚安当，全春来反嫌吵闹也。……

祖父归乡后，汝与思成每十日必须寄一安禀往，吾书亦当寄去。（吾题汝日记书共有若干字，可检来当为汝再写一通。又吾诗副本可检寄）连日为客所困，惫甚。第三号文尚未脱稿也。

1912 年 12 月 20 日　致梁思顺①

大版《通鉴》不须汝索，已嘱擎一购寄，非久或将寄至矣。……吾昨夕因得须磨书，烦躁异常，又见国事不可收拾，种种可愤可恨之事，日接于耳目，肠如涫（guàn）汤，不能自制，（昨夕大雪，荷丈与汝叔皆外出游乐，吾独处不适，狂欢自遣，今宿酒未解，得汝书极慰耳）因思若吾爱女在侧，当能令我忘他事，故念汝不能去怀，（昨夕酒后作一短简，今晨视之乃连呼汝名耳。可笑之至，今不复寄，以乱汝意。吾须欲汝侍②我，然欲汝成学之心尤且也）几欲东渡月余，谢绝一切，以自苏息也，大抵居此五浊（zhuó）恶世，惟有雍乐之家庭，庶少得退步耳。吾实厌此社会，吾常念居东之乐也。汝求学不可太急，勿贻（yí）吾忧。

1912 年 12 月 22 日　致梁思顺③

敬悉寄去正续《资治通鉴》已收否？闽版本颇佳然耶？近日购书实不易，吾以无《义山集》，姑购一部已费 14 两（二十几元余），吾家所有书今乃知其值，大约纳海口口，所藏已不下数千金矣。汝病已愈否，

---

① 1912 年 12 月 16 日，梁启超五子梁思达生。20 日，他给梁思顺一信，言得子事并述及家事与时事。本书所附即此信之节录。其原文见《梁启超年谱长编》，第 661—662 页。亦见《梁启超全集》，第 6114 页。

② 齐全按，《梁启超年谱长编》《梁启超全集》均作“待”，前后文意应为“侍”。

③ 本书所附此信系节录，其原文见《梁启超全集》，第 6115 页。

何故久无书来？吾以得汝书为惟一乐事也。……吾十日来胃病没发，顷正饮药，宅前即公园，而吾归数月至今足迹未履（lǚ）园口，不生胃病无天理矣。汇款九百已收否？

1912年12月23日　致梁思顺[①]

吾以昨因心中偶尔焦烦，念汝不置，故作书告汝，其后甚悔之，想累汝数日不宁贴矣。吾顷不适，前日小病，不过受煤而已，散步公园即已无事。（对门既园，此次散步乃第一次也）汝不许常常念我太过，以纷向学之心。

学亦不许太急，每来复不可过十时。汝叔行无期或且作罢。吾此间绝不须人照料，全春来反口聒噪（guō zào）。汝但依原定功课从空学去，则我欢喜无量。

1912年12月27日　致梁思顺[②]

顷查青岛专为我国人所立之校，学风极坏，其德童专用校，入之不易。思成明年能往与否尚未决耳。归国后为汝诸弟妹求学其一大问题也。此间连日大雪，十年来未睹此环观矣。

1913年1月10日　致梁思顺[③]

汝勿许远念，但安心劬（qú）学，学成乃归可也。

1913年1月12日　致梁思顺[④]

汝前书所言事，吾后书已尽言近情。吾岂不知自爱，岂劳动谏，汝可勿焦念以致废学也。唯汝诸表兄小题大做。既招汝惊忧，又招汝叔愤怒，真无理耳。思成留学事，青岛者来书述情形今寄阅，惟所望特别高等学堂者其学风极不佳，思成独往实不放心，或再俟一二年后彼稍长大，再作商量亦可耳。

---

① 本书所附此信系节录，其原文见《梁启超全集》，第6115页。

② 同上。齐全按，信文中有“环观”句，根据文意似应作“坏观”。

③ 同上书，第6116页。

④ 同上。

1913年1月15日　致梁思顺[①]

第三号禀悉。何故忽患不能睡之症，由忧我思我耶，抑由功课太迫，用脑太劳耶？我何劳汝忧，汝忧我是杞人之类耳。功课迫则不妨减少，多停数日亦无伤。要之，我儿万不可病，汝再病则吾之焦灼（jiāo zhuó）不可状矣，吾得汝全愈之报告，吾心乃释也。

1913年1月17日　致梁思顺[②]

汝病何如？已全愈耶？小小年纪何故患不寐（mèi）之病。得毋（wú）用脑太过耶？日本教育读者诋（dǐ）为请人主义，最足亏体气而昏神志，谅诸师所以诲汝者或不至如是，然以区区数月间受他人两三年之学科为道，实至险故，吾每以为忧也，以后受学只求理解，无须强记。非徒摄生之道，即求学亦应尔尔也。

1913年1月21日　致梁思顺[③]

建部遁吾所著《世界列国之大势》极佳，吾已全读矣，汝亦不特置一部于功课之余，一涉览，但不必强分时间于此耳。

1913年1月23日　致梁思顺[④]

汝病何如？若患神经衰弱则功课必须减少或停课调养亦可，即受业时亦不宜口强记。至要、至要。

1913年1月25日　致梁思顺[⑤]

有石其柔先生，吾少年受业，所贫不能日存，总属我为觅事不得已请口书记，然也不过拟移家归后乞其授，思成辈学分荀叔之劳。此老旧学尚好，吾十五六时之知识大率得自彼也。吾近日写字，字兴复大发，

---

① 本书所附此信系节录，其原文见《梁启超全集》，第6116—6117页。
② 同上书，第6117页。
③ 同上。
④ 同上。
⑤ 同上书，第6118页。

得好宣纸，日以自娱，洋纸则厌极矣。思成写郑文公，宜摹原碑勿裨贩，吾所写者可告之。魏铁丈为汝写圣教已成，顷往付装潢，归时给汝。《资治通鉴》已到不？本尚佳耶？

1913 年 1 月 31 日　致梁思顺①

吾亦尝学道自得，岂外界所得牵移。吾十日来半掷日力于字课，此吾频年所用养心之良法。汝若侍侧当能窥其微矣。汝学日进，吾闻此则百忧解……（余独占一室，室中养海棠二，蜡梅二，红白梅各一，水仙六，他二卉（huì）不知名，案头群籍尽束，唯置《玉溪生集》，诵其近体，殆遍自斟海西葡萄酒，侑之研墨新足呵冻作字课，所写即玉溪锦瑟碧城诸什也。尽八纸得二十章，滕以小骈文一夕，所课如此，不知为苦为乐也）

1913 年 2 月 4 日　致梁思顺②

吾半月来，书兴大发，每月日客散后即学书，使汝在此又将猜我有何心事矣。此纸即吾制以作书者也。汝叔索我为写玉溪生诗，已写十余页，汝闻之得毋羡耶。

1913 年 2 月 4 日　致梁思顺③

穷经冱（hù）闭，公私蹙蹙（cù cù），斗室俯仰，言业已叹。况乃明月白露又通赋，其销魂落叶凋（diāo）年。东阳总其生意沉沉，洛浦之梦草草何梁之泪，以此思伤、伤可知矣。玉溪遗句凄婉在抱，重吟细把用赠所思。（此吾顷所作小骈文也，喜其文采，写其示汝，不必求甚解也）

1913 年 2 月 4 日　致梁思顺④

参考书亦不必太多读，专受一先生之言而领会之，所得已多矣。吾今精神上所感苦痛，全由徘徊于出与处之间，若决定一途则虽苦亦有兴耳。

---

① 本书所附此信系节录，其原文见《梁启超全集》，第 6118—6119 页。

② 同上书，第 6119 页。

③ 此信原文见《梁启超全集》，第 6119 页。

④ 本书所附此信系节录，其原文见《梁启超全集》，第 6119 页。

1913年2月4日　致梁思顺[1]

吾日来字课热勤岁，暮结账。文美斋南纸店之债务乃至70余金，可见我用纸之多矣。持久不作报中取口寿几道，诗亦请人捉刀耳。此间即以书房为卧房，房中供花颇多（花皆租者，而母爱腊梅，归时可大租供耳），以后当减之。

1913年2月7日　致梁思顺[2]

得陇谷书，大誉汝谓试验之结果，为彼邦男学生所不逮。试思我闻此喜慰何如耶？恨遣汝就学太迟，时日太促不能得大成耳。吾因汝前此曾因学致病，至今谭［谈］虎色变故，累信口勿欲速，实则吾岂愿一日离汝哉。吾每遇有拂（fú）意事辄思汝耳……

陇谷字写就另寄，写得颇用心，可以报彼矣。

思成字大进，今尚写郑文公耶，写50本后可改写张猛龙。

1913年2月10日　致梁思顺[3]

日间当别写精楷数幅，赠津村也。今日魏铁丈忽集杜诗作一联，属书文曰："忍能对面为盗贼，但觉高有鬼神"可谓隽（jùn）妙。

1913年2月11日　致梁思顺[4]

我近日兴会稍增，然终日扰扰，神气不能清明。报中义竟浃旬不成一字。每夕客散后，见研墨可爱，辄写字无数，此心似无着落也。……本无事可告，以惜研墨故写此。

1913年2月14日　致梁思顺[5]

昨夜因作文彻夜未睡，侵晨时极饥，命煮腊味饭，饱餐两大碗，

---

① 本书所附此信系节录，其原文见《梁启超全集》，第6120页。

② 同上书，第6120—6121页。

③ 同上书，第6121—6122页。

④ 同上书，第6122页。

⑤ 同上。

（直至今午12时乃睡，3时即起）今晚又要赴宴会，食又过量，至今极觉难过也（即写信时亦已夜半2时矣，客初散也）。

1913年2月20日　致梁思顺[①]

得禀，知已受此段宪法及财政学，甚慰。可以吾命请于诸师，乞其于纯理方面稍从简略，于应用方面稍加详，能随处针对我国现象立说尤妙。即如比较宪法，当多从立法论方面教授，其解释法理则简单已足。又宪法毕业后能一授政治学大略最妙。盖政治学本以宪法论占一大部，再讲舆论及政党之作用与现在各国政治之趋势足矣。所费时间可不甚多，但不识能有此教师否耳。唯功课虽增，每周受业时间若不许加增，宁可延归期一两月耳。吾极不欲过劳，汝唯念归后难得良师，故欲汝受此完全教育耳。可出此书与津村先生商之，刀祢馆先生复以余晷授思成，可感之至，为我深道，并告思成勉学，毋负感意也。示娴儿

续寄赠诸师之书想已收。

1913年2月21日　致梁思顺[②]

建部《世界列国之大势》，为人夺去，可再寄一部来。

1913年2月23日　致梁思顺[③]

顺、成禀并悉。今日有金镯一双，魏铁丈书册页一部，托吴植垣带上，谅数日后当至。金镯乃赏王姑娘者。（款式不佳，但值钱过于前所赏汝者，此汝叔所购也）赍（jī）其育诸弟妹之勤，可传语告之。吾接连四夜皆天亮乃寝，前多夜作文后，雨夜与雪丈谈也，今惫极矣。胃病似渐愈，勿念。

1913年2月28日　致梁思顺[④]

吾顷忙极，废字课将及一旬，思成生日赏品已制就（小品故易就），

---

① 此信原文见《梁启超全集》，第6123页。

② 本书所附此信系节录，其原文见《梁启超全集》，第6123页。

③ 同上书，第6123—6124页。

④ 同上书，第6124—6125页。

汝之赏品只恐靠不住矣。（不易就也）或易他品充数耳。

1913年3月1日　致梁思顺①

田崎字写成寄去，日来以入党之故，政界风潮渐作，吾生平不知用权谋，今卷入此旋涡中，将来成败未可知，唯见一步做一步耳。今方日日为出战之准备，深感孔子临事而惧之训也。示娴儿。

1913年3月3日　致梁思顺②

我又欲汝早归侍我，又欲汝多学数种学业，至今尚未能决，取决于汝母可耳。吾今日已口，不能多作书矣。

1913年3月5日　致梁思顺③

廿三四号禀收，田崎字再寄，横额一幅，计津村武田之崎人各二幅也。此间纸墨皆便，吾又十余年不得好纸，今以便故嗜（shì）写特甚，故每求皆应也。津村有何计划可详告我，为汝求学故，稍延数月亦吾所愿。吾必遇不得言事，辄思汝不置，然欲汝成学之心尤切，汝学大成则将来助我无算，吾宁忍一时之不便也。（实则无甚不便，但欲以家庭之乐解他种苦痛耳）

1913年3月14日　致梁思顺④

吾顷颇患眼病，病起已十余日，置之不理。今日汝叔强唤医来，医所言他犹可耐（如不许在床上看书，带绿眼镜等），乃禁止读书、写字（如是者半年）、饮酒、吸烟、食辣椒，又须早睡，种种条件皆为我绝对不能遵守者，殊可叹也。

1913年3月18日　致梁思顺⑤

廿九号禀悉。决定6月中旬行，可也。名师不易得，岂可交臂失

---

① 此信原文见《梁启超全集》，第6125页。

② 本书所附此信系节录，其原文见《梁启超全集》，第6125页。

③ 本书所附此信系节录，其原文见《梁启超全集》，第6125—6126页。其片段亦见《梁启超年谱长编》，第663—664页。

④ 本书所附此信系节录，其原文见《梁启超全集》，第6127—6128页。

⑤ 同上书，第6129页。

之。吾顷有事可做，意兴勃发，更不劳若曹为我解闷也。（我字课废已旬，即此可告我言境，大约吾写字时必极无聊也）吾非轻视私法，数年前且极好之，特以时日不逮不得已而省略耳，且又审高商中未必有良师也。今津村先生既谆谆不倦，悉遵其计划可也。唯不许每周增加时间，没再酿病，宁可延长一半月耳。书林事未与汝往德叔详谈。大权偕来亦可，届时吾必命任发往迎也。……建部著《世界列国大势》尚未到，可催实文或购来。日寄樋口龙峡著近代思想之解剖，可购寄一部。吾月来饮酒不多，勿念。……汝但安心读书，稍迟一二月归不妨，吾今不闷气待汝解也。

1913年3月20日 致梁思顺[1]

日来虽兴会稍增，然中国腐败社会之空气与吾性太不相入，接触稍密，辄增恶感，每当客散神疲时，未尝不想念双涛索居之乐也。都中词流亦预备胜会相迎，颇思以刚日接政客，柔日接名士，未审能否？[2] 十余年不睹春明花事，此番或可饱领略也……

书未发，适购得善本旧书十余种，有王氏仿宋本《史记》，有胡氏仿宋本《文选》，有仿宋本《白香山集》（有《欧阳文忠全集》亦尚佳），此三书顺、成、永三人可各得其一（皆难得之本也），长者先择取，所余以诒（yí）少者可也。（吾为顺计取《香山集》，余多种任两弟自择，但顺总应有优先权，所好何在吾不强也）各书皆存津宅，归来乃领。（别有《宋诗钞》最可宝，暂不以赍jī若曹）

① 本书所附此信系节录，其原文见《梁启超全集》，第6129—6130页。

② 齐全按，所谓“刚日”“柔日”，即天干地支属阳或属阴的日子，乃阴阳观念在择日中之反映。阳为刚，阴为柔。古人进行“外事”（巡狩、朝聘、盟会、战争）时，即选甲子、甲寅、甲辰、甲午、甲申、甲戌、丙子、丙寅等“刚日”；进行“内事”（祭祀、丧葬、嫁娶、求嗣）时，即选乙丑、乙卯、乙巳、乙未、乙酉、乙亥、丁丑、丁卯等“柔日”。《协纪辨方书·序》：“外事用刚日，内事用柔日，此皆载之经典，百王不易者也。”乐清南子教言：刚日读经，柔日读史：自数而言，一三五七九，阳数也，从刚。二四六八十，阴数也，从柔；自象而言，金石，至刚也，秋毫，至柔也；自理而言，亢阳激扬，刚也，卑幽忧昧，柔也。经主常，史主变，故刚日读经，理气养生也；柔日读史，生情造意也。有生有息，合乎天理，何乐而不为哉！（《南怀瑾选集》）

1913 年 3 月 21 日 致梁思顺①

有大变事急急告汝，《白香山集》为汝仲父夺去矣。（仲父爱不释手，乘我未起径持去扃 jiōng 诸笥 sì 中）彼之优先权较汝更强，汝有何法。若《史记》《文选》为两弟认去，汝只得落空矣。此外尚有一角钱买来之《唐诗三百首》一部，即给汝充损害赔偿何如？

1913 年 3 月 22 日 致梁思顺②

……吾今夕又写字经三点钟之久。

1913 年 3 月 23 日 致梁思顺③

宇都宫鼎著《财政学》（有斐阁版）即购一部来，建部《列国大势》尚未到，何也？

1913 年 3 月 30 日 致梁思顺④

盆栽海棠佳绝，吾室中今供四本［盆］焉。汝曹归时，花事阑珊矣。

汝仲父偕荷丈入都，吾独居已两日，今夕亦无客，至读书尽数卷，心绪颇佳。赍汝之玉墨床已得，甚佳，未笔洗未得耳。汝将归时，吾必为汝室中精心结撰，陈设完备，令我宝贝一见大悦，在京寓亦为汝别设一室也……

两夕无客至，心乃大舒，读书数卷似颇复知有生之乐矣。

1913 年 4 月 5 日 致梁思顺⑤

顷复购得佳画数幅，所费不甚多。今日见一幅为恽南田⑥山水，神妙绝

---

① 本书所附此信系节录，其原文见《梁启超全集》，第 6130 页。

② 同上。

③ 本书所附此信系节录，其原文见《梁启超全集》，第 6130—6131 页。

④ 同上书，第 6132 页。

⑤ 同上书，第 6134 页。

⑥ 恽南田（1633—1690），原名格，字惟大，后改字寿平，以字行。后又改正叔，别号筠谷樵隐。少年居住常州城东，故又号东园客、东园草衣生、雪衣居士。迁常州白云溪居住后，又号白云外史、瓯香山人，晚年号南田老人。明末清初江苏武进湖塘马杭上店村人。少时从伯父学画，曾在灵隐寺为僧，返里后卖画为生。其山水画自谓承自徐崇嗣没骨花法，创造了“恽体”花卉画风。遗著有《瓯香馆集》。

俦（chóu），索价千元，实无力购之；又有仇（qiú）十洲[①]画名媛（yuán）册叶共20幅，工致无比。索价五百，吾极欲购以畀（bì）汝，今还半价未允，若三百余元仍欲购之。此种嗜（shì）欲若染之成癖（pǐ）亦殊不可也。

1913年4月7日　致梁思顺[②]

书贾（gǔ）画贾（gǔ）日来奔走，以宋元旧版及名人画来乞售者踵（zhǒng）相接，以数日所见之品非万全不能尽购，然可爱亦极矣。

1913年4月10日　致梁思顺[③]

吾昨日在百忙中忽起逸兴，召集一时名士于万牲园续禊（xì）赋诗，到者40余人，（有一老画师为我绘图）老宿（lǎo xiǔ）咸集矣。（尚有20年前名伶能弹琵琶者，吾作七言长古一篇，颇得意，归国后第一次作诗也）竟日游宴一涤尘襟，归国来第一乐事。园则前清三贝子花园，京津第一幽胜地。牡丹海棠极多，顷尚未花。吾恨不得汝即日归来，挈汝同游，然行期无论若何迅速，归来总在花谢后矣。大乱在即，明年花时，不悉京师更作何状，故吾望汝速一睹此盛，但今既无及矣。法源寺住持今日来请，往看牡丹丁香，数日后当一诣也。极乐寺海棠，团匪之乱及去年兵变戕（qiāng）毁无算，其最大者（唐时所植），又已移入颐和园。随分寻芳，不胜今昔之感。

1913年4月12日　致梁思顺[④]

修禊诗，录一份寄汝。共和宣布以后，吾第一次作诗也。同日作者

---

① 仇十洲（1509或1498—1552），名英，字实父（一作实甫），号十洲，又号十洲仙史，祖籍太仓（今江苏太仓）人。为明代有代表性画家之一。其人擅长画人物（尤工仕女），特擅临摹，往往落笔乱真。存世画有《赤壁图》、《玉洞仙源图》、《桃村草堂图》、《剑阁图》、《松溪论画图》等。

② 本书所附此信系节录，其原文见《梁启超全集》，第6134页。

③ 1913年4月9日（即旧历三月三），梁启超邀集一时名士40余人修禊（xiū xì）于京西万生（牲）园，翌日（4月10日）即给梁思顺发信告知此举。本书所附即此信之节录，其原文见《梁启超年谱长编》，第665—666页。亦见《梁启超全集》，第6135页。

④ 1913年4月12日，梁启超在给梁思顺的信中谈及其于4月9日所作之诗。其诗载《庸言报》第1卷第10号，见《饮冰室合集·文集》之四十五（下）第70页，在中华书局精装本第五册。本书所附即此信之节录，其原文见《梁启超年谱长编》，第666页。亦见《梁启超全集》，第6135页。

甚多，吾此诗殆压卷矣。方将尽征南中名流各为题咏，［有图两幅，一为姜颖生画，一为林琴南画。[①] 颖生（年70余矣）当代第一画师也］兰亭以后，此为第一佳话矣。再阅60年，世人恐不复知有癸丑二字矣，故吾末联云云，感慨殊深也。（《兰亭集》末句“后之览者亦将有感于斯文”又云“后之视今犹今之视昔”）

1913年4月16日　致梁思顺[②]

我入京后亦留门牌，三次获账进数百元，购仇十洲画16张（即前书所言《名媛图》，工妙绝伦）。畀（bì）汝，尚有余资购书数种也。

1913年4月17日　致梁思顺[③]

《白香山集》损害赔偿不忧无着——吾此次入都将博进数百金，以购仇十洲极精之画（值三百五十）专以畀汝者（精美极矣）。若犹未足，则所购旧本书尚值三百余金，任汝拣取（jiǎn qǔ）可耳。但汝亦勿太不廉，当为诸弟妹地毋使彼辈解望，谓老夫偏爱也。（仇画则群季不能攘夺，因所绘为名媛，故我专为汝购之）

1913年4月18日　致梁思顺[④]

昨书甫发，而《欧米政党》一书已寄到，吾每欲购一书，吾儿辄已先寄，真可谓先言承志，无怪吾之溺爱也。

1913年4月18日　致梁思顺[⑤]

吾今拟与政治绝缘，欲专从事社会教育，除用心办报外，更在津设立

---

① 林琴南，即林纾（1852—1924），原名群玉、秉辉，字琴南，号畏庐、畏庐居士，别署冷红生。晚称蠡叟（lǐ sǒu）、践卓翁、六桥补柳翁、春觉斋主人。室名春觉斋、烟云楼等。福建闽县（今福州）人。一生创作大量文学作品，翻译170多部外国文学著作。

② 本书所附此信系节录，其原文见《梁启超全集》，第6137页。

③ 同上。

④ 同上书，第6138页。

⑤ 本年（1913）正月起，政府下令召集国会，各党纷纷竞选，一时间好不热闹。但，几个月来，梁启超目睹国事党事之无望，常露消极之态。特别是本月（4月）8日国会开会以来，国民党取胜而共和党败阵，又加以种种党事之纠纷，使梁启超心灰意冷，一度曾要放弃政治生活。这封给梁思顺的信中，梁氏即表达有他当时的苦闷心境。本书所附乃此信之节录，其原文见《梁启超年谱长编》，第668页。亦见《梁启超全集》，第6138页。

私立大学，汝毕业归，两事皆可助我矣。若能如此，真如释重负。……当失意时更不能相弃也。作今日之中国人安得不受苦，我之地位更无所逃避，诗云："夭夭沃，乐子之无知。"最可羡者，思庄、思达辈耳……

1913 年 5 月 2 日　致梁思顺[①]

行期切勿更改，吾望汝等归来，亦甚切也。汝之精室布置极惬意（qiè yì），然已费 800 金矣。此外全家家具费乃不满 200 金也。吾之书房即在汝室旁，试思吾之宝贝归来，我岂肯其离我寸步者！此房楼上仅有三室，吾与汝母及汝各据其一耳。楼下三室，一为客厅，一为学塾，其一则王姑娘居也。

1913 年 8 月 5 日　致梁思顺[②]

今日适北海，答访一客，循海周遭行，弥望荷花十顷，杂以菱芰（líng jì）黄之属，水佩风裳，冷香飞上，湖外老柳古槐，圆阴匝（zā）地，蝉声豪迈如诉，兴亡胜赏既殚，继以幽感，惜吾爱女不相待也。前日诸友约为十刹海（shí chà hǎi）高庙之游，闻彼地荷湖亦殊胜，为雨所阻，竟不克赴，今日之游足以偿之，假使一年后觚棱无恙（gū léng wú yàng），则漪澜（yī lán）堂终为我息壤也。

1915 年 2 月 21 日　致梁思顺[③]

吾归稿中有一文题曰：《中国曷为（hé wéi）至今存耶》，其文未完，可即将原稿检得带来。又新裱之碑版四册及有正所印之张猛龙、郑文公（似在我书房左抽屉中）一并检来。吾现每日仍往利顺德就食，拟俟王姨至乃举火也。《京报》、《亚细亚》、《国民》可告每日寄一份往马宅，吾数日来成诗数首，内有一首 130 余韵者，文亦成万余言，汝闻此可想见我兴会淋漓之状矣。交涉事如果有闻即告我。一两日内尚有文寄《京报》也。

---

① 本书所附此信系节录，其原文见《梁启超全集》，第 6141 页。

② 同上书，第 6144 页。

③ 同上书，第 6149 页。

1915 年 2 月　致梁思顺[①]

有哭蜕丈诗一首，在黄孝觉函中，吾儿读之，当惊我悲伤过度。然吾以此写哀，既写则哀乃杀矣。此诗自谓大佳，深得老杜神理，此间尚有原稿，汝钞一份存之亦可。

1915 年 6 月 5 日　致梁思顺[②]

吾为汝置书案书橱，皆自出样式，颇精美，但须两月后乃成耳。在粤购得乡先正书画数事颇可喜，途中不能作文，《大中华》相促迫，殊为狼狈，今晚拟拼命成数千言耳。

1915 年 7 月 29 日　致梁思顺[③]

昨日尤有种种恼人之事，吾亲自往购帐子，购来乃是小孩用者（已往易妥），又亲往，购藤椅，乃兼购无数臭虫而归（已燂 xún 汤杀之，未审肃清否），事事错迁，殊可爱也。今日静坐读书看 200 余页，乃大可喜，此屋真宜于学问也。此数日间赏月至佳，吾连三夜皆宴坐游廊，惟觉清气往来。

1915 年 8 月 23 日　致梁思顺[④]

又吾有书与潘琼笙，属将吾所著书报（如政治论集之类，六大政治家之类皆要）取一全份来，可告姑丈往检，无论整部零册，尽所有各取一二部（文集能多取最佳，恐无有耳）来可也。吾不能忍（昨夜不寐今八时矣），已作一文交荷丈带入京登报，其文论国体问题也。若同人不沮，则即告希哲，并译成英文登之。吾实不忍坐视此辈鬼蜮出没，除非天夺吾笔，使不复能属文耳。

吾别草一文，题目《中国与土耳其之异》，为《京报》作也。已属秉均抄副交志先，此文可登英文报，汝可向秉均索取，与希哲共译之。

---

① 本书所附此信系节录，其原文见《梁启超全集》，第 6151 页。

② 1915 年 6 月 4 日，梁启超到上海，次日即给梁思顺一信，即本书所附之信系节录，其原文见《梁启超年谱长编》，第 716—717 页。亦见《梁启超全集》，第 6158 页。

③ 本书所附此信系节录，其原文见《梁启超全集》，第 6160—6161 页。

④ 同上书，第 6162—6163 页。

篇首仍作数语，云本报请某人赐文一篇，幸得许可为此，不胜荣幸云云，示偶作，非常作耳。

1915年12月19日　致梁思顺①

有三宅雄二郎著《宇宙》一书可检寄来。

1915年12月29日　致梁思顺②

吾每日作文（发信）甚多，尚以余暇读哲学书大约更能从事著述也。

1916年1月2日　致梁思顺③

现一步不出门，每日读书甚多，顷方拟著一书名曰《泰西近代思想论》，觉此于中国前途甚有关系。处忧患最是人生幸事，能使人精神振奋，志气强立。两年来所境较安适，而不知不识之间德业已日退，在我犹然，况于汝辈！今复还我忧患生涯，而心境之愉快视前此乃不啻（chì）天壤，此亦天之所以玉成汝辈也。使汝辈再处如前数年之境遇者，更阅数数年，几何不变为纨袴（wán kù）子哉。此书可案示汝两弟，且令宝存之。

有人来时可将下列书捡记带来，但捡交季常丈处，彼自能理会也。《哲学大辞书》七册；《文艺全书》一大厚册，似是早稻田大学编辑，隆之馆发行；《津村经济学》，新改版者。

1916年1月7日　致梁思顺④

吾每日早睡早起，眼病亦渐痊，可每日读书作文甚多，此时暂不它行，一切饮食起居皆王姨一人料理，至为稳便，汝曹不必远念。

---

① 本书所附此信系节录，其原文见《梁启超年谱长编》，第726页。亦见《梁启超全集》，第6163页。

② 本书所附此信系节录，其原文见《梁启超年谱长编》，第726—727页。亦见《梁启超全集》，第6164页。

③ 本书所附此信系节录，其原文见《梁启超全集》，第6165页。

④ 同上。

1916 年 1 月 21 日　致梁思顺[①]

我在此甚安，每日治事之暇，以读书习字自乐。临汉隶将百纸矣。

1916 年 2 月 8 日　致梁思顺[②]

赁庑（lìn wǔ）数椽（chuán），齑（jī）盐送日，却是居家直乐。孟子言："生于忧患，死于安乐。"汝辈小小年纪，恰值此数年来无端度虚荣之岁月，真是此生一险运。吾今舍安乐而就忧患，非徒对于国家自践责任，抑亦导汝曹脱险也。吾家十数代清白寒素，此乃最足以自豪者，安而逐腥膻（xīng shān）而丧吾所守耶？此次义举虽成，吾亦决不再仕宦。使汝等常长育于寒士之家庭，即授汝等以自立之道也。吾近来心境之佳，乃无伦比。每日约以三四时见客治事，以三四时著述，余晷（guǐ）则以学书（近专临帖不复摹矣），终日孜孜（zī zī），而无劳倦，斯亦忧患之赐也。

1916 年 2 月 17 日　致梁思顺[③]

吾欲唤廷献来从我行，一以抄录紧要文件，一以伺候身边细役，此后拟不复用仆役，专令子弟服劳矣。廷献现所入校，学课本不完备，虽卒业亦无甚大用处，且吾料不出三月都中必有大变，此等校不同清华，届时各教员必鸟兽散矣。故彼留校，恐亦无毕业之期。彼从我则随时可领受教言，学问必有进益，且可学习实务，经历事故，实千载难得之机也。

1916 年 3 月 18 日　致梁思顺[④]

寄去《从军日记》一篇，共 9 页，读此当详知吾近状。书（此间无

---

① 本书所附此信系节录，其原文见《梁启超全集》，第 6165 页。

② 本书所附此信系节录，其原文见《梁启超年谱长编》，第 755—756 页。亦见《梁启超全集》，第 6167 页。

③ 本书所附此信系节录，其原文见《梁启超年谱长编》，第 756 页。亦见《梁启超全集》，第 6168 页。

④ 同上书，第 766 页。亦见《梁启超全集》，第 6171 页。

书不拆，故不敢付邮）辗转托递，恐须一月后乃达，其时吾踪迹当暴露于报中矣。此记无副本，宜宝存之，将来以示诸弟，此汝曹最有力之精神教育也。文辞亦致斐亹（fěi mén）可观矣。吾尚须留此六日，一人枯坐，穷山所接，惟有佣作，然吾滋适，计每日当述作数千言也。

1916年3月20—21日　致梁思顺[①]

吾居此山陬（zōu）四日矣。今夕乃忽烦闷（主人殷勤乃愈增吾闷）不自聊，盖桂使尚须八九日乃至也。最苦者烟亦吸尽无可买，（夜间无茶饮，饭亦几不能入口，饥极，则时亦觉甘）书亦读尽，一灯如豆，虽有书亦不能读也。前此三日中作文数篇，（有日记寄去，已收否？不见日记则不知吾此书作何语也）文兴发则忘诸苦，今文既成，而心乃无所寄，伥伥（chāng chāng）不复能为怀。……吾欲更作文或著书以振我精神，今晚已瞢瞢（méng méng）不能属思，明日誓当抖擞（dǒu sǒu）一番也。吾欲写字，则又无纸，箧（qiè）中有笺数十幅，珍如拱璧，不敢浪费也。离沪迄今虽仅半月，而所历乃至诡异，亦不能名其苦乐。但吾抱责任心以赴之，究竟乐胜于苦也。……因念频年佚乐（yì lè）人过，致此形骸（hái），习于便安，不堪外境之剧变，此吾学养不足之明证也。人生惟常常受苦乃不觉苦，不致为苦所窘（jiǒng）耳。更念吾友受吾指挥效命于疆场者，其苦不知加我几十倍，我在此已太安适耳。吾今当力求睡得，睡后吾明日必以力自振，誓利用此数日间著一书矣。

此间寄书殊不易，吾且作此留之，明日或更有所作，积数纸乃寄也。吾今日甚好，已着手著书，可勿念。

1916年3月25日　致梁思顺[②]

病起后即提笔著成《国民浅训》一书，约二万言，此书真我生之绝好纪念也。

---

① 本书所附此信系节录，其原文见《梁启超年谱长编》，第766—767页。亦见《梁启超全集》，第6171—6172页。

② 同上书，第767—768页。亦见《梁启超全集》，第6172页。

1916年3月26日 致梁思顺[①]

病起后，脑无一事，于是作《国民浅训》一书，三日夜成之，亦大快也。

1916年4月27日 致梁思顺[②]

汝及诸弟学课如何，常以为念也。

1916年5月3日 致梁思顺[③]

汝辈学业切宜勿荒。

1916年6月22日 致梁思成 梁思永[④]

思成、思永同读：

汝等能升级固善，不能也不必愤懑（fèn mèn）。但问果能用功与否，若既竭吾才则子心无愧。若缘怠荒所致，则是自暴自弃，非吾家佳子弟矣。问汝姊姊，汝等颇知习劳苦学俭朴，吾心甚慰，宜益图向上。吾再听汝姊夸语，以为忧喜也。

1916年6月26日 致梁思成 梁思永[⑤]

汝等学业近如何，成、永何久无禀报耶？

1916年7月14日 致梁思顺[⑥]

著述竟不克着手，惟学书较前益勤，日常尽20纸，“经”已抄完，顷方钞［抄］“子”，稍足收敛此心耳。

---

① 本书所附此信系节录，其原文见《梁启超年谱长编》，第768页。亦见《梁启超全集》，第6172—6173页。

② 同上书，第775页。亦见《梁启超全集》，第6174页。

③ 同上书，第782页。亦见《梁启超全集》，第6174—6175页。

④ 本书所附此信系节录，其原文见《梁启超全集》，第6175页。

⑤ 本书所附此信系节录，其原文见《梁启超年谱长编》，第792页。亦见《梁启超全集》，第6175页。

⑥ 同上。

1916年10月11日　致梁思顺[1]

希哲[2]就外交部职无妨，吾亦托人在国务院为谋一位置，未知如何？领事则须俟外交总长定人乃可商。但作［做］官实易损人格，易习于懒惰于巧滑，终非安身立命之所，吾顷方谋一二教育事业，希哲终须向此方面助我耳。

1918年12月10日　致梁思顺[3]

吾入京半月，一昨方归，检点行装，且须赶作多数文字，无寸晷暇(guǐ xiá)，昨夜已通宵不寐，一年来养成之良习惯，忽遂破坏，可叹也。

1919年1月13日　致梁思顺[4]

每日起皆极早，观日出已二度，初登舟即开始习法文，顷已记诵二百字，循此不倦，归时或竟能读法文书矣。每日功课晨起专习法文，约一时许，次即泛览东籍（约两三日尽一册）。午后假寐半时许，即与百里下棋（日两三局），晚为打球戏，晚饭后谈文学书，中间仍时时温诵法文。

1919年6月16日　致梁思顺[5]

19日赴中英协会欢迎会，有演说，演题为《中国国民特性》。20日赴伦敦商会欢迎会，有演说，演题为《中国关税问题》。21日、22日未定。23日赴英国文学会欢迎会，有演说，演题为《中国之文艺复兴》。24日游牛津大学。25日返伦敦。26、27日未定。28日赴外交部公宴。29日赴英皇茶会，余日未定，或赴伦敦市长公宴。7月初3日赴

---

① 本书所附此信系节录，其原文见《梁启超年谱长编》，第795—796页。亦见《梁启超全集》，第6178页。

② 希哲，周希哲，梁启超女婿，梁思顺丈夫。多年担当驻外领事。

③ 本书所附此信系节录，其原文见《梁启超年谱长编》，第873—874页。亦见《梁启超全集》，第6179页。

④ 同上书，第876页。亦见《梁启超全集》，第6180页。

⑤ 同上书，第884—886页。亦见《梁启超全集》，第6182页。

自由党干部欢迎会，有演说，演题未定。（编者按：演题系《世界大战与中国》①）……14 日访斯密亚丹故居，即著《原富》处，今为马厩（jiù）。是晚赴大理院长宴，举以告座客，乃座客多未尝一游，吾诘（jié）以英人最敬先哲，保存遗迹，何故独薄于此硕儒，座客乃怂恿（sǒng yǒng）我为之提倡，吾作一书告市长，使修葺（qì）之，好管闲事至此，不禁哑然自笑也。15 日驱汽车走四百里，访大文学家苏噶特故居及其墓，最可笑者为此腐儒所误，几至饿杀，盖凌晨出游，至午后 4 时乃食也。然是日游甚快。15 晚车返伦敦，16 晨 7 时到，10 时即汽车来剑桥，真可谓席不暇暖。剑桥大学待遇之隆，实出意外，副校长（实即校长也，其校长戴一皇族挂名而已）涉菩黎博士，馆余于其家（即校长宅），亲自陪观各校。是晚集各教授宴余于校中公共食堂，即用校中常膳。盖剑桥、牛津两校教授例与学生共饭，欲吾观其仪式也。教习学生共数百人，皆穿校中制服，酷类大丛林中披袈裟打斋，其亲爱融泄之状，令人起敬。吾游剑桥生无限感触，他日当为文详纪［记］之。

1919 年 8 月 4 日　致梁思顺②

吾近来读书已用眼镜，噫！垂垂老矣。

1919 年 11 月 5 日　致梁思顺③

吾自 10 月 11 日迄今，未尝一度上巴黎，且决意三个月不往，将此地作一深山道院。吾现在惟有两种功课，日间学英文夜间作游记。英文已大略能读书读报了。吾用功真极刻苦，因此同行诸君益感学问兴味。百里、君劢，皆学法文，振飞学德文，迭为师弟，极可笑也。最可笑者，吾将来之英文，不能讲，不能听，不能写，惟能读耳。向来无此学法，然我用我法，已自成功矣……

吾现在又晏（yàn）睡晏起，20 年恶习全然规复了，百里大不以我过于勤苦为然，常谓令娴在此，必能干涉我先生，然耶？否耶？

---

① 此编者按系原书所加。

② 本书所附此信系节录，其原文见《梁启超年谱长编》，第 887 页。亦见《梁启超全集》，第 6183 页。

③ 同上书，第 889—891 页。亦见《梁启超全集》，第 6184—6185 页。

1919年12月2日　致梁思顺[①]

得10月21日禀，甚喜。总要在社会上常常尽力，才不愧为我之爱儿。人生在世，常要思报社会之恩，因自己地位做得一分是一分，便人人都有事可做了。吾在此作游记，已成六七万言，本拟再住三月，全书可以脱稿。

1921年5月16日　致梁思顺[②]

吾自汝行后，未尝入京，且除就餐外，未尝离书案一步，偶欲治他事，则为著书之念所夺，故并汝处亦未通书也。

1921年5月30日　致梁思顺[③]

凡为社会任事之人必受风波，吾数十年日在风波中生活，此汝所见惯者，俗语所谓见怪不怪，其怪自败，吾行吾素可耳。廷伟为补一主事，甚好。尝曾彼“学问是生活，生活是学问”，彼宜从实际上饮食求学问，非专恃（shì）书本也。汝之姑嘉礼日[④]内便举行，吾著书已极忙，人事纷扰，颇以为苦，但家有喜事，总高兴耳。

1922年11月23日　致梁思顺[⑤]

前晚陈老伯请吃饭，开50年陈酒相与痛饮，我大醉而归。（到南京后惟此一次耳，常日一滴未入口）翌晨六点半，坐洋车往听欧阳[⑥]先生讲佛学（吾日日往听），稍感风寒，归而昏睡。张君劢硬说我有病（说非酒病），今日径约第一医院院长来为我检查身体。据言心脏稍有异状，（我

---

① 本书所附此信系节录，其原文见《梁启超年谱长编》，第891页。亦见《梁启超全集》，第6186页。

② 同上书，第930页。亦见《梁启超全集》，第6189页。

③ 本书所附此信系节录，其原文见《梁启超全集》，第6189页。

④ 旧时须选择吉日定为嘉礼日。

⑤ 本书所附此信系节录，其原文见《梁启超年谱长编》，第967—968页。亦见《梁启超全集》，第6191页。

⑥ 欧阳，即欧阳渐（1871—1943），字竟无，一字渐吾，江西宜黄人。近代著名佛学居士。

不觉什么，惟此两日内脑筋似微胀耳）君劢万分关切。吾今夕本在法政专门有两点钟之讲演，君劢适自医生处归，闻我已往，（彼已屡次反对我太不惜精力，彼言如此必闹到脑充血云云）仓皇跑到该校，硬将我从讲坛上拉下，痛哭流涕，要我停止讲演一星期，彼并立刻分函各校，将我本星期内（已应许之）讲演，一概停止。且声明非得医生许可后，不准我再讲。我感其诚意，已允除本校常课（每日一点钟）外，暂不多讲矣。彼又干涉我听佛经（本来我听此门功课用脑甚劳），我极舍不得，现姑允彼明晨暂停（但尚未决）一次。其实我并没有什么，不过稍休息亦好耳。因今晚既停讲无事，故写此信与汝等，汝等不必着急，吾自知保养也。父谕成、永、忠。

1922 年 11 月 29 日　**致梁思顺**①

我的宝贝思顺：我接到你这封信，异常高兴，因为我也许久不看见你的信了，我不是不想你，却是没有工夫想。四、五日前吃醉酒，（你勿惊，我到南京后已经没有吃酒了，这次因陈伯严老伯请吃饭。拿出 50 年陈酒来吃，我们又是 25 年不见的老朋友，所以高兴大吃）忽然想起来了，据廷灿说，我那晚拿一张纸写满了“我想我的思顺”、“思顺回来看我”等话，不知道他曾否寄给汝看。你猜我一个月以来做的甚么事，我且把我的功课表写给汝看。

每日下午 2 时至 3 时在东南大学讲《中国政治思想史》，除来复日停课外，日日如是。

每来复五晚为校中各种学术团体讲演，每次两小时以上。

每来复四晚在法政专门讲演，每次 2 小时。

每来复二上午为第一中学讲演，每次 2 小时。

每来复六上午为女子师范讲演，每次 2 小时。

每来复一、三、五从早上 7 点半起至 9 点半，（最苦是这一件，因为 6 点钟就要起来）我自己到支那内学院上课，听欧阳竟无先生讲佛学。

此外各学校或团体之欢迎会等，每来复总有一次以上。

---

① 本书所附此信原文见《梁启超年谱长编》，第 968—970 页。亦见《梁启超全集》，第 6192—6193 页。

讲演之多既如此，而且讲义都是临时自编，自到南京以来（一个月）所撰约十万字。

张君劢跟着我在此，日日和我闹说："铁石人也不能如此做"，总想干涉我，但我没有一件能丢得下。前几天因吃醉酒（那天是来复二晚），明晨坐东洋车往听佛学，更感些风寒，归来大吐，睡了半日。君劢便说我有病，到来复四日我在讲堂下来，君劢请一位外国医生等着诊验我的身体。奇怪，他说我有心脏病，要我把讲演著述一概停止。（说我心脏右边大了，又说常人的脉只有什么73至，我的脉到了90至）我想我身子甚好，一些不觉得甚么，我疑心总是君劢造谣言。那天晚上是法政学校讲期，我又去了，君励在外面吃饭回来，听见大惊，一直跑到该校，从讲堂上硬把我拉下来，自己和学生讲演，说是为国家干涉我。再明日星期五，我照例上东南大学的讲堂，到讲堂门口时，已见有大张通告，说梁先生有病放假，学生都散了，原来又是君劢捣的鬼。他已经立刻写信各校，将我所有讲演都停一星期再说（以上28日写）。医生说不准我读书、著书、构思、讲演，不准我吃酒（可以）、吃茶、吃烟。我的宝贝，你想这种生活我如何能过得（28日晚写）。神经过敏的张君劢，听了医生的话，天天和我吵闹，说我的生命是4万万人的，不能由我一个人作主，他既已跟着我，他便有代表4万万人监督我的权利和义务。我们现在磋商的条件：

1. 除了本校正功课每日一点钟外，其余讲演一切停止。

2. 除了编《中国政治思想史》讲义，其余文章一切不做。

3. 阳历12月31日以前截止功课，回家休息。

4. 每星期一、三、五之佛学听讲照常上课。（此条争论甚烈，君劢现已许我）

5. 十日后医生诊视说病无加增则照此实行，否则再议。

我想我好好的一个人，吃醉了一顿酒，被这君劢捉着错处（呆头呆脑，书呆子又蛮不讲理），如此其欺负我，你说可气不可气。君劢声势汹汹，他说我不听他的话，他有本事立刻将我驱逐出南京，问他怎么办法？他说他要开一个梁先生保命会，在各校都演说一次，不怕学生不全体签名送我出境，你说可笑不可笑。我从今日起已履行君劢所定契约了，也好，稍为清闲些。懒得写了，下回再说。

1922年12月2日 **致梁思顺**[①]

我委实一点病也没有，若有，我不能不知道，但君劢相爱太过，我也只好容纳他的好意。现在已减少许多功课，决意阳历年内讲完，新年往上海顽［玩］几天。汝母生日以前，必回家休息，汝千万不许耽［担］忧着急。我明年上半年决意停讲，在家中安住数月后，阴历三、四月间，拟往庐山，即在彼过夏，汝暂勿回来亦好。我虽想念汝，但汝来往一次亦大不易，不必汲汲也。汝能继续求学甚好，汝学本未成，汝为我爱儿，学问仅如此，未为尽责也。

1922年12月8日 **致梁思顺**[②]

宝贝思顺：

怎么样啦！吓着没有？我近日精神益焕发，因为功课减少之故。我早上听佛学的功课到底被君劢破坏了，因此益清闲，每日专心致志著一部书，讲一门功课，从容极了，医生再来检查也没有什么话说了。君劢说若能常常如此，他又不愿意我速归了。因为他是江苏人，恨不得我在江苏多一天，江苏多得些好处。我说："那么我还是阴历年底才走。"他说："很好"，我说："你走了（他阳历年底必要走），我便拼命连日连夜的讲。"他又慌了。你说这位书呆子好笑不好笑？……你看《晨报》和《时事新报》没有？若看，应该看见我许多文章。

爹爹 洋鬼子吃腊八粥那天

1922年12月25日 **致梁思顺**[③]

宝贝思顺：12月12日的信收到了，欢喜得很。我现在还在南京呢。今日是护国军起义纪念日，我为学界全体讲演了一场，讲了两点多

① 本书所附此信系节录，其原文见《梁启超年谱长编》，第971页。亦见《梁启超全集》，第6193页。

② 本书所附此信系节录，其原文见《梁启超年谱长编》，第971—972页。亦见《梁启超全集》，第6193—6194页。

③ 同上书，第972—973页。亦见《梁启超全集》，第6194页。

钟。我一面讲，一面忍不住滴泪。今把演稿十来张寄给你。我后日又要到苏州讲演，因为那里学生盼望太久了，不能不去安慰他们一番，但这一天恐怕要很劳苦了。

1923 年 1 月 7 日　致梁思顺①

宝贝思顺：我 31 夜里去上海，前晚夜里回来，在上海请医生（法国）诊验身体，说的确有心脏病，但初起甚微，只须静养几个月便好，我这时真有点害怕了。本来这一个星期内，打算拼命把欠下的演说债都还清，现在不敢放恣了。只有五次讲义演完就走（每次一点钟），酒是要绝对的戒绝了，烟却不能。医生不许我多说话，不许连续讲演到一点钟以外，不许多跑路（这一着正中下怀），最要紧是多睡觉（也愿意），说这一着比吃什么药都好。我回家后，当然一次讲演都没有，我便连日连夜睡他十来点钟，当然就会好了。你却不许挂心，挂心我就什么都不告诉你了。我本来想到日本顽顽［玩玩］，可巧接着日本留学生会馆来书要我去讲演，而且听说日本有几个大学也打算联合来请，吓得我不敢去了。（若没有病，我真高兴去）今年上半年北京高师要请我，要和别的学校竞争，出到千元一月之报酬。（可笑，我即往，亦不能受此重酬）东南大学学生又联合全体向我请愿，我只得一概谢绝了。回津后只好杜门不出，因为这几年演讲成了例，无论到什么地方也免不掉，只得回避了。

1923 年 1 月 15 日　致梁思顺②

这几天并未有依医生的话行事，大讲而特讲，前天讲了五点钟，昨天又讲四点钟，但精神却甚好。……回家后打算几个月戒讲演了，［但北京高等师范学生正在和我打麻烦，因为我早答应过今年（阳历）上半在那里讲］打算专门写字和打牌，你听见想一定欢喜。难得这一点时候没有事，没有客，所以写这几张纸。

---

① 本书所附此信系节录，其原文见《梁启超年谱长编》，第 978—979 页。亦见《梁启超全集》，第 6195 页。

② 同上书，第 982 页。亦见《梁启超全集》，第 6195 页。

1923 年 1 月 24 日　致梁思顺[①]

宝贝思顺：

我告诉你一件事，令你吓杀！旧历初二日讲学社所聘杜里舒[②]博士来津讲演，我往车站欢迎他，借李宾四马车坐去，搀（chān）出到大马路交叉处，被街上电车横撞过来，（事后回想真危险，真是间不容发，好在车已经过去大半，尽撞后轮，故不至伤）车撞坏了，人马俱倒在地上，但我仅仅擦破头皮少许，腿上微微酸痛而已。那日我仍在南开讲演，晚上又与张君劢、林宰平、丁在君等谈过通宵。初五日，你姑丈偕（xié）曼宣、孝高来，一连打了三日三夜的牌。他们今晨回京去。我足足睡了一天。过年以来，一件正经事未做，就只谈天顽［玩］要。你母亲把大大小小的孩了（从七妹起到达达）都带到北京去了。家中只有司马懿和六六，[③]我从今日起又做我的正经功课了。

1923 年 1 月 29 日　致梁思顺[④]

宝贝思顺：我现在托病杜门谢客，号称静养，却是静而不养。每日读极深奥的《成唯识论》[⑤]，用尽心思。一日读三四页，还是勉强懂得一点罢了。我很想去日本顽顽［玩玩］，（日本人把我近年的著作翻译出好几部，我们卖 6 角钱，他们卖 2 元 50 钱，可惊）但非有三、四千金不敷（fū）用，怕未必能去。我新造这些信笺信封，你说好不好！本来不打算写信，就是专为试新，才写这两张。

---

① 本书所附此信系节录，其原文见《梁启超全集》，第 6196 页。

② 杜里舒（Hans Driesch，1867—1941），德国人，生机主义哲学家（生机主义哲学又称生机论、活力论，是 19 世纪末 20 世纪初在德、法等国流行的一种哲学观点，属生命哲学之一种，其哲学观主要建立在生物学基础之上，利用生物学、生理学等科学发现来论证其观点）。20 世纪 20 年代梁启超等人组织成立之"讲学社"曾邀其来华讲学。1922 年 10 月，杜里舒偕夫人抵沪，其后在上海、南京、武汉、北京、天津等地巡回演讲至第二年 6 月。其讲演稿由张君劢等翻译和整理，出版了《杜里舒演讲录》，1923 年商务印书馆出版发行。

③ 齐全按，梁启超时常戏称其女梁思懿为司马懿；六六则指梁启超另一女儿梁思宁。

④ 本书所附此信系节录，其原文见《梁启超年谱长编》，第 982—983 页。亦见《梁启超全集》，第 6196—6197 页。

⑤ 《成唯识论》，唐玄奘三藏法师糅合印度十大论师之诠释编译而成者，中国唯识宗立宗之主要理论依据。其以大乘佛教唯识宗创始人之一世亲之《唯识 30 颂》为主线，最能体现法相唯识学派之基本思想。

1923 年 5 月 11 日　致梁思顺[①]

思成今年能否出洋，尚是一问题，因不能赶大考也（现商通融办法），但迟一年亦无甚要紧耳。我现课彼在院中读《论语》、《孟子》、《资治通鉴》，利用这时候多读点中国书也很好。……我已返（昨日）西山著我的书了。今晨天才亮便已起，现在是早上九点钟，我已成了二千多字，等一会蹇七叔们就要来（今日礼拜六）和我打牌了。

1923 年 5 月　致梁思成[②]

父示思成：吾欲汝以在院两月中取《论语》、《孟子》温习闇诵（àn sòng），务能略举其辞，尤于其中有益修身之文句，细加玩味。次则将《左传》、《战国策》全部浏览一遍，可益神智，且助文采也。更有余日读《荀子》则益善。各书可向二叔处求取。《荀子》颇有训诂（xùn gǔ）难通者，宜读王先谦《荀子集解》。可令张明去藻玉堂老王处取一部来。

1923 年 6 月 1 日　致梁思顺[③]

吾仍居西山，但日来频频入城，以云养静殊不静也，但读书著述仍不废耳。

1923 年 7 月 26 日　致梁思成[④]

汝母归后说情形，吾意以迟一年出洋为要，志摩[⑤]亦如此说，昨得君

---

① 本书所附此信系节录，其原文见《梁启超年谱长编》，第 994—995 页。亦见《梁启超全集》，第 6198 页。

② 本书所附此信原文见《梁启超年谱长编》，第 995—996 页。亦见《梁启超全集》，第 6199 页。

③ 本书所附此信系节录，其原文见《梁启超年谱长编》，第 998 页。亦见《梁启超全集》，第 6200 页。

④ 本书所附此信原文见《梁启超年谱长编》，第 1001 页。亦见《梁启超全集》，第 6200 页。

⑤ 徐志摩（1897—1931），原名章垿（xù），字槱（yǒu）森，留学美国时改名志摩。曾经用过的笔名：南湖、诗哲、海谷、谷、大兵、云中鹤、仙鹤、删我、心手、黄狗、谔（è）谔等。浙江海宁市硖石镇人。现代诗人、散文家，是新月派代表诗人，新月诗社成员。

励书，亦力以为言。盖身体未完全复元，旅行恐出毛病，为一时欲速之念所中，而贻（yí）终身之戚，甚不可也。人生之旅历途甚长，所争决不在一年半月，万不可因此着急失望，招精神上之萎葸（wěi wēi）。汝生平处境太顺，小挫折正磨练德性之好机会，况在国内多预备一年，即以学业论，亦本未尝有损失耶。吾星期日或当入京一行，届时来视汝。

1923 年 8 月 1 日　致梁思顺①

宝贝思顺：

得复电，大慰。我因久不得汝信，神经作用无端疑汝有病耳。昨日在南开讲毕，思永、思忠留校中听别人讲演。我独携（xié）思庄去吃大餐，随后你妈妈把思达、思懿带来，吃完后五个人坐汽车兜圈子到马厂一带，把几位小孩子欢喜到了不得。你妈妈说，我居然肯抛弃书桌上一点钟工夫，作此雅游，真是稀奇。我和思庄说，明年姐姐回来，我带着你们姊妹去逛地方，不带男孩子去了。庄、懿都拍掌说，哥哥们太便宜了，让他们困在家里哭一回。思达说他要加入女孩子团体，思庄已经答应他了。我今日起得甚早，随意写几句告诉你。

1923 年 11 月 5 日　致梁思顺②

宝贝思顺：

昨日松坡图书馆成立，（馆在北海快雪堂，地方好极了，你还不知道呢，我每来复四日住清华三日住城里，入城即住馆中。）热闹了一天。今天我一个人独住在馆里，天阴雨，我读了一天的书，晚间独酌（zhuó）醉了（好孩子别要着急，我并不怎么醉，酒亦不是常常多吃的），书也不读了。和我最爱的孩子谈谈罢，谈什么，想不起来了。你报告希哲在那边商民爱戴的情形，令我喜欢得了不得。我常想，一个人要用其所长（人才经济主义）。希哲若在国内混沌（hùn dùn）社会里头混，便一点看不出本领，当领事真是模范领事了。我常说天下事业无所谓大小，（士大夫救济天下和

---

① 本书所附此信原文见《梁启超全集》，第 6201 页。

② 本书所附此信原文见《梁启超年谱长编》，第 1004—1006 页。亦见《梁启超全集》，第 6204—6205 页。

农夫善治其十亩之田所成就一样）只要在自己责任内，尽自己力量做去，便是第一等人物。希哲这样勤勤恳恳做他本分的事，便是天地间堂堂的一个人，我实在喜欢他。好孩子，你气不分弟弟妹妹们，希哲又气不分你，有趣得很，（你请你妈妈和我打弟弟们替你出气，你妈妈给思成们的信帮他们，他们都拍手欢呼胜利，我说我帮我的思顺，他们淘气实在该打）平心而论，爱女儿哪里会不爱女婿呢，但总是间接的爱，是不能为讳的。徽因我也很爱她，我常和你妈妈说，又得一个可爱的女儿。但要我爱她和爱你一样，终究是不可能的。我对于你们的婚姻，得意得了不得。我觉得我的方法好极了，由我留心观察看定一个人，给你们介绍，最后的决定在你们自己，我想这真是理想的婚姻制度。好孩子，你想希哲如何，老夫眼力不错罢！徽因又是我第二回的成功。我希望往后你弟弟妹妹们个个都如此。（这是父母对于儿女最后的责任）我希望普天下的婚姻都像我们家孩子一样，唉，但也太费心力了。像你这样有怎么多弟弟妹妹，老年心血都会被你们绞尽了，你们两个大的我所尽力总算成功，但也是各人缘法侥幸碰着，如何能确有把握呢？好孩子，你说我往后还是少管你们闲事好呀，还是多操心呢？你妈妈在家寂寞得很，常和我说放暑假时候很高兴，孩子们都上学便闷得慌，这也是没有法的事。像我这样一个人，独处一年我也不闷，因为我做我的学问便已忙不过来；但天下人能有几个像我这种脾气呢？王姑娘近来体气大坏，（因为你那两个殇 shāng 弟产后缺保养）我很担心，她也是我们家庭极重要的人物。她很能伺候我，分你们许多责任，你不妨常常写些信给她，令她欢喜。我本来答应过庄庄，明年暑假绝对不讲演，带着你们顽［玩］一个夏天。但前几天我已经答应中国公学暑期学校讲一月了。（他们苦苦要我，我耳朵软答应了）我明春要到陕西讲演一个月，你回来的时候还不知我在家不呢，酒醒了不谈了。

耶告

这两个字是王右军[①]给儿女信札的署名法。

---

① 王右军，在此指王羲（xī）之。王羲之（321—379，一作 303—361），东晋书法家，字逸少，号澹斋（dàn zhāi），祖籍琅玡（láng yá）临沂（今属山东），后迁会稽（今浙江绍兴），晚年隐居剡（yǎn）县金庭，历任秘书郎、宁远将军、江州刺史。后为会稽内史，领右将军，人称“王右军”、“王会稽”，尊为“书圣”。王羲之子王献之书法也很好，人们称其父子为“二王”。另，王羲之的另一儿子王凝之官至左将军，也曾任右军将军，后世也称其为“王右军”。

1923 年 11 月 16 日　致梁思顺[①]

我半个月前痔疮复发，初时不以为意，耽阁了好几日，后来渐觉得有点痛楚，才叫王姑娘入京服侍，又被你弟弟们逼着我去汤山住了几天，现在差不多好清楚了。但日来京中各学校知道我在京，纷纷请讲演，又闹得像去年在南京一样的忙了。怎么好。

1923 年 12 月 18 日　致梁思顺[②]

我被各学校学生包围，几乎日日免不了讲演，怎么好呢？偷空写着两张纸给我的宝贝。

1924 年 1 月 6 日　致梁思顺[③]

昨日将思成等都带回家，与汝母庆寿。一两日后，仍须入京讲一礼拜便放假。约在家中住一月内外，此告顺儿。

所属（zhǔ）某项文件抄得寄上。

1924 年 4 月 9 日　致梁思顺[④]

我这十来天著书著得兴会淋漓，夜夜通宵，成了好几万字也，该休息天把了。

1924 年 4 月 16 日　致梁思顺[⑤]

我每日埋头埋脑著书（差不多夜夜都做到天亮，但昨夜从三点钟睡起足足睡到今午两点钟，一个礼拜的透支都补足了），平均每日五六千字，甚得意。

---

① 本书所附此信系节录，其原文见《梁启超年谱长编》，第 1006—1007 页。亦见《梁启超全集》，第 6205 页。

② 同上书，第 1008 页。亦见《梁启超全集》，第 6206 页。

③ 本书所附此信原文见《梁启超全集》，第 6206 页。

④ 本书所附此信系节录，其原文见《梁启超全集》，第 6208 页。

⑤ 本书所附此信系节录，其原文见《梁启超年谱长编》，第 1014 页。亦见《梁启超全集》，第 6200 页。

1925年4月17日　致梁思顺、梁思庄[①]

宝贝思顺、小宝贝庄庄：

你们走后，我很寂寞。当晚带着忠忠听一次歌剧，第二日整整睡了13个钟头起来，还是无聊无赖，几次往床上睡，被阿时、忠忠拉起来，打了几圈牌，不到10点又睡了，又睡十个多钟头。思顺离开我多次了，所以倒不觉怎样；庄庄这几个月来天天挨着我，一旦远行，我心里着实有点难过。但为你成就学业起见，不能不忍耐这几年。庄庄跟着你姊姊，我是十二分放心了；但我15日早晨吩咐你那几段话，你要常常记在心里。等到再见我时，把实行这话的成绩交还我，我便欢喜无量了。

我昨天闷了一天了，今日已经精神焕发，和你七叔讲了一会书，便着手著述，已成二千多字。现在11点钟，要睡觉了，趁砚台上余墨写这两纸寄你们。你们在日本看过什么地方？寻着你们旧游痕迹没有？在船上有什么好玩？（小斐儿[②]曾唱歌否？）我盼望你们用日记体写出，详细寄我，（能出一份《特国周报》临时增刊尤妙）我打算礼拜一入京，那时候你们还在上海呢。在京至多十日就回家，决意在北戴河过夏，可惜庄庄不能跟着，不然当得许多益处。祝你们一路安适，两个礼拜后我就盼你们电报，四个礼拜后就会得你们温哥华来信，内中也许夹着有思成、思永信了。

1925年5月1日　致梁思顺[③]

瞻（zhān）儿的字叫他好生写，别要辜负美材。（桂儿能在暑假内叫他读《论语》最好）斐儿有什么特别顽［玩］意，报告我博千里一笑。

---

① 本书所附此信原文见《梁启超年谱长编》，第1030—1031页。亦见《梁启超全集》，第6210页。

② 小斐儿，指梁思顺次子周有斐。后文之瞻（zhān）儿、桂儿分别指梁思顺长子周同轼及长女周念慈。齐全按，梁思顺计有四儿女，其三子周嘉平，小名嘉儿。参见本书所附“梁启超子孙世家”条。

③ 本书所附此信系节录，其原文见《梁启超全集》，第6210页。《梁启超年谱长编》第1031页有其摘录。

1925 年 5 月 9 日　致梁思顺　梁思成　梁思永①

我多少年不做诗了，君劢的老太爷做寿，我忽然高兴做了一首 55 韵的五言长古，极其得意，过两天钞［抄］给你们看。

我近来大发情感，大做其政论文章，打算出一份周报，附在《时》、《晨》两报送人看，大约从六月初旬起便发印。到我要讲的话都讲完，那周报也便停止，你们等着看罢。

1925 年 5 月 11 日　致梁思顺　梁思成　梁思永　梁思庄②

我昨晚又作一首诗给姚胖子 50 寿，做得好顽极了，过两天我一齐写好给小宝贝庄庄。我近日精神焕发，什么事都做得有趣。

1925 年 5 月　致梁思顺③

我现在每日著书多则三四千字，少则一千几千，写汉隶每天两三条屏（píng），功课有定，不闲不忙，早睡早起，甚是安适。

1925 年 7 月 10 日　致孩子们④

孩子们：

我像许久没有写信给你们了。但是前几天寄起的相片，每张上都有一首词，也抵得过信了。今天接着大宝贝 5 月 9 日，小宝贝 5 月 3 日来信，很高兴。那两位“不甚宝贝”的信，也许明后天就到罢？…… 我还是照样的忙，近来和阿时、忠忠三个人合作做点小顽［玩］意，把他们做得兴高采烈。我们的工作多则一个月，少则三个礼拜，便做完。做完了，你们也可以享受快乐。你们猜猜干些什么？庄庄，你的信写许

---

① 本书所附此信系节录，其原文见《梁启超年谱长编》，第 1032—1033 页。齐全按，《梁启超全集》第 6211 页亦有此信摘录，但不全。

② 本书所附此信原文见《梁启超全集》，第 6211 页。《梁启超年谱长编》第 1034—1035 页有此信原文并录有“给姚胖子五十寿”所作诗文。

③ 本书所附此信系节录，《梁启超年谱长编》，第 1032—1033 页有其详尽摘录。《梁启超全集》第 6200 页摘有部分内容。

④ 本书所附此信系节录，其原文见《梁启超年谱长编》，第 1045—1049 页。亦见《梁启超全集》，第 6212—6213 页。

多有趣话告诉我，我喜欢极了。你往后只要每水船都有信，零零碎碎把你的日常生活和感想报告我，我总是喜欢的。我说你“别要孩子气”，这是叫你对于正事——如做功课，与及料理自己本身各事等——自己要拿主意，不要依赖人。至于做人带几分孩子气，原是好的。你看爹爹有时还“有童心”呢。你入学校，还是在加拿大好。你三个哥哥都受美国教育，我们家庭要变“美国化”了。我很望你将来不经过美国这一级，(也并非一定如此，还要看环境的利便) 便到欧洲去，所以在加拿大预备象更好。稍旧一点的严正教育，受了很有益，你还是安心入加校罢。至于未能立进大学，这有什么要紧，“求学问不是求文凭”，总要把墙基越筑得厚越好。你若看见别的同学都入大学，便自己着急，那便是“孩子气”了。思顺对于徽因感情完全恢复，我听见真高兴极了。这是思成一生幸福关键所在，我几个月前很怕思成因此生出精神异动，毁掉了这孩子，现在我完全放心了。思成前次给思顺的信说：“感觉着做错多少事，便受多少惩罚，非受完了不会转过来。”这是宇宙间唯一真理。佛教说的“业”和“报”就是这个真理，(我笃信佛教，就在此点，7千卷《大藏经》也只说明这点道理) 凡自己造过的“业”，无论为善为恶，自己总要受“报”，一斤报一斤，一两报一两，丝毫不能躲闪，而且善和恶是不准抵消的。佛对一般人说轮回，说他 (佛) 自己也曾犯过什么罪，因此曾入过某层地狱，做过某种畜生，他自己又也曾做过许多好事，所以亦也曾享过什么福。……如此，恶业受完了报，才算善业的账，若使正在享善业的报的时候，又做些恶业，善报受完了，又算恶业的账，并非有个什么上帝做主宰，全是“自业自得”，又并不是像耶教说的“到世界末日算总账”，全是“随作随受”。又不是保耶教说的“多大罪恶一忏悔便完事”，忏悔后固然得好处，但曾经造过的恶业，并不因忏悔而灭，是要等“报”受完了才灭。佛教所说的精理，大略如此。他说的六道轮回等等，不过为一般浅人说法，说些有形的天堂地狱，其实我们刻刻在轮回中，一生不知经过多少天堂地狱。即如思成和徽因，去年便有几个月在刀山剑树上过活。这种地狱比城隍庙十王殿里画出来还可怕，因为一时造错了一点业，便受如此惨报，非受完了不会转头。倘若这业是故意造的，而且不知忏悔，则受报连绵下去，无有尽时。因为不是故意的，而且忏悔后又造善业，所以地狱的报受够之后，天堂又到了。若能绝对不造恶业（而且常造善业——最大善业是“利他”），则常住天堂（这是借用俗教名词）。佛说是“涅槃”（涅槃的本意是“清凉世界”）。我虽不敢说常住涅槃，但我总算心地清凉的时候多，换句话说，我住天堂时候比住地狱的时候多，也是因为我比较的少造恶业的缘故。我的宗教观、人生观的根本在此，这些话都是我切实受用的所在。因思成那封信像是看见一点这种真理，所以顺便给你们谈谈。思成看着许多本国古代美术，真是眼福，令我羡慕不已。甲胄的扣带，我看来总算你新发明了（可得奖赏）。或者书中有讲及，但久已没有实物来证明。昭陵石马怎么会已经流到美国去，真令我大惊！那几只马是有名的美术品，唐诗里“可要昭陵石马来，昭陵风雨埋冠剑，石马无声蔓草寒”，向来诗人讴（ōu）歌不知多少。那些马都有名字，——是唐太宗赐的名，画家雕刻家都有名字可考据的。我所知道的，现在还存四只，［我们家里藏有拓（tà）片，但太大，无从裱，无从挂，所以你们没有看见］怎么美国人会把他搬走了！若在别国，新闻纸不知若何鼓噪，在我们国里，连我恁（nín）么一个人，若非接你信，还连影子都不晓得呢。可叹，可叹！希哲既有余暇做学问，我很希望他将国际法重新研究一番，因为欧战以后国际法的内容和从前差得太远了。十余年前所学现在只好算古董。既已当外交官，便要跟着潮流求自己职务上的新智［知］识。还有中国和各国的条约全文，也须切实研究。希哲能趁这个空闲做这类学问最好。若要汉文的条约汇纂（zuǎn），我可以买得寄来。和思顺、思永两人特别要说的话，没有什么，下次再说罢。

1925 年 8 月 3 日 致孩子们①

庄庄跟着驼姑娘补习功课，好极了，我想不惟学问有长进，还可以练习许多实务，我们听见都喜欢得了不得。

庄庄学费每年 700 美金便够了吗？今年那份，我回去替她另折存储起来。今年家计总算很宽裕，除中原公司外，各种股份利息都还照常。执政府每月 800 夫马费，已送过半年，现在还不断。商务印书馆售书费

① 本书所附此信系节录，其原文见《梁启超全集》，第 6214—6215 页。《梁启超年谱长编》第 1049—1051 页有此信详尽摘录。

两节共收到将5000元。从本月起清华每月有400元。预计除去各种临时支出——如办葬事，修屋顶，及寄美洲千元等——之外，或者尚有敷余，我便将庄庄这笔提出。（今年不用，留到她留学最末的那年给她）便是达达、司马懿、六六的游学费，我也想采纳你的条陈，预早（从明年）替他们贮蓄（zhù xù）些，但须看力量如何才来定多少。至于老白鼻那份，我打算不管了，到他出洋留学的时候，他有恁么多姊姊哥哥，还怕供给他不起吗？

1925年8月16日　致梁思顺[①]

我近来政治兴味并不减少，只是并没有妨害著述各业。

到北戴河以来，顽［玩］的时候多，著述成绩很少，却已把一部《桃花扇》注完，很有趣。

在此虽然甚闲，却也似甚忙。每天7点多钟起来，在院子里稍为散步，吃点心下来，便快9点了。只做两点多钟正经功课，11点便下海去。回来吃中饭，睡一睡午觉，起来写写信，做些杂课。4点后便打牌。6点多钟吃晚饭，饭后散步回来，有时打牌，有时闲谈，便过一天了。因为4点钟后便无所用心，所以每天倒床便睡着（10点前后睡），大约我生平讲究卫生，以这一个月为最了。

1925年9月13日　致孩子们[②]

校课甚忙——大半也是我自己找着忙——我很觉忙得有兴会。新编的讲义极繁难，费的脑力真不少。盼望老白鼻快来，每天给我舒散舒散。

1925年9月13日　致梁思顺[③]

我现在觉得有点苦，因为一面政治问题、军事问题前来报告商榷者，络绎不绝，一面又要预备讲义，两者太不相容了。但我努力兼顾，

---

①　本书所附此信系节录，其原文见《梁启超年谱长编》，第1051—1053页。亦见《梁启超全集》，第6216—6217页。

②　同上书，第1056—1057页。亦见《梁启超全集》，第6217页。

③　本书所附此信系节录，其原文见《梁启超全集》，第6218—6219页。

看看如何，若能两不相妨，以后倒可以开出一种新生活。

我自北戴河归来后，仍每日早起（总不过8点钟），酒也绝对不饮了，可惜你们远隔，若看见我结实的脸色，你们定高兴极了。

1925年9月14日　致孩子们①

《后汉书》等本已在上海买妥，因叶领事已行不及托带，当即令补寄并补上所需各书。

1925年9月20日　致梁思顺　梁思成　梁思永　梁思庄②

吾日来之忙，乃出情理外。二叔、王姨向我唧哝（jī nong）多次，但此乃研究院初办，百事须计划，又加以他事，故致如此耳。十日半月后当然逐渐清简，汝等不必以我过劳为虑也……

今日寄去《后汉书》、《战国策》、《左传》及各种小说，识字方格种种，分十余包（共11包），谅不久便到。

1925年9月24日　致梁思顺③

思庄英文不及格，绝不要紧，万不可以此自馁（něi）。学问求其在我而已。汝等都会自己用功，我所深信将来计算总成绩不在区区一时一事也。

1925年9月29日　致梁思顺　梁思成　梁思永　梁思庄④

顺、成、永、庄：我昨日用一日之力，做成一篇告墓祭文，把我一年多蕴积的哀痛，尽情发露。顺儿啊，我总觉得你妈妈这个怪病，是我们打那一回架打出来的。我实在哀痛之极，悔恨之极，我怕伤你们的心，始终不忍说，现在忍不住了，说出来也象把自己罪过减轻一点。我

---

① 本书所附此信系节录，其原文见《梁启超全集》，第6219页。

② 本书所附此信系节录，其原文见《梁启超年谱长编》，第1057—1058页。亦见《梁启超全集》，第6219—6220页。齐全按，《梁启超年谱长编》标其日为“民国十四年（1925）9月20日”。《梁启超全集》则标注为“9月21日”。

③ 本书所附此信系节录，其原文见《梁启超全集》，第6220—6221页。

④ 本书所附此信系节录，其原文见《梁启超年谱长编》，第1059页。亦见《梁启超全集》，第6221页。

经过这几天剧烈的悲悼，以后便刻意将前事排去，决不更伤心，你们放心罢。

祭文本来该焚烧的，我想读一遍，你妈妈已经听见，不如将原稿交你保存（将来可装成手卷）。你和庄庄读完后，立刻钞［抄］一份寄成、永传观，（《晨报》已将稿钞［抄］去，如已登出，成、永便得见，不必再钞了。10月3日补写）过些日子我有空还打算另写一份寄思成。葬礼一切都预备完成了。

1925年10月3日　致梁思顺　梁思成　梁思永　梁思庄[①]

我的祭文也算我一生好文章之一了。情感之文极难工，非到情感剧烈到沸点时，不能表现他（文章）的生命，但到沸点时又往往不能作文。即如去年初遭丧时，我便一个字也写不出来。这篇祭文，我做了一天，慢慢吟哦改削，又经两天才完成。虽然还有改削的余地，但大体已很好了。其中有几段，音节也极美，你们姊弟和徽因都不妨熟诵，可以增长性情。

1925年11月9日　致孩子们[②]

我对于政治上责任固不敢放弃（近来愈感觉不容不引为己任），故虽以近来讲学，百忙中关于政治上的论文和演说也不少（你们在《晨报》和《清华周刊》上可以看见一部分），但时机总未到，现在只好切实下预备工夫便了。

1925年12月27日　致梁思成[③]

第一、你要自己十分镇静，不可因刺激太剧，致伤自己的身体。因为一年以来，我对于你的身体，始终没有放心，直到你到阿图利后，姊姊来信，我才算没有什么挂虑。现在又要挂虑起来了，你不要令万里外的老父为着你寝食不宁，这是第一层；徽因遭此惨痛，惟一的伴侣，惟

---

① 本书所附此信系节录，其原文见《梁启超年谱长编》，第1059—1063页。亦见《梁启超全集》，第6221—6223页。

② 同上书，第1063—1065页。亦见《梁启超全集》，第6223—6224页。

③ 同上书，第1067—1068页。亦见《梁启超全集》，第6224—6225页。

一的安慰，就只靠你。你要自己镇静着，才能安慰她，这是第二层。

第二、这种消息，谅来瞒不过徽因。万一不幸，消息若确，我也无法用别的话解劝她，但你可以传我的话告诉她：我和林叔的关系，她是知道的，林叔的女儿，就是我的女儿，何况更加以你们两个的关系。我从今以后，把她和思庄一样的看待她，在无可慰藉之中，我愿意她领受我这种十二分的同情，渡过她目前的苦境。她要鼓起勇气，发挥她的天才，完成她的学问，将来和你共同努力，替中国艺术界有点贡献，才不愧为林叔叔的好孩子。这些话你要用尽你的力量来开解他。

人之生也，与忧患俱来，知其无可奈何，而安之若命。你们都知道我是感情最强烈的人，但经过若干时候之后，总能拿出理性来镇住他，所以我不致受感情牵动，糟蹋我的身子，妨害我的事业。这一点你们虽然不容易学到，不可不努力学学。

1926 年 1 月 5 日　致梁思成①

天下大乱之时，今天谁也料不到明天的事，只好随遇而安罢了。你们现在着急也无益，只有努力把自己学问学够了回来，创造世界才是。

1926 年 2 月 9 日　致孩子们②

我的病还是那样，前两礼拜已见好了。王姨去天津，我便没有去看。又很费心造了一张《先秦学术年表》，于是小便又再红起来，被克礼很抱怨一会，一定要我去住医院，没奈何只得过年后去关几天。朋友们都劝我在学校里放一两个月假，我看住院后如何再说。其实我这病一点苦痛也没有，精神体气一切如常，只要小便时闭着眼睛不看，便什么事都没有，我觉得殊无理会之必要。

庄庄放假后进皇后大学最好。全家都变成美国风，实在有点讨厌，所以庄庄能在美国以外的大学一两年，是最好不过的。

---

① 本书所附此信系节录，其原文见《梁启超年谱长编》，第 1069—1071 页。亦见《梁启超全集》，第 6225—6226 页。

② 同上书，第 1071—1072 页。亦见《梁启超全集》，第 6226 页。

1926 年 2 月 18 日　**致孩子们**[①]

孩子们：

我从昨天起被关在医院里了。看这神气，三、两天内还不能出院，因为医生还没有找出病源来。我精神奕奕，毫无所苦。医生劝令多仰卧，不许用心，真闷杀人（以上正月初四写）……

庄庄成绩如此，我很满足了。因为你原是提高一年，和那按级递升的洋孩子们竞争，能在 37 人考到第 16，真亏你了。好乖乖，不必着急，只须用相当的努力便好了。

寄过两回钱，共 1500 元，想已收。日内打算再汇 2000 元。大约思成和庄庄本年费用总够了。思永转学后谅来总须补助些，需用多少，即告我。徽因本年需若干，亦告我，当一齐筹来。

庄庄该用的钱就用，不必太过节省。爹爹是知道你不会乱花钱的，再不会因为你用钱多生气的。思成饮食上尤不可太刻苦。前几天见着君劢的弟弟，他说思成像是滋养品不够，脸色很憔悴。你知道爹爹常常记挂你，这一点你要令爹爹安慰才好。

徽因怎么样？我前月有很长的信去开解她，我盼望她能领会我的意思。“人之生也，与忧患俱来，知其无可奈何，而安之若命”是立身第一要诀。思成、徽因性情皆近狷（juàn）急，我深怕他们受此刺激后，于身体上精神上皆生不良的影响。他们总要努力镇摄自己，免令老人耽心才好。

我这回的病总是太大意了，若是早点医治，总不至如此麻烦。但病总是不要紧的，这信到时，大概当已全愈了。但在学堂里总须放三、两个月假，觉得有点对不住学生们罢了。

1926 年 2 月 27 日　**致孩子们**[②]

前两天徽因有电来。……我看她的叔叔很好，一定能令她母亲和她弟妹都得所。她还是令她自己学问告一段落为是。

---

① 本书所附此信系节录，其原文见《梁启超年谱长编》，第 1072—1073 页。亦见《梁启超全集》，第 6227 页。

② 同上书，第 1073—1075 页。亦见《梁启超全集》，第 6228 页。

却是思成学课怕要稍为变更。他本来想思忠学工程，将来和他合作。现在忠忠既走别的路，他所学单纯是美术建筑，回来是否适于谋生，怕是一问题。我的计画［划］，本来你们姐妹弟兄个个结婚后都跟着我在家里三几年，等到生计完全自立后，再实行创造新家庭。但现在情形，思成结婚后不能不迎养徽因之母，立刻便须自立门户，这便困难多了。所以生计问题，刻不容缓。我从前希望他学都市设计，只怕缓不济急。他毕业后转学建筑工程何如？我对专门学科情形不熟，思成可细细审度（shěn duó），回我一信。

我所望于思永、思庄者，在将来做我助手。第一件，我做的中国史非一人之力所能成，望他们在我指导之下，帮我工作。第二件，把我工作的结果译成外国文。永、庄两人当专作这种预备。

1926 年 3 月 10 日　致孩子们①

大孩子、小孩子们：

贺寿的电报接到了，你们猜我在哪里接到？乃在协和医院 304 号房。你们猜我现在干什么？刚被医生灌了一杯萆（bì）麻油，禁止吃晚饭。活到 54 岁，儿孙满前，过生日要挨饿，你们说可笑不可笑。

（baby：你看！公公不信话，不乖乖过生日还要吃泻油，不许吃东西哩！）

我想做一首诗，唱唱这段故事，但做来做去做不好，算了罢。过用心思，又要受王姨娘们唠叨了。

我这封信写得最有趣，是坐在病床上用医院吃饭用的盘当桌子写的，我发明这项工具，过几天可以在病床上临帖了……

诊断情形，你二叔们当陆续有详细报告，不消我说了。我写这封信，是要你们知道我的快活顽皮样子。（昨晚院中各科专门医生分头来检查我的身体，各部分都查到了，都说：50 岁以上的人体子如此结实，在中国是几乎看不见第二位哩）

正月二十六日　不知阳历是何日

爹爹

---

① 本书所附此信系节录，其原文见《梁启超年谱长编》，第 1075—1076 页。亦见《梁启超全集》，第 6229 页。

1926年6月5日　致梁思顺[1]

总而言之，受术后十天，早已和无病人一样，现在做什么事情，都有兴致，绝不疲倦，一点钟以上的演讲已经演过几次了。七叔、王姨们初时屡屡警告，叫我“自己常常记得还是个病人”。近来他们看惯了，也疲了，连他们也不认我还是病人了。

蹇季常、张君劢们极力劝我在清华告假一年，这几天不停的唠叨我。他们怕一开课后我便不肯休息，且加倍工作，我说我令自己节制，他们都不相信。但是我实在舍不得暂离清华，况且我实际上已经无病了。我到底不能采用他们的建议。总之，极力节制，不令过劳便是。你们放心罢。

由天津电汇4000元，想已收。一半是你们存款、一半给思庄们学费，你斟酌着分给他们。思成在费城，今年须特别耗费，务令他够用，不至吃苦。思永也须贴补点，为暑假旅行及买书等费。

思庄考得怎样，能进大学固甚好，即不能也不必着急，日子多着哩。我写的一幅小楷，装上镜架给她做奖品，美极了，但很难带去，大概只好留着等她回来再拿了。

许久没有写信给成、永们，好在给你的信，他们都会看见的。

老白鼻会唱葡萄美酒了，真乖得好顽［玩］。

1926年6月11日　致梁思顺[2]

你们不愿意调任及调部也是好的，知足不辱，知止不殆，只要不至冻馁，在这种半清净半热闹的地方，带着孩子们读书最好。几个孙子叫他们尝尝寒素风味，实属有益。试拿他们在菲律宾过的生活和你们在日本时比较，实在太过分了。若再调到热带殖民地去，多几个钞有什么用处呢。

---

① 本书所附此信系节录，其原文见《梁启超年谱长编》，第1078—1080页。亦见《梁启超全集》，第6230—6231页。

② 本书所附此信系节录，其原文见《梁启超全集》，第6231页。

1926年9月4日　致孩子们[①]

庄庄多走些地方（独立的），多认识些朋友，性质格外活泼些，甚好甚好。但择交是最要紧的事，宜慎重留意，不可和轻浮的人多亲近。庄庄以后离开家庭渐渐的远，要常常注意这一点。大学考上没有？我天天盼这个信，谅来不久也到了。

1926年9月14日　致孩子们[②]

孩子们：

我本月6日入京，7日到清华，8日应开学礼讲演。当日入城，在城中住五日，13日返清华。王姨奉细婆亦以是日从天津来，我即偕同王姨、阿时、老白鼻同到清华。此后每星期大抵须在城中两日，余日皆

---

① 本书所附此信系节录，其原文见《梁启超年谱长编》，第1086—1087页。亦见《梁启超全集》，第6230—6231页。

② 本书所附此信系节录，其原文见《梁启超年谱长编》，第1087—1091页。亦见《梁启超全集》，第6234—6236页。齐全按，在此信中，梁启超先生对协和医院误诊及手术之误有所提及——若干年后证明果真如尔。医疗事故后，陈西滢、徐志摩等即为梁氏的“白丢腰子”（徐志摩语）向协和医院兴问罪之师，这样，在《现代评论》与《晨报副镌（juān）》上就引发了一场声势不小的争论。当然，徐志摩等的理由亦很鲜明：“我们并不完全因为梁先生是梁先生所以特别提出讨论”，问题的症结更在于——“我们病了怎么办？”而尖酸刻薄的鲁迅则甩出一句：“自从西医割掉了梁启超的一个腰子以后，责难之声就风起云涌了，连对于腰子不很有研究的文学家也都‘仗义执言’”（见中国文史出版社2002年版《鲁迅选集》第3卷第183页）。在一片讨伐协和医院的舆论声浪中，梁启超却站出来为协和说话。他公开发表《我的病与协和医院》一文，其对协和“带半辩护的性质”（梁启超语）。大度的梁启超要求言论界“对于协和常常取奖进的态度，不可取摧残的态度”，在他看来，“科学呢，本来是无涯涘（yá sì）的。……我们不能因为现代人科学智识还幼稚，便根本怀疑到科学这样东西。即如我这点小小的病，虽然诊查的结果，不如医生所预期，也许不过偶然例外。……我盼望社会上，别要借我这回病为口实，生出一种反动的怪论，为中国医学前途进步之障碍。——这是我发表这篇短文章的微意。”（文见《〈饮冰室合集〉集外文》第999—1001页。）——善良而固执的梁启超最终逝于协和医院。悲哉，天之将丧斯文其何如哉！林洙编《梁启超家书》最后一页加注文云：“梁启超先生因患肾结核便血多年，由协和医院诊断决定切除被结核菌坏死的一侧肾。由当时医学界权威林某主刀。不幸医生竟把左右侧弄错了，把完好的一侧肾切除，把坏死的一侧肾留下了。因这一特大医疗事故对医生及协和均有极大影响，故严加保密，直至林某去世后，才真相大白，并在医学教科书中，将如何识别左右肾写入教材中。直至1971年梁思成在北京医院住院期间，才由他的主治医师任松梅大夫处知道了父亲真正的死因。”见中国青年出版社2009年版第253页。此说同林洙于2002年所著之《梁思成》一书在文字上稍有异处。其最大不同点在于“主刀医师是院长刘瑞恒”句（参见河北教育出版社2002年版第37页）。

在清华。北陵2号之屋（日内将迁居1号）只四人住着，很清静。

此后严定节制，每星期上堂讲授仅2小时，接见学生仅8小时，平均每日费在学校的时刻，不过1小时多点。又拟不编讲义，且暂时不执笔属（zhǔ）文，决意过半年后再作道理……

但最近于清华以外，忽然又发生一件职务，令我欲谢而不能，又已经答应了。这件事因为这回法权会议的结果，意外良好，各国代表的共同报告书，已承诺撤回领事裁判权，只等我们分区实行。但我们却有点着急了，不能不加工努力。现在为切实预备计，立刻要办两件事：一是继续修订法律，赶紧颁布；二是培养司法人才，预备“审洋鬼子”。头一件要王亮俦担任。第二件要我担任（名曰司法储才馆）。我入京前一礼拜，亮俦和罗钧任几次来信来电话，催我入京。我到京一下车，他们俩便跑来南长衔，不由分说，责以大义，要我立刻允诺。这件事关系如此重大，全国人渴望已非一日，我还有甚么话可以推辞，当下便答应了。现在只等法权会议签字后（本礼拜签字），便发表开办了。经费呢每月有万余元，确实收入可以不必操心。（在关税项下每年拨十万元，学费收入约四万元）但创办一学校事情何等烦重，在静养中当然是很不相宜；但机会迫在目前，责任压在肩上，有何法逃避呢？好在我向来办事专在“求好副手”。上月工夫我现在已得着一个人替我全权办理，这个人我提出来，亮俦、钧任们都拍手，谅来你们听见也大拍手。其人为谁？林宰平便是。他是司法部的老司长，法学湛深，才具开展，心思致密，这是人人共知的。他和我的关系，与蒋百里、蹇季常相仿佛，他对于我委托的事，其万分忠实，自无待言。储才馆这件事，他也认为必要的急务，我的身体要静养，又是他所强硬主张的，（他屡主张我在清华停职一年）所以我找他出来，他简直无片词可以推托。政府原定章程，是“馆长总揽全馆事务”。我要求增设一副馆长，但宰平不肯居此名，结果改为学长兼教务长。（当时情形实不能不代任筹办事，而学长及教务长名义上不愿居，及开馆期迫，商请余樾园①兄出任学长兼教务长，饮冰亦赞成，此事遂告解决。②）

---

① 齐全按，北京出版社1999年版《梁启超全集》余樾园多作余越园，错。亦有林徽因、林徽音相混者。

② 括号中此段文字系林志钧原注。齐全按，余樾园任职事，参见本书后附“1927年1月27日致孩子们”条。

你二叔当总务长兼会计。我用了这两个人，便可以“卧而治之”了。初办时教员职员之聘任，当然要我筹划，现在亦已大略就绪。教员方面因为经费充足，兼之我平日交情关系，能网罗第一等人才，如王亮俦、刘崧生等皆来担任功课，将来一定声光很好。职员方面，初办时大大小小共用20人内外，一面为事择人，一面为人择事，你15舅和曼宣都用为秘书（月薪百六十元，一文不欠），乃至你姑丈（60元津贴）及黑二爷（25元）都点缀到了。藻孙若愿意回北京，我也可以给他200元的事去办。（我比较撙zǔn节的制成个预算，每月尚敷余3千至4千）大概这件事我当初办时，虽不免一两月劳苦，以后便可以清闲了。你们听见了不必忧虑。（这一两个月却工作不轻，研究院新生有30余人，加以筹划此事，恐对于伍连德①的话，须缓期实行）

做首长的人，“劳于用人而逸于治事”，这句格言真有价值。我去年任图书馆长以来，得了李仲揆（kuí）及袁守和任副馆长及图书部长，外面有范静生②替我帮忙，我真是行所无事。我自从入医院后（从入德医院起）从没有到馆一天，忠忠是知道的。这回我入京到馆两个半钟头，他们把大半年办事的纪录和表册等给我看，我于半年多大大小小的事都了然了。真办得好，真对得我住！杨鼎甫、蒋慰堂二人从7月1日起到馆，他们在馆办了两个月事，兴高采烈，觉得全馆朝气盎然，为各机关所未有，虽然薪水微薄，（每人每月百元）他们都高兴得很。我信得过宰平替我主持储才馆，（亮俦在外面替我帮忙也和范静生之在图书馆差不多）将来也是这样。

1926年9月17日 致梁思顺③

我的信有令你们难过的话吗？谅来那几天忠忠正要动身，有点舍不

---

① 伍连德（1879—1960），字星联，祖籍广东新宁（今台山县）。公共卫生学家，中国检疫、防疫事业之先驱。他先后主持兴办检疫所、医院、研究所共20所，还创办了哈尔滨医学专门学校（哈尔滨医科大学前身）。梁启超回顾晚清至民国50年历史，曾感慨道：“科学输入垂50年，国中能以学者资格与世界相见者，伍星联博士一人而已！”

② 范静生（1875—1927），即范源濂，湖南湘阴人，乃梁启超得意门生。戊戌政变，逃亡日本，先后在日本大同学校、东京高等师范学校学习。三度出任过中华民国教育总长（1912—1920）。曾为创建南开大学做出重大贡献。

③ 本书所附此信系节录，其原文见《梁启超年谱长编》，第1091—1093页。亦见《梁启超全集》，第6236—6237页。

得，又值那几天病最厉害，（服天如药以前，小便觉有点窒塞）所以不知不觉有些感慨的话，其实我这个人你们还不知道吗？我有什么看不开，小小的病何足以灰我的心，我现在早已兴会淋漓的做我应做的工作了。你们不信，只要问阿时便知道了。

我现在绝对的不要你回来，即便这点小病未愈，也不相干，何况已经完好了呢。你回来除非全眷回来，不然隔那么远，你一心挂两路，总是不安。你不安，我当也不安，何必呢！现在几个孙子已入学校，若没有别的事，总令他们能多继续些时候好……

我倒要问你一件事。一个月前我在报纸上看见一段新闻，像是说明年在加拿大召开万国教育大会，不知确否？你可就近一查。若确，那时我决定要借这名目来一趟，看看我一大群心爱的孩子。你赶紧去查明，把时日告诉我，等我好预备罢。

我现在新添了好些事情：司法储才馆和京师图书馆，（去年将教育部之旧图书馆暂行退还不管，现在我又接过来）好在我有好副手替我办，储才馆托给林宰平，你二叔帮他。旧图书馆托给罗孝高，何澄一帮他。我总其大成，并不劳苦。我一天还是在清华过我的舒服日子。

1926 年 9 月 26 日　致孩子们①

今日二叔寄来 24 日来电，属（zhǔ）电汇学费 600 元，今日星期明晨即办汇美金 600，大约须廿七八乃能收到也。计日期忠忠早已到，你们姊弟兄妹想都欢会过，现在分途上学去了。这电大约是庄庄决定留美之结果，我看着很喜欢，但也有点惦念，喜欢是我的庄庄居然入大学了，惦念是她完全离开家庭，一个小女孩子孤孤另另怪可怜的。庄庄，你以后每月务须有一封回家来报告你日常生活情形，免得家人悬望。饮食最要当心，若有点不舒服，便立刻请医生，万不可惹出病来，交朋友最当谨慎，一切事都常常请姊姊哥哥们当顾问，我就放心了。

---

① 本书所附此信系节录，其原文见《梁启超全集》，第 6237 页。

1926年9月29日　致孩子们[①]

我最喜欢的是庄庄居然进了大学了。尤其喜欢是看你们姊弟兄妹们来往信，看出那活泼样子。我原来有点怕，庄庄性情太枯寂（kū jì）些，因为你妈妈素来管得太严；她又不大不小夹在中间，挨着我的时候不多，——不能如老白鼻的两亲家那样——所以觉得欠活泼。这一来很显出青年的本色，我安慰极了。

回加进大学，当然好极了。我前次信说赞成留美，不过怕顺儿们有调时，她太寂寞。其实这也不相干。满地可我也到过，离坎（加）素极近，暂时我大大放心了。过得一两年，年纪更长大，当然不劳我挂念了。我很不愿意全家变成美国风。在坎（加）毕业后往欧洲入研究院，是最好不过的。……今年我不编讲义（叫周传儒笔记，记得极好，你们在周刊上可以看见。）工夫极轻松。每星期只上讲堂两点钟，在研究室接见学生五点钟（私宅不许人到）。我从来没有过这样清闲。我恪守（kè shǒu）伍连德的忠告，决意等半年后完全恢复，再行自由工作。

1926年10月4日　致孩子们[②]

孩子们：

我昨天做了一件极不愿意做之事，去替徐志摩证婚。他的新妇是王受庆[③]夫人，与志摩恋爱上，才和受庆离婚，实在是不道德之极。我屡次告诫志摩而无效。胡适之、张彭春[④]苦苦为他说情，到底以姑息志摩之故，卒徇其请。我在礼堂演说一篇训词，大大教训一番，新人及满堂宾客无一个不失色，此恐是中外古今所未闻之婚礼矣。今把训词稿子寄给你们一看。青年为感情冲动，不能节制，任意决破礼防的罗网，其实

---

① 本书所附此信系节录，《梁启超年谱长编》第1093—1094页有该信较详尽摘录。其原文见《梁启超全集》，第6238—6239页。

② 本书所附此信原文见《梁启超年谱长编》，第1094—1095页。亦见《梁启超全集》，第6239页。

③ 王受庆（1895—1942），即王赓，江苏无锡人，职业军人。1925年底，解除与陆小曼维持了4年的婚姻，时陆小曼23岁。

④ 张彭春（1892—1957），字仲述，天津人，中国教育家、外交家。张伯苓胞弟。

乃是自投苦恼的罗网，真是可痛，真是可怜！徐志摩这个人其实聪明，我爱他不过，此次看着他陷于灭顶，还想救他出来，我也有一番苦心。老朋友们对于他这番举动无不深恶痛绝，我想他若从此见摈（bìn）于社会，固然自作自受，无可怨恨，但觉得这个人太可惜了，或者竟弄到自杀。我又看着他找得这样一个人做伴侣，怕他将来苦痛更无限，所以想对于那个人当头一棒，盼望她能有觉悟（但恐甚难），免得将来把志摩累死，但恐不过是我极痴的婆心便了。闻张歆海[①]近来也很堕落，日日只想做官，（志摩却是很高洁，只是发了恋爱狂——变态心理——变态心理的犯罪）此外还有许多招物议之处，我也不愿多讲了。品性上不曾经过严格的训练，真是可怕，我因昨日的感触，专写这一封信给思成、徽因、思忠们看看。

1926 年 10 月 14 日　致孩子们[②]

美洲我是时时刻刻都想去的，但这一年内能否成行，仍是问题。因为新近兼兜揽（dōu lǎn）着两件事，京师图书馆（重新接收过来）、司法储才馆都是创办，虽然有好帮手，不复甚劳，但初期规划仍是我的责任，我若远行，恐怕精神涣散，难有成绩，且等几个月后情形如何再说。又欲筹游费，总须借个名目，若自己养病玩耍，却不好向任何方面要钱，所以我很想打听明年的万国教育会是否开在阿图和，若是在暑假期间开，我无论如何总要想法来一趟的。

1926 年 10 月 19 日　致孩子们[③]

我这几天忙得要命，两个机关正在开办，还有两位外宾，一位日本清浦子爵（前首相，旧熟人），一位瑞典皇太子。（考古学者）天天演说宴会，再加上学校功课，真是不了。每天跑进城，又跑回校，替汽车油房

---

① 张歆海（1898—1972），字叔明，浙江海盐人。1932 年任外交部欧美司司长。1933 年任驻葡萄牙公使。1934 年改任驻波兰公使，兼任驻捷克斯洛伐克公使。同年 10 月专任驻波兰公使。1936 年 12 月去职。1941 年携全家到美国定居。1972 年，张氏夫妇在考察东南亚归途中到香港，又转上海，12 月 6 日，病逝于上海。

② 本书所附此信系节录，引文见《梁启超年谱长编》，第 1095 页。其原文见《梁启超全集》，第 6240 页。

③ 同上书，第 1096 页。其原文见《梁启超全集》，第 6240 页。

做生意。但我精神极旺盛，一点也不觉疲劳。晚上还替松坡图书馆卖字，自己又临帖临出瘾。天天被王姨唠叨，逼着去睡。现在她又快来捣乱了，只得不写了。

1926年10月22日 致孩子们[①]

孩子们：

前天接着你们由费城来的杂碎信和庄庄进大学后来的信，真正高兴。

你们那种活泼亲热样子活现在纸上，我好容易细细研究算是把各人的笔迹勉强分别出来了，但是许多名词还不很清楚，只得当作先秦古书读。“心知其意”，“于其所不知，盖阙如也。”

1926年12月10日 致梁思永[②]

得11月7日信，喜欢之极。李济之[③]现在山西乡下（非陕西），正采掘得兴高采烈，我已立刻写信给他，告诉以你的志愿及条件，大约十日内外可有回信。我想他们没有不愿意的，只要能派你实在职务，得有实习机会，盘费食住费等等都算不了什么大问题，家里景况，对于这点钱还担任得起也。你所问统计一类的资料，我有一部分可以回答你，一部分尚须问人。我现在忙极，要过十天半月后再回你，怕你悬望，先草草回此数行。我近来真忙，本礼拜天天有讲演，（城里的学生因学校开不了课，组织学术讲演会，免不了常去讲演）又著述之兴不可遏（è），已经动手执笔了（半月来已破戒亲自动笔）。还有司法储才馆和国立图书馆都正在开办，越发忙的要命。

1926年12月20日 致孩子们[④]

我近来因为病已全愈，一切照常工作，渐渐忙起来了。新近著成一

---

① 本书所附此信系节录，其原文见《梁启超全集》，第6241页。

② 本书所附此信系节录，引文见《梁启超年谱长编》，第1099—1100页。其原文见《梁启超全集》，第6241页。

③ 即李济（1896—1979），字受之，后改济之。湖北钟祥郢中人。人类学家、中国现代考古学家、中国考古学之父。

④ 本书所附此信系节录，《梁启超年谱长编》第1100—1101页有其部分引文。其原文见《梁启超全集》，第6242页。

书，名曰《王阳明知行合一之教》，约 4 万余言，印出后寄给你们读。

前两礼拜几乎天天都有讲演，每次短者一点半钟，多者继续至三点钟，内中有北京学术讲演会所讲 3 次，地点在前众议院（法大第一院），听众充满全院（约 4 千人），在大冷天并无火炉（学校穷，生不起火），讲时要很大声，但我讲了几次，病并未发，可见是全愈了。

思庄近来还常常想家吗？我看你的来信及你给姊姊的信最高兴。我最希望你特别注重法文，将来毕业后最少也留法一年，你愿意吗？

思忠来信叙述入学后情形，我和你娘娘都极为高兴。你既学政治，那么进团体是免不了的，我一切不干涉你，但欲意你十分谨慎，须几经考虑后方可加入。在加入前先把情形告诉我，我也可以做你的顾问。

1927 年 1 月 2 日　致孩子们①

思成信上说徽因二月间回国的事，我一月前已经有信提过这个事，想已收到。徽因回家看她娘娘一趟，原是极应该的，我也不忍阻止，但以现在情形而论，福州附近很混乱，交通极不便，有好几位福建朋友们想回去，也回不成。最近三几个月中，总怕恢复原状的希望很少，若回来还是蹲（dūn）在北京或上海，岂不更伤心吗？况且她的娘，屡次劝她不必回来，我想还是暂不回来的好。至于清华官费若回来考，我想没有考不上的。过两天我也把招考章程叫他们寄去，但若打定主意不回来，则亦用不着了。

思永回国的事，现尚未得李济之回话。济之（三日前）已经由山西回到北京了，但我刚刚进城去，还没有见着他。他这回采掘大有所获，捆载了 75 箱②东西回来，不久便在清华考古室（今年新成立）陈列起来了，这也是我们极高兴的一件事。思永的事我本礼拜内准见着他，下次的信便有确答……

司法储才馆下礼拜便开馆，以后我真忙死了，每礼拜大概要有三天住城里。清华功课有增无减，因为清华寒假后兼行导师制，（这是由各教授

---

① 本书所附此信系节录，其原文见《梁启超年谱长编》，第 1005—1108 页。亦见《梁启超全集》，第 6243—6244 页。

② 齐全按，后文作“76 箱”。参见“1927 年 1 月 10 日致梁思永”条。

自愿的，我完全不理也可以，但我不肯如此。）每教授担任指导学生 10 人，大学部学生要求受我指导者已 16 人，我不好拒绝。又在燕京担任有钟点，（燕京学生比清华多，他们那边师生热诚恳求我，也不好拒绝）真没有一刻空闲了。但我体质已完全复原，两个月来旧病完全不发，所以很放心工作去。

上月为北京学术讲演会作 4 次公开的讲演，讲坛在旧众议院，每次都是满座，连讲两三点钟，全场肃静无哗，每次都是距开讲前一两点钟已经人满。在大冷天气，火炉也开不起，而听众如此热诚，不能不令我感动。我常感觉我的工作，还不能报答社会上待我的恩惠……

老白鼻一天一天越得人爱，非常聪明，又非常听话，每天总逗我笑几场。他读了十几首唐诗，天天教他的老郭念，刚才他来告诉我说："老郭真笨，我教他念：'少小离家'，他不会念，念成乡音无改把猫摔"，（他一面说一面抱着小猫就把那猫摔下地，惹得哄堂大笑）他念："两人对酌（zhuó）山花开，一杯一杯又一杯，我醉欲眠君且去，明朝有意抱琴来。"总要我一个人和他对酌，念到第三句便躺下，念到第四句便去抱一部书当琴弹。诸如此类每天趣话多着哩。

1927 年 1 月 10 日　**致梁思永**[①]

思永读：

今天李济之回到清华，我给他商量你归国事宜，那封信也是昨天从山西打回头他才接着，怪不得许久没有回信。

他把那 76 箱成绩平平安安运到本校，陆续打开，陈列在我们新设的考古室了。今天晚上他和袁复礼[②]（是他同伴学地质学的）在研究院茶话会里头作长篇的报告演说，虽以我们门外汉听了，也深感兴味。他们演说里头还带着讲"他们两个人都是半路出家的考古学者，（济之是学人类学的）真正专门研究考古学的人还在美国——梁先生之公子"。我听了替你高兴又替你惶恐，你将来如何才能当得起"中国第一位考古专门学者"，这个名誉总要非常努力才好。

---

① 本书所附此信原文见《梁启超全集》，第 6244—6245 页。

② 袁复礼（1893—1987），字希渊，河北徐水县人。中国地貌学及第四纪地质学之先驱，从事地质教育，培养了几代地质人才，乃中国地质学会创始会员之一。

他们这回意外的成绩，真令我高兴。他们所发掘者是新石器时代的石层，地点在夏朝都城——安邑的附近一个村庄发掘得的东西略分为三大部分，（一）陶器，（二）石器，（三）骨器。此外，他们最得意的是得着半个蚕茧（cán jiǎn），证明在石器时代已经会制丝。其中陶器花纹问题最复杂，这几年来瑞典人安迪生在甘肃、奉天发掘的这类花纹的陶器，力倡中国文化西来之说，自经这回的发掘，他们想翻这个案。

最高兴的是，这回所得的东西完全归我们所有（中华民国的东西暂陈设在清华），美国人不能搬出去，将来即以清华为研究的机关，只要把研究结果报告美国那学术团体便是，这是济之的外交手段高强，也是因为美国代表人卑士波到中国三年无从进行，最后非在这种条件之下和我们合作不可，所以只得依我们了。这回我们也很费点事，头一次去算是失败了，第二次居然得意外的成功。（听说美国国务院总理还有电报来贺卑士波成功哩）

他们所看定采掘的地方，开方八百亩，已经采掘的只有三分——一亩十分之三——竟自得了76箱，倘若全部掘完，只怕故宫各殿的全部都不够陈列了。以考古学家眼光看中国遍地皆黄金，可惜没有人会检真是不错。

关于你回国一年的事情，今天已经和济之仔细商量。他说可采掘的地方是多极了。但是时局不靖（jìng），几乎寸步难行，不敢保今年秋间能否一定有机会出去，即如山西这个地方，本来可继续采掘，但几个月后更遂如何，谁也不敢说。还有一层采掘如开矿一样，也许失败，白费几个月功夫，毫无所得。你老远跑回来或者会令你失望。但是有一样，现在所掘得76箱东西整理研究便须莫大的工作，你回来后看时局如何，（还有安迪生所掘得的有一部分放在地质调查所中也要整理）若可以出去，他便约你结伴，若不能出去，你便在清华帮他整理研究，两者任居其一也，断不至白费这一年光阴云云，你的意思如何？据我看是很好的。回来后若不能出去，除在清华做这种工作外，我还可以介绍你去请教几位金石家，把中国考古学的常识弄丰富一点，再往美两年，往欧一两年，一定益处更多。（城里头几个博物院你除看过武英殿外，故宫博物院、历史博物馆，都是新近成立或发展的，回来实地研究所益亦多）

关于美国团体出川资或薪水这一点，我和济之商量，不提为是。因为这回和他们订的条件是他们出钱我们出力，东西却是全归我们所有。所以这两次出去一切费用由他们担任，惟济之及袁复礼却是领学校薪俸，不是他们的雇佣，将来我们利用他这个机关的日子正长，犯不着贬低身份，受他薪水。别人且然，何况你是我的孩子呢？只要你决定回来，这点来往盘费，家里还拿得出，我等你回信便立刻汇去。

至于回来后，若出去便用他的费用，若在清华便在家里吃饭，更不成问题了。

我们散会已经11点钟。这封信第二页以下都是点洋蜡写的，因为极高兴，写完了才睡觉，别的事都改日再说罢。济之说要直接和你通信，已经把你的信封要去，想不日也到。

1927年1月18日至26日　致孩子们①

孩子们：

前几天替思顺垫出三个月留支750寄去，想已收。今日叫银行再汇美金500元，（已去买汇票，两三天内寄）给思庄本学期学费，成、永们要零用，就随时分些去。过三几个月再寄些来便是……

思永回国一年，我极赞成，前信已详细说过。现在思成离开彭大，又发生回国与否的问题。这问题要分两点讨论：第一是回来后于学业进益有无帮助，若为看中国旧建筑起见，恐怕除了北京外，很少地方可以通行；若为看些中国美术品倒还可以（故宫博物馆可看的较多）；若欲做什么工程，怕不是时候，我也不愿你如此速成，谅来你更是不愿的。第二是徽因回来与否的问题，这话我连两信都曾提起，就怕是回不了福州，她心里更难过，这件事请你们细细斟酌罢。若不回来，为什么不径转学校，要做一年工干什么呢？若有别种理由便再商量，若专为学费问题——为徽因学费问题，那末我本来预备3000元在这里，因为你们勉强支持得住，故留起作留欧之用，若要用时，只要来信我便寄去……

我一个礼拜没有回学校，昨天回来，学生围绕着，忙个不了，还有

① 本书所附此信系节录，《梁启超年谱长编》第1009—1113页有其详尽引文。其原文见《梁启超全集》，第6246—6248页。

好几篇文章等着要做，这封信不赶紧写完，恐怕又要耽搁多少天才能发了，所以抽空再写几句寄去……

司法储才馆已经开学了，余樾园任学长，（本来是林宰平，宰平谓治事之才彼不如樾园，故让之[①]）等于副馆长。学生220余人，青年居多，尚可造就，但英文程度太低，而本馆为收回法权预备起见，特注重此点。现在经甄别（zhēn bié）后特设英文专班，能及格者恐不满50人，此为令我最失望之一端。我自己每星期六下午担任一堂功课，题目为《人生哲学》。此外每星期五六两日，各有两点钟为接见学生时期，我的时间费在此馆者大约如此……

现在我要做的事在编两部书，一是《中国图书大辞典》，预备一年成功。二是《中国图书索引》，预备五年成功。两书成后，读中国书真大大方便了。关于编这两部书，我要放许多心血在里头才能成。尤其是头一年训练出能编纂（zuǎn）的人才，非我亲自出马不可。

现在清华每日工作不轻，又加以燕大，再添上这两事，真够忙了。但我兴致勃勃，不觉其劳。

通例上年纪的人睡眠较少，我却是相反，现在每日总要酣（hān）睡八个钟头，睡足了便精神焕发，思成说对于我的体子[②]有绝对信仰，我想这种信仰是不会打破的。

1927年1月27日　致孩子们[③]

孩子们：

昨天正寄去一封长信，今日又接到（内夹成、永信）思顺12月27日、思忠22日信。前几天正叫银行待金价稍落时汇五百金去，至今未汇出，得信后立刻叫电汇，大概总够得上交学费了。

寄留支已汇去，三个月的750元，想早已收到……

大抵凡关于个人利害的事只是“随缘”最好。若勉强倒会出岔子，希哲调新加坡时，若不强留那一年，或者现在还在新加坡任上，也未可

---

① 参见本书前附“1926年9月14日致孩子们”条。

② 体子，身体。

③ 本书所附此信系节录，《梁启超年谱长编》第1113—1115页有其引文。其原文见《梁启超全集》，第6248—6249页。

知。这种虽是过去的事，然而经一事长一智，正可作为龟鉴。所以我也不想多替你们强求。若这回二五附加税项下使馆经费能够有着落，便在冷僻地方——人事不争的多蹲一两年也未常［尝］不好。

顺儿着急和愁闷是不对的，到没有办法时一卷起铺盖回国，现已打定这个主意，便可心安理得。凡着急愁闷无济于事者，便值不得急他愁他，我向来对于个人境遇都是如此看法。顺儿受我教育多年，何故临事反不得力，可见得是平日学问没有到家。你小时候虽然也跟着爹妈吃过点苦，但太小了，全然不懂。及到长大以来，境遇未免太顺了。现在交这种困难境遇正是磨炼身心最好机会，在你全生涯中不容易碰着的，你要多谢上帝玉成的厚意，在这个档口做到“不改其乐”的工夫才不愧为爹爹最心爱的孩子哩。

忠忠的信很可爱，说的话很有见地，我在今日若还不理会政治，实是对不起国家，对不起自己的良心。不过出面打起旗帜，时机还早，只有密密预备，便是我现在担任这些事业，也靠着他可以多养活几个人才。（内中固然有亲戚故旧，勉强招呼不以人材为标准者）近来多在学校演说，多接见学生，也是为此——虽然你娘娘为我的身子天天唠叨我，我还是要这样干。中国病太深了，症候天天变，每变一症，病深一度，将来能否在我们手上救活转来，真不敢说。但国家生命民族生命总是永久的（比个人长的），我们总是做我们责任内的事，成效如何，自己能否看见，都不必管。

庄庄很乖，你的法文居然赶过四哥了，将来我还要看你的历史学等赶过三哥呢。

思永的字真难认识，我每看你的信，都很费神，你将来回国跟着我，非逼着你写一年九宫格不可。

1927 年 1 月 30 日　致梁思顺①

麦机路的汉文科，如此规模宏大真可惊羡，张君劢去当教授，当然最好，也许可以去，待我和他商量。研究院学生中却也有一两位可充此职，等下次信再详细说罢。

---

① 本书所附此信系节录，其原文见《梁启超全集》，第 6249—6250 页。

昨天电汇去500美金想已收到。暑假时庄庄去美国，是我最喜欢的，只管打定主意罢。庄庄今年尚须用多少钱（除这500金外），我等你信就寄来。

1927年2月6—16日　致孩子们①

我从今天起，每天教达达、思懿国文一篇，目的还不在于教他们，乃是因阿时寒假后要到南开当先生了，我实在有点不放心。所以借他们来教他的教授法，却是已经把达达们高兴到了不得了……

庄庄功课样样及格，而且副校长很夸奖她，我听见真高兴，就是你姊姊快要离开加拿大，我有点舍不得，你独自一人在那边，好在你已成了大孩子了，我一切都放心。你去年的钱用得很省俭，也足见你十分谨慎。但是我不愿意你们太过刻苦，你们既已都是很规矩的孩子，不会乱花钱，那么便不必太苦，反变成寒酸。你赶紧把你预算开来罢！一切不妨预备松动些，暑假中到美国旅行和哥哥们会面是必要的。你总把这笔费用开在里头便是，年前汇了五百金去，尚缺多少？我接到信立刻便汇去……

张君劢愿意就你们学校的教职，我已经有电给姊姊了，他大概暑期前准到。他的夫人是你们姊妹，姊姊走了，她来也，和自己姊姊差不多。这是我替庄庄高兴的事。却是你要做衣服以及要什么东西赶紧写信来，我托她多多的给你带去……

（这几张可由思成保存，但仍须各人传观，因为教训的话于你们都有益的。）

思成和思永同走一条路，将来互得联络观摩之益，真是最好没有了。思成来信问有用无用之别，这个问题很容易解答：试问唐开元、天宝间李白、杜甫与姚崇、宋璟（jǐng）比较，其贡献于国家者孰多？为中国文化史及全人类文化史起见，姚、宋之有无，算不得什么事。若没有了李、杜，试问历史减色多少呢？我也并不是要人人都做李、杜，不做姚、宋，要之，要各人自审其性之所近何如，人人发挥其个

---

① 本书所附此信系节录，《梁启超年谱长编》第1115—1116页有其详尽引文。其原文见《梁启超全集》，第6250—6252页。

性之特长，以靖献于社会，人才经济莫过于此。思成所当自策厉者，惧不能为我国美术界作李、杜耳。如其能之，则开元、天宝间时局之小小安危，算什么呢？你还是保持这两三年来的态度、埋头埋脑做去便对了。

你觉得自己天才不能副你的理想，又觉得这几年专做呆板（ǎi bǎn）工夫，生怕会变成画匠。你有这种感觉，便是你的学问在这时期内将发生进步的特征，我听见倒喜欢极了。孟子说："能与人规矩，不能使人巧。"凡学校所教与所学总不外规矩方面的事，若巧则要离了学校方能发见［现］，规矩不过求巧的一种工具，然而终不能不以此为教，以此为学者，正以能巧之人。习熟规矩后，乃愈益其巧耳。（不能巧者，依着规矩可以无大过！）你的天才到底怎么样，我想你自己现在也未能测定，因为终日在师长指定的范围与条件内用功，还没有自由发摅（shū）自己性灵的余地。况且凡一位大文学家、大美术家之成就，常常还要许多环境与及附带学问的帮助。中国先辈屡说要"读万卷书，行万里路"。你两三年来蛰（zhé）居于一个学校的图案室之小天地中，许多潜伏的机能如何便会发育出来，即如此次你到波士顿一趟，便发生许多刺激，区区波士顿算得什么，比起欧洲来真是"河伯"之与"海若"，若和自然界的崇高伟丽之美相比，那更不及万分一了。然而令你触发者已经如此，将来你学成之后，常常找机会转变自己的环境，扩大自己的眼界和胸次，到那时候或者天才会爆发出来，今尚非其时也。今在学校中只有把应学的规矩，尽量学足，不惟如此，将来到欧洲回中国，所有未学的规矩也还须补学，这种工作乃为一生历程所必须经过的。而且有天才的人绝不会因此而阻抑他的天才，你千万别要对此而生厌倦，一厌倦即退步矣。至于将来能否大成，大成到怎么程度，当然还是以天才为之分限。我生平最服膺曾文正①两句话："莫问收获，但问耕耘。"将来成就如何，现在想他则甚？着急他则甚？一面不可骄盈自慢，一面又不可怯弱自馁（něi），尽自己能力做去，做到哪里是哪里，如此则可以无入而

---

① 曾文正，即曾国藩（1811—1872），初名子城，字伯函，号涤生。湖南双峰县（原属湘乡）荷叶镇人。晚清重臣。死后赠太傅，谥号"文正"。"曾文正"或"曾文正公"是对其之敬称。

不自得，而于社会亦总有多少贡献。我一生学问得力专在此一点，我盼望你们都能应用我这点精神。

思永回来一年的话怎么样？主意有变更没有？刚才李济之来说，前次你所希望的已经和毕士卜谈过，他很高兴，已经有信去波士顿博物院。一位先生名罗治者和你接洽，你见面后所谈如何可即回信告我。现在又有一帮瑞典考古学家要大举往新疆发掘了，你将来学成归国机会多着呢！

忠忠会自己格外用功，而且埋头埋脑不管别的事，好极了。姊姊、哥哥们都有信来夸你，我和你娘娘都极喜欢。西点事三日前已经请曹校长再发一电给施公使，未知如何，只得尽了人事后听其自然。你既走军事和政治那条路，团体的联络是少不得的，但也不必忙，在求学时期内暂且不以此分心也是好的……

昨日清华已经开学了，自此以后我更忙个不了，但精神健旺，一点不觉得疲倦。虽然每遇过劳时，小便便带赤化，但既与健康无关，绝对的不管他便是了。

1927 年 2 月 23 日　致孩子们①

孩子们：

我猜着你们今天会有贺寿电，果然到了，然而生日到底没有在今天举行，因为今日是星期三，学校里有讲课，而旧历正月 26 恰是星期日，全家人都主张还是那天在城里热闹一下，我也只得从罚了。你们贺电到时，我叫老白鼻代表姊姊、哥哥们拜寿，他一连磕了几十个响头，声明这是替亲家的，替二哥三哥乃至六姊的，我都深受你们了。

老白鼻好顽［玩］极了，最爱读书，最爱听故事，听完了就和老郭讲去，近来又加上和他的小弟弟讲，我书房里有客便不进来，有学生便进来，他分别得出哪些人是客，哪些是学生。学生来谈话时他便站在旁边听，一声也不言语，可以听到半点钟之久……

今日我格外的忙，下午讲了两个钟头，晚上又讲了两个半钟头，现在也有点疲倦了，下次再谈吧。

---

① 本书所附此信系节录，其原文见《梁启超全集》，第 6253 页。

1927年2月28日　致孩子们[①]

君劢可以就坎[②]大学之聘，我曾有电报告，并问两事：一问所授科目（君劢意欲授中国哲学），二问有中国书籍没有，若没有请汇万元来买（华银）。该电发去半月以上了，我还把回电的（十个字）电费都付过，至今尚未得回电，不知何故。

忠忠信上说的话很对，我断不至于在这个档口出来做什么政治活动，亲戚朋友们也并没有哪个怂恿（sǒng yǒng）我，你们可以大大放心。但中国现在政治前途像我这样一个人绝对的消极旁观，总不是一回事，非独良心所不许，事势亦不容如此。我已经立定主意，于最近期间内发表我政治上全部的具体主张。现在先在清华讲堂讲起，分经济制度问题、政治组织问题、社会组织问题、教育问题四项。每礼拜一晚在旧礼堂讲演，已经讲过两回，今日赶回学校，也专为此。以这两回听讲情形而论，像还很好。第二次比前一次听众增加，内中国民党员乃至共产党员听了，（研究院便有共产党2人，国民党7、8人）像都首肯。现在同学颇有人想自组织一精神最紧密之团体（周传儒、方壮猷 yóu 等），一面讲学，一面作政治运动，我只好听他们做去再看。我想忠忠听着这话最高兴了……

从讲堂下来，不想用心，胡乱和你们谈几句天，便睡觉去了。

1927年3月9日　致孩子们[③]

这信上讲了好些悲观的话，你们别要以为我心境不好，我现在讲学正讲得起劲哩。每星期有五天讲演，其余办的事，也兴会淋漓，我总是抱着"有一天做一天"的主义，（不是"得过且过"却是"得做且做"）所以一样的活泼、愉快，谅来你们知道我的性格，不会替我担忧。

---

① 本书所附此信系节录，《梁启超年谱长编》第1117—1119页有其详尽引文。其原文见《梁启超全集》，第6253—6254页。

② 坎，加拿大。

③ 本书所附此信系节录，其原文见《梁启超全集》，第6255—6256页。

1927年3月10日　致孩子们[①]

思永说我的《中国史》诚然是我对于国人该下一笔大账，我若不把他做成，真是对国民不住，对自己不住。也许最近期间内，因为我在北京不能安居，逼着埋头三、两年，专做这种事业，亦未可知。我是无可无不可，随便环境怎么样，都有我的事情做，都可以助长足我的兴会和努力的。

1927年3月21日　致孩子们[②]

这些话本来不想和你们多讲，但你们大概都有点见识，有点器量，谅来也不至因此而发愁着急，所以也不妨告诉你们。总之，我是挨得苦的人，你们都深知道全国人都在黑暗和艰难的境遇中，我当然也该如此。（只有应该比别人加倍，因为我们平常比别人舒服加倍）所以这些事我满不在意，总是老守着我那“得做且做”主义，不惟没有烦恼，而且有时兴会淋漓。

电灯要灭了，睡觉去，再谈。

1927年3月29日　致孩子们[③]

我十天前去检查身体一次，一切甚好，血压极平均，心脏及其他都好，惟“赤化”不灭。医生说：“没有别的药比节劳更要紧。”近来功课太重，几乎没有一刻能停，若时局有异动，而天津尚能安居，到于养生有益哩。

1927年4月19日至20日　致孩子们[④]

南海先生忽然在青岛死去，前日我们在京为位而哭，好生伤感。我

---

① 本书所附此信系节录，《梁启超年谱长编》第1119—1120页有其引文。其原文见《梁启超全集》，第6256页。

② 本书所附此信系节录，《梁启超年谱长编》第1120—1121页有其详尽引文。其原文见《梁启超全集》，第6257页。

③ 本书所附此信系节录，《梁启超年谱长编》第1122页有其引文。其原文见《梁启超全集》，第6258页。

④ 本书所附此信系节录，《梁启超年谱长编》第1124页有其引文。其原文见《梁启超全集》，第6259—6260页。

的祭文，谅来已在《晨报》上见着了。他身后萧条得万分可怜，我得着电报，赶紧电汇几百块钱去，才能草草成殓（liàn）哩。我打算替希哲送奠敬百元。你们虽穷，但借贷典当，还有法可想。希哲受南海先生提携之恩最早，总应该尽一点心，谅来你们一定同意。

1927年4月21日　**致梁思永**①

永儿：

前两封信叫你不必回来，现在又要叫你回来了。因为瑞典学者斯温哈丁——他在中亚细亚西藏等地过了30多年冒险生涯，谅来你也闻他名罢——组织一个团体往新疆考古，有十几位欧洲学者和学生同去，到中国已三个多月了，初时中国人反对他、抵制他——十几个学术团体曾联合发表宣言，清华研究院、国立图书馆也列名。但我自始即不主张这种极端排外举动——直到最近才决定和他合作，彼此契约。今天或明天可以签字了。中国方面有十人去——五位算是学者，余五位是学生，其中自然科学方面只有清华所派的一位教授（袁复礼），他和李济之同去山西，我们研究院担任他这位旅行的经费。（不用北京学术团体的钱）去的人我是大大不满意的——我想为你的学问计，这是千载难逢的机会，若错过了以后想自己跑新疆沙漠一趟，千难万难。因此要求把你加入去，自备资斧——因为犯不着和那些北京团体分这点钱，（钱少得可怜）——今日正派人去和哈丁接洽，明后日可以回信，大约十有八九可望成功的。他们的计划：时间一年半到两年，研究范围本来是考古学、地质学、气象学三门。后来因为反对他们拿大物出境，结果考古学变成附庸，由中国人办，他们立于补助地位——能否成功就要看袁君和你的努力了（其他的人都怕够不上）——我想你这回去能够有大发见［现］固属莫大之幸。即不然跟着欧洲著名学者作一度冒险吃苦的旅行，学得许多科学的研究方法也是于终身学问有大益的。所以我不肯把机会放过，要求将你加入。他们预定一个月内（大约须一个月后）便动身，你是没有法子赶得上同行了。但他们沿途尚有逗留，你从后面赶上去，就会赶不上第一站（迪化），总可

① 本书所附此信原文见《梁启超全集》，第6260—6261页。

以赶得上第二站（哈密）——不同行当然是很麻烦的，但在迪化或哈密以东，我总可以托沿途地方官照料你——我明天入城和哈丁交涉，妥洽把路线日期计算清楚之后，也许由清华发电给监督处及哈佛校长，要求把你提前放假。果尔，则此信到时，你或者已经动身了。若此信到时还未接有电报，那么或是事情有变动，或是可以等到放假才回来还赶得上，总之，你接到这封信时便赶紧预备罢。

我第二封信跟着就要来的（最多三天后），你若能成行——无论提前放假或暑假时来——大约到家只能住一两天便须立刻赶路。我和他们打听清楚，该预备什么东西，一切替你预备齐全，你回来除见见我和你娘娘及一二长辈，及上一上坟之外，恐怕一点不能耽搁了。我想你一定赞成我所替你决定的计划，而且很高兴吧。别的话下次再说。

1927年4月25日 致梁思永①

永儿：

今日我和李济之、袁复礼两君商量，结果已经决定不发电报叫你提前放假了，却是还主张你暑假回国，理由略述如下：

新疆之行并没有打消，但无论如何你到底赶不上和大帮人同行，既赶不上那么一个人赶路却困难极了，我要过几天和斯温哈丁切实研究一番，到底可能不可能？因为那边道路不靖，恐怕单独一人是绝对行不得的。（要和盗贼、猛兽及气候作战！）

假使勉强可行，我还是愿意你冒险前去，但是也不必提前放假，因为他们在迪化很有耽搁，大概本年10月还在迪化，（若赶得上同行，当然提前放假最好，但无论如何总赶不上，故不争一两个月）你便放暑假回来——若还可以的话——尽可以在10月前赶到迪化。

假使新疆不能去，你还是照三个月以前原定计划回来便是了，决不会白费你一年光阴，我中间有两封信，叫你中止回来的计划。因为时局剧变，怕下半年我不能住北京，连清华也有变动，怕你回来扑一个空，但据现在情形，北京也许有年把可以苟安——我下半年再来清华与否却未定，这事另信再谈——而李济之再到山西采掘的计划亦已大略决定

① 本书所附此信系节录，其原文见《梁启超全集》，第6261—6262页。

完。(总算决定了，因为经费所需不多，已有着落) 你本来的意思，不外想到外边采掘，回来时若能到新疆固好，不然即山西亦何尝不好呢！所以我还是主张你照依最初计划，一放暑假便立刻起程回来。

你若想买些东西需钱用时，问姊姊在庄庄学费内挪用些。便是我不久当再汇点钱到姊姊那里去。

你来信所讲的中国时局，大半是隔靴搔痒不知真相，我过几天再写一封长信告诉你们。

1927 年 4 月 27 日 致梁思永①

永儿：

这是第三封信，我很不愿意写的。因为要报告你的失望消息。

我今天会着斯温哈丁了。他极高兴得你做同伴，然而事实上绝对办不到。因为他们三个礼拜内就动身了。你无论如何赶不上同行，然而单独行路几乎不可，从包头(京绥路终点)到哈密约模［摸］要骑三个月骆驼。那条路大概自玄奘以后没有单人独马走过的。这回这个冒险队，中外人连夫役合共 61 人，带机关枪 1 架，手枪 20 多枝，饶是这样还要和那边的马贼疏通好，花了不少的保镳（biāo）钱才能成行。你一人赶上去万万来不得的，哈丁说盼望能从西伯利亚铁路赶到迪化去。但这事谈何容易。无论钱要花得很多，而且中俄邦交已断，在俄国找护照也找不找。这事完全绝望了，令我白高兴几天，(若早两个月发动，当然是赶得上，但这并不是我怠慢，因为我们和哈丁的协议，昨天才签字，我在签字前 5 天已经打主意了。所以我并没有一点懊悔处) 其实难怪，本来第一封信原是我一相［厢］情愿的话，完全没有把实际情形研究清楚，你前后几天工夫连接我三封信，前头所讲的话立刻取消，你们谅也觉得好笑。不过，这也算是我替你们学问前途打算的一段历史。我这几天的热心计划和奔走，我希望在将来学问的生涯中也得有相当的好印象。

这回失望并不必灰心，因为我和哈丁谈话的结果又得了新希望，他们这回大举旅行，我探问他的费用也不过预备 30 万元便够两年。这点

---

① 本书所附此信原文见《梁启超全集》，第 6262 页。

钱我们中国人也不至拿不出来。这回我们加入那团体原指为第一点监督的意思——怕他们把古物偷运出境——也带有跟着学习的意思。所以我和袁复礼说情，他将这回作为我们独立探险考古的预备，细细留意哪些地方可以采掘，而且学得些经验（采掘和旅行两种经验），预备第二次自己来，那时你或者够上当一员发起人也未可知哩！

这事既不成，李济之却是还盼望你回来和他合作，据他说，山西的希望也许比新疆还大，他这回所以不肯加入哈丁团体（本来我们清华要派他的），就因为舍不得山西。他说，无论如何今年总要出去。打算 7 月底就到山西，在那边等着你，所以我还是愿意你回来的，来不来请你斟酌罢，若回来要钱用可问姊姊。

现已不赶新疆的路，那么虽回来也不必赶忙了，还是卒业后从从容容、摇摇摆摆回来就是。我在北戴河等着你。

1927 年 5 月 4 日　致梁思顺①

现在因为国内太不安宁，大有国民破产的景象，真怕过一两年，连我这样大年纪也要饿饭，所以我把所有的现钱凑五千美金汇存你那里，请你们夫妇替我经理着，生一点利息，最好能靠这点利息供给庄庄们的学费，本钱便留着作他日不时之需。你去年来信不是说那边一分利以上事业，还很有机会吗？请你们全权替我经营。（虽亏本也不要紧，凡生意总不能说一定有盈无亏的。总之，我全权托你们就是）过一两月若能将所有股票之类卖些出去，我还想凑足美金一万元哩。你说好不好。

1927 年 5 月 5 日　致孩子们②

我一个月以来，天天在内心交战苦痛中。我实在讨厌政党生活，一提起来便头痛。因为既做政党，便有许多不愿见的人也要见，不愿做的事也要做，这种日子我实在过不了。若完全旁观畏难躲懒，自己对国家实在良心上过不去。所以一个月来我为这种事几乎天天睡不着觉，（却

---

① 本书所附此信系节录，其原文见《梁启超年谱长编》，第 1124—1125 页。亦见《梁启超全集》，第 6263 页。

② 本书所附此信系节录，其原文见《梁启超年谱长编》，第 1125—1134 页有其详尽引文。《梁启超全集》，第 6263—6267 页。

是白天的学校功课没有一天旷废，精神依然十分健旺）但现在我已决定自己的立场了。我一个月来，天天把我关于经济制度（多年来）的断片思想，整理一番。自己有确信的主张，（我已经有两三个礼拜在储才馆、清华两处讲演我的主张）同时对于政治上的具体方法，所未能有很惬心贵当的，但确信代议制和政党政治断不适用，非打破不可。所以我打算在最近期间内把我全部的主张堂堂正正著出一两部书来，却是团体组织我绝对不加入，因为我根本就不相信那种东西能救中国。最近几天，季常从南方回来，很赞成我这个态度。（丁在君们是主张我全不谈政治，专做我几年来所做的工作，这样实在对不起我的良心）我再过两礼拜，本学年功课便已经结束，我便离开清华，用两个月做成我这项新工作。（煜生听见高兴极了，今将他的信寄上，谅来你们都同此感想吧）思永来信说很表同情于共产主义，我看了不禁一惊，并非是怕我们家里有共产党，实在看见我们思永这样洁白的青年，也会中了这种迷药，即全国青年之类此者何限，真不能不替中国前途担惊受怕。因此越发感觉有做文章之必要。你们别要以为我反对共产，便是赞成资本主义。我反对资本主义比共产党还利害。我所论断现代的经济病态和共产同一的“脉论”，但我确信这个病非共产那剂药所能医的。我倒有个方子，这方子也许由中国先服了，把病医好，将来全世界都要跟我们学。我这方子大概三个月后便可以到你们眼边了。思永不是经济学专门家，当然会误认毒药为良方；但国内青年像思永这样的百分中居九十九，所以可怕。等我的方子出来后看可以挽回多少罢。

以下的话专教训忠忠。

三个礼拜前，接忠忠信，商量回国，在我万千心事中又增加一重心事。我有好多天把这问题在我脑里盘旋。因为你要求我秘密，我尊重你的意思，在你二叔、你娘娘跟前也未提起，我回你的信也不由你姊姊那里转。但是关于你终身一件大事情，本来应该和你姊姊、哥哥们商量（因为你姊姊哥哥不同别家，他们都是有程度的人），现在得姊姊信，知道你有一部分秘密已经向姊姊吐露了，所以我就在这公信内把我替你打算的和盘说出，顺便等姊姊、哥哥们替你筹划一下。

你想自己改造环境，吃苦冒险，这种精神是很值得夸奖的，我看见你这信非常喜欢。你们谅来都知道，爹爹虽然是挚爱你们，却从不肯姑息溺爱，常常盼望你们在苦困危险中把人格能磨练出来。你看这回西域冒险旅行，我想你三哥加入，不知多少起劲，就这一件事也很可以证明你爹爹爱你们是如何的爱法了。所以我最初接你的信，倒有六、七分赞成的意思。所费商量者，就只在投奔什么人——详情已见前信，想早已收到——我当时回你信过后，我便立刻找蒋慰堂叫他去商量白崇禧①那里，又找林宰平商量李济琛②（chēn）那里。你的秘密我就只告诉这两个人。（前天季常来问起这件事，我大吃一惊，连你二叔都不知道，他怎么会知道呢？原来是宰平告诉他，宰平也颇赞成）现在都还没有回信——因为交通梗塞（gěng sè），通信极慢——但现在我主张已全变，绝对的反对你回来了。因为三个礼拜前情形不同，对他们还有相当的希望，觉得你到那边阅历一年总是好的。现在呢？对于白、李两人虽依然不绝望——假使你现在国内，也许我还相当的主张你去——但觉得老远跑回来一趟，太犯不着了。头一件，现在所谓北伐，已完全停顿，参加他们军队，不外是参加他们火拼，所为何来？第二件，自从党军发展之后，素质一天坏一天，现在迥（jiǒng）非前比。白崇禧军队算是极好的，到上海后纪律已大坏，人人都说远不如孙传芳③军哩。跑进去不会有什么好东西学得来。第三件，他们正火拼得起劲——李济琛在粤，一天内杀左派二千人，两湖那边杀右派也是一样的起劲——人人都有自危之心，你们跑进去立刻便卷搀在这种危险漩涡中，危险固然不必避，但须有目的才犯得着冒险。现这样不分皂白切葱一般杀人，死了真报不出账来。冒险总不是这种冒法。这是我近来对于你的行止变更主张的理由，也许你自己亦已经变更了。我知道你当初的计划，是几经考虑才定的，并不是一时的冲动。但因为你在远，不知事实，当时几（jī）视党人为神圣，想参加进去，最少也认为是自己历练事情的唯一机会。这也难怪。北京的智［知］识阶级，

① 白崇禧（1893—1966），字健生，广西临桂县人，回族，阿拉伯名“乌默尔”，意义与“崇禧、健生”吻合。国民革命军一级上将，军事家，有“小诸葛”之称，属国民党“桂系”，地位仅次于李宗仁、黄绍竑（hóng）。

② 李济琛（1885—1959），后名李济深，字任潮，广西苍梧人。北伐前即是黄埔军校副校长，中国国民党革命委员会主要创始人和领导人之一。国民党高级将领、陆军一级上将。

③ 孙传芳（1885—1935），字馨（xīn）远，山东省历城县人。毕业于东京陆军士官学校。职业军人。曾统辖东南五省，为直系军阀首领。

从教授到学生，纷纷南下者，几个月以前不知若干百千人；但他们大多数都极狼狈，极失望而归了。你若现成在中国，倒不妨去试一试（他们也一定有人欢迎你），长点眼识，但老远跑回来，在极懊丧极狼狈中白费一年光阴却太不值了。

至于你那种改造环境的计划，我始终是极端赞成的，早晚总要实行三几年，但不争在这一时。你说："照这样舒服几年下去，便会把人格送掉。"这是没出息的话！一个人若在舒服的环境中会消磨志气，那么在困苦懊丧的环境中也一定会消磨志气。你看你爹爹困苦日子也过过多少，舒服日子也经过多少，老是那样子，到底志气消磨了没有？——也许你们有时会感觉爹爹是怠惰了（我自己常常有这种警惧），不过你再转眼一看，一定会仍旧看清楚不是这样——我自己常常感觉我要拿自己做青年的人格模范，最少也要不愧做你们姊妹弟兄的模范。我又很相信我的孩子们，个个都会受我这种遗传和教训，不会因为环境的困苦或舒服而堕落的。你若有这种自信力，便"随遇而安"的做。现在所该做的工作，将来绝不怕没有地方没有机会去磨练，你放心罢。你明年能进西点便进去，不能也没有什么可懊恼，进南部的"打人学校"也可，到日本也可，回来入黄埔也可，（假使那时还有黄埔）我总尽力替你设法。就是明年不行，把政治经济学学得可以自信回来，再入那个军队当排长，乃至当兵，我都赞成。但现在殊不必牺牲光阴，太勉强去干。所以无论宰平们回信如何，我都替你取消前议了。你试和姊姊、哥哥们切实商量，只怕也和我同一见解。

这封信前后经过十几天，才陆续写成，要说的话还不到十分之一。电灯久灭了，点着洋蜡，赶紧写成，明天又要进城去。

你们看这信，也该看出我近来生活情形的一斑了。我虽然为政治问题很绞些脑髓，却是我本来的工作并没有停。每礼拜四堂讲义都讲得极得意，（因为《清华周刊》被党人把持，周传儒不肯把讲义笔记给他们登载）每次总讲两点钟以上，又要看学生们成绩，每天写字时候仍极多。昨今两天给庄庄、桂儿写了两把小楷扇子。每天还和老白鼻顽［玩］得极热闹，陆续写给你们的信也真不少。你们可以想见爹爹精神何等健旺了。

1927年5月13日　致梁思顺[①]

顺儿：

我看见你近日来的信，很欣慰。你们缩小生活程度，暂在坎捱（ái）一两年，是最好的。你和希哲都是寒士家风出身，总不要坏自己家门本色，才能给孩子们以磨练人格的机会。生当乱世，要吃得苦，才能站得住（其实何止乱世为然），一个人在物质上的享用，只要能维持着生命便够了。至于快乐与否，全不是物质上可以支配。能在困苦中求出快活，才真是会打算盘哩。何况你们并不算穷苦呢？拿你们（两个人）比你们的父母，已经舒服多少倍了，以后困苦日子，也许要比现在加多少倍，拿现在当作一种学校，慢慢磨练自己，真是再好不过的事，你们该感谢上帝……

我们家几个大孩子大概都可以放心，你和思永大概绝无问题了。思成呢？我就怕因为徽因的境遇不好，把他牵动，忧伤憔悴是容易消磨人志气的（最怕是慢慢的磨）。即如目前因学费艰难，也足以磨人，但这是一时的现象，还不要紧，怕将来为日方长。我所忧虑者还不在物质上，全在精神上。我到底不深知徽因胸襟如何，若胸襟窄狭的人，一定抵当不住忧伤憔悴，影响到思成，便把我的思成毁了。你看不至如此吧！关于这一点，你要常常帮助着思成注意预防。总要常常保持着元气淋漓的气象，才有前途事业之可言。

思忠呢，最为活泼，但太年轻，血气未定。以现在情形而论，大概不会学下流，（我们家孩子断不至下流，大概总可放心）只怕进锐退速，受不起打击。他所择的术——政治军事——又最含危险性，在中国现在社会做这种职务很容易堕落。即如他这次想回国，虽是一种极有志气的举动，我也很夸奖他，但是发动得太孟浪了。这种过度的热度，遇着冷水浇过来，就会抵不住。从前许多青年的堕落，都是如此。我对这种志气，不愿高压，所以只把事业上的利害慢慢和他解释，不知他听了如何？这种教育方法，很是困难，一面不可以打断他的勇气，一面又不可

---

① 本书所附此信系节录，其原文见《梁启超年谱长编》，第1135—1137页。亦见《梁启超全集》，第6268页。

以听他走错了路，（走错了本来没有什么要紧，聪明的人会回头另走，但修养工夫未够，也许便因挫折而堕落）所以我对于他还有好几年未得放心，你要就近常察看情形，帮着我指导他。

今日没有功课，心境清闲得很，随便和你们谈谈家常，很是快活，睡觉了，改天再谈罢。

1927年5月26日　致孩子们[①]

孩子们：

我近来寄你们的信真不少，你们来信亦还可以，只是思成的太少，好像两个多月没有来信了，令我好生放心不下。我很怕他感受什么精神上刺激苦痛。我以为一个人什么病都可医，惟有“悲观病”最不可医，悲观是腐蚀人心的最大毒菌。生当现在的中国人悲观的资料太多了。思成因有徽因的联带关系，徽因这种境遇尤其易趋悲观，所以我对思成格外放心不下。

关于思成毕业后的立身，我近几个月来颇有点盘算，姑且提出来供你们的参考——论理毕业后回来替祖国服务，是人人共有的道德责任。但以中国现情而论，在最近的将来，几年以内敢说绝无发展自己所学的余地，连我还不知道能在国内安居几时呢？（并不论有没有党派关系，一般人都在又要逃命的境遇中）你们回来有什么事可以做呢？多少留学生回国后都在求生不能求死不得的状态中，所以我想思成在这时候先打打主意，预备毕业后在美国找些职业，蹲两三年再说。这话像是“非爱国的”，其实也不然。你们若能于建筑美术上实有创造能力，开出一种“并综中西”的宗派，就先在美国试验起来，若能成功则发挥本国光荣，便是替祖国尽了无上义务。我想可以供你们试验的地方，只怕还在美国而不在中国。中国就会不遭遇这种时尚，以现在社会经济状况论，哪里会有人拿出钱来做你们理想上的建筑呢？若美国的富豪在乡间起（平房级）别墅，你们若有本事替他做出一两所中国式最美的样子出来，以美国人的时髦性，或竟可以哄动一时，你们不惟可以解决生活问题，而且可以多得实验机会，令自己将来成一个大专门家，岂不是“一举

---

① 本书所附此信系节录，其原文见《梁启超全集》，第6269—6270页。

而数善备”吗？这是我一个人如此胡猜乱想，究竟容易办到与否，我不知那边情形，自然不能轻下判断，不过提出这个意见备你们参考罢了……

至于思永呢，情形有点不同。我还相当的主张他回来一年，为的是他要去山西考古。回来确有事业可做，他一个人跑回来便是要逃难也没有多大累赘（léi zhuì）。所以回来一趟也好，但回不回仍由他自决，我并没有绝对的主张。学校讲课上礼拜已完了，但大考在即，看学生成绩非常之忙（今年成绩比去年多，比去年好），我大约还有半个月才能离开原校。暑期住什么地方尚未定，旧病虽不时续发，但比前一个月好些，大概这病总是不要紧的，你们不必忧虑！

1927年5月31日 致孩子们[①]

孩子们：

本拟从容到暑假时乃离校，这两天北方局势骤（zhòu）变，昨今两日连接城里电话，催促急行，乃仓皇而遁（dùn），可笑之至。好在校阅成绩恰已完功，本年学课总算全始全终，良心上十分过得去……

今日接思永信，说要去西部考古，我极赞成。所需旅费美金二百，即汇去，计共汇中国银1200元（合美金多少未分），内750元系希哲4、5、6三个月留支（先垫出一个月），余450元即给永旅费，顺收到美金多少，即依此数分配便是。若永得到监督处拨款，此数（450元）即留为庄学费。

1927年6月15日 致孩子们[②]

你们须知你爹爹是最富于情感的人，对于你们的爱情，十二分热烈，你们无论功课如何忙迫，最少隔个把月总要来一封信，便几个字报报平安也好。你爹爹已经是上年纪的人，这几年来，国忧家难，重重迭迭，自己身体也不如前。你们在外边几个大孩子，总不要增我的忧虑

---

① 本书所附此信系节录，其原文见《梁启超年谱长编》，第1137页。亦见《梁启超全集》，第6270页。

② 同上书，第1145—1148页。亦见《梁启超全集》，第6270—6272页。

才好。

我本月初三离开清华，本想立刻回津，第二天得着王静安先生自杀的噩耗（è hào），又复奔回清华，料理他的后事及研究院未完的首尾，直至初八才返到津寓。现在到津已将一星期了。

静安先生自杀的动机，如他遗嘱上所说："50之年，只欠一死，遭此世变，义无再辱。"他平日对于时局的悲观，本极深刻。最近的刺激，则由两湖学者叶德辉[①]、王葆心之被枪毙。叶平日为人本不自爱（学问却甚好），也还可说是有自取之道，王葆心是70老先生，在乡里德望甚高，只因通信有"此间是地狱"一语，被暴徒拽（zhuài）出，极端棰（chuí）辱，卒致之死地。[②] 静公深痛之，故效屈子沉渊，一瞑（míng）不复视。此公治学方法，极新极密，今年仅51岁，若再延寿10年，为中国学界发明，当不可限量。今竟为恶社会所杀，海内外识与不识莫不痛悼。研究院学生皆痛哭失声，我之受刺激更不待言了……

我一个月来旧病发得颇厉害，约摸40余天没有停止。原因在学校暑期前批阅学生成绩太劳，王静安事变又未免大受刺激。到津后刻意养息，一星期来真是饱食终日无所用心。这两天渐渐转过来了。好在下半年十有九不再到清华，趁此大大休息年把，亦是佳事。

我本想暑期中作些政论文章，蹇季常、丁在君、林宰平大大反对，说只有"知其不可而为之"，没有"知其不可而言之"。他们的话也甚有理，我决意作纯粹的休息。每天除写写字、读读文学书外，更不作他事。如此数月，包管旧病可全愈……

前月汇去美金5千元，想早收到。现在将中国银行股票5折出卖，（买时本用4折，中交票领了7、8年利息，并不吃亏）卖去200股得1万元，

---

① 叶德辉（1864—1927），字奂彬，号直山，别号郋（xí）园，湖南湘潭人。光绪十八年（1892）进士。后辞官归湘，以提倡经学自任。其著述以《书林清话》10卷影响最大，乃是一部与叶昌炽（chì）《藏书纪事诗》并行之书林名著。以后则撰《书林馀话》2卷。叶德辉生平长于经学，尤精于目录版本，所著及校刻书达百数十种，汇编校刻有《郋园丛书》、《观古堂汇刻书》、《双梅景闇（ān）丛书》等。1927年为农民暴动所杀。

② 齐全按，史上确有一王葆心，字季芗，一字晦堂，号青垞老人，系湖北罗田大河岸古楼冲人。不过其人生于1867年，1944年方病逝，乃著名的方志学大家。一生著述颇丰，计有170余种，涉及经学、史学等各领域。显然与梁启超所说非同一人。究竟梁氏所说者为哪位，至今无人详加考证。

日内更由你二叔处再凑足美金5千汇去，想与这信前后收到。有1万美金，托希哲代为经营，以后思庄学费或者可以不消我再管了……

忠忠劝我卫生的那封6张纸的长信，半月前收到了。好啰嗦（luō suō）的孩子，管爷管娘的，比先生管学生还严，讨厌讨厌。但我已领受他的孝心，一星期来已实行八九了。我的病本来是"无理由"，而且无妨碍的，因为我大大小小事，都不瞒你们，所以随时将情形告诉你们一声，你们若常常噜嗦［啰嗦］我，我便不说实话，免得你们担心了。夜深了，下次再谈。

暑期中替达达们聘得一位先生专教国文，其人系研究院高才生。

1927年6月23日　致梁思顺[①]

顺儿：一星期前由二叔处寄去美金5千想收，今再将副票寄上。19日接思永信，言决21日离美返国，因京津间形势剧变，故即发电阻止。思永此次行止屡变，皆我所致，然亦缘时局太难捉摸（zhuō mō）耳。我现在作暑期后不复入京之计划，又打算非到万不得已时不避地国外，似此到觉很安适。旬日实行休息，病又将全愈（佳象为近三个月所无），近虽著述之兴渐动，然仍极力节制，决俟（sì）秋凉后，乃着手工作。……达达等三人聘得一位先生专教国文，读得十二分起劲。据他们说读一日，比在校中读三、四日得益更多也。那先生一面当学生，也高兴到了不得。

1927年7月3日　致梁思顺[②]

我现在对于北京各事尽行辞却，因为既立意不到京，决不肯拿干薪，受人指摘，自己良心更加不安。北京图书馆不准我辞，我力请的结果，已准请假，派静生代理。（薪水当然归静生，我决不受）

---

① 本书所附此信系节录，《梁启超年谱长编》第1148页有其详尽引文。其原文见《梁启超全集》，第6272页。

② 本书所附此信系节录，其原文见《梁启超年谱长编》，第1148—1148页。《梁启超全集》第6273页有部分引文。

1927年8月29日　致孩子们[①]

关于忠忠学业的事情，我新近去过一封电，又思永有两封信详细商量，想早已收到。我的主张是叫他在威士康逊把政治学告一段落，再回到本国学陆军。因为美国决非学陆军之地，而且在军界活动，非在本国有些“同学系”的关系不可以。以“打人学校”决不要进。至于国内何校最好，我在这一年内切实替你调查预备便是。

思成再留美一年，转学欧洲一年，然后归来最好。关于思成学业，我有点意见：思成所学太专门了，我愿意你趁毕业后一两年，分出点光阴多学些常识，尤其是文学或人文科学中之某部门，稍为多用点工夫。我怕你因所学大专门之故，把生活也弄成近于单调。太单调的生活，容易厌倦，厌倦即为苦恼，乃至堕落之根源。再者，一个人想要交友取益，或读书取益，也要方面稍多，才有接谈交换，或开卷引进的机会。不独朋友而已，即如在家庭里头，像你有我这样一位爹爹，也属人生难逢的幸福，若你的学问兴味太过单调，将来也会和我相对词竭（jié），不能领着我的教训，你全生活中本应享的乐趣，也削减不少了。我是学问趣味方面极多的人，我之所以不能专积有成者在此，然而我的生活内容，异常丰富，能够永久保持不厌不倦的精神，亦未始不在此。我每历若干时候，趣味转过新方面，便觉得像换个新生命，如朝旭升天，如新荷出水，我自觉这种生活是极可爱的，极有价值的。我虽不愿你们学我那泛滥无归的短处，但最少也想你们参采我那烂漫向荣的长处。（这封信你们留着，也算我自作的小小像赞）我这两年来对于我的思成，不知何故常常像有异兆的感觉，怕他渐渐会走入孤峭冷僻一路去，我希望你回来见我时，还我一个三四年前活泼有春气的孩子，我就心满意足了。这种境界，固然关系人格修养之全部，但学业上之熏染陶熔，影响亦非小。因为我们做学问的人，学业便占却全生活之主要部分。学业内容之充实扩大，与生命内容之充实扩大成正比例。所以我想医你的病，或预防你的病，不能不注意及此。这些话许久要和你讲，因为你没有毕业以前，要

---

① 本书所附此信系节录，《梁启超年谱长编》第1152—1155页有此信详尽引文。其原文见《梁启超全集》，第6273—6275页。

注重你的专门，不愿你分心，现在机会到了，不能不慎重和你说。你看了这信，意见如何（徽因意思如何），无论校课如何忙迫，是必要回我一封稍长的信，令我安心。

你常常头痛，也是令我不能放心的一件事。你生来体气不如弟妹们强壮，自己便当自己格外撙（zǔn）节补救，若用力过猛，把将来一身健康的幸福削减去，这是何等不上算的事呀。前在费校功课太重，也是无法，今年转校之后，务须稍变态度。我国古来先哲教人做学问方法，最重优游涵饮，使自得之。这句话以我几十年之经惀［验］结果，越看越觉得这话亲切有味。凡做学问总要“猛火熬”和“慢火炖”两种工作，循环交互着用去。在慢火炖的时候才能令所熬的起消化作用融洽而实有诸已。思成，你已经熬过三年了，这一年正该用炖的工夫。不独于你身子有益，即为你的学业计，亦非如此不能得益。你务要听爹爹苦口良言。

庄庄在极难升级的大学中居然升级了，从年龄上你们姊妹弟兄们比较，你算是最早一个大学二年级生，你想爹爹听着多么欢喜。你今年还是普通科大学生，明年便要选定专门了，你现在打算选择没有？我想你们弟兄姊妹，到今还没有一个学自然科学，很是我们家里的憾事，不知道你性情到底近这方面不？我很想你以生物学为主科，因为它是现代最进步的自然科学，而且为哲学社会学之主要基础，极有趣而不须粗重的工作，于女孩子极为合宜，学回来后本国的生物随在可以采集试验，容易有新发明。截到今日止，中国女子还没有人学这门（男子也很少）。你来做一个“先登者”不好吗？还有一样，因为这门学问与一切人文科学有密切关系，你学成回来可以做爹爹一个大帮手，我将来许多著作，还要请你做顾问哩！不好吗？你自己若觉得性情还近，那么就选它，还选一两样和它有密切联络的学科以为辅。你们学校若有这门的好教授，便留校，否则在美国选一个最好的学校转去，姊姊哥哥们当然会替你调查妥善，你自己想想定主意罢。

专门科学之外，还要选一两样关于自己娱乐的学问，如音乐、文学、美术等。据你三哥说，你近来看文学书不少，甚好甚好。你本来有些音乐天才，能够用点功，叫它发荣滋长最好。

姊姊来信说你因用功太过，不时有些病。你身子还好，我倒不十分担心，但做学问原不必太求猛进，像装罐头样子，塞得太多太急，不见得便会受益。我方才教训你二哥，说那“优游涵饮，使自得之”，那两句话，你还要记着受用才好。

你想家想极了，这本难怪，但日子过得极快，你看你三哥转眼已经回来了，再过三年你便变成一个学者回来帮着爹爹工作，多么快活呀！……

这几天几位万木学堂老同学韩树（fǔ）国、徐君勉、伍宪子都来这里共商南海先生身后事宜，他家里真是八塌胡涂，没有办法。最糟的是他一位女婿（三姑爷）。南海生时已经种种捣鬼，连偷带骗。南海现在负债六七万，至少有一半算是欠他的（他串通外人来盘剥）。现在还是他在那里把持。二姨太是三小姐的生母，现在当家，惟女儿女婿之言是听，外人有什么办法。君劢任劳任怨想要整顿一下，便有“干涉内政”的谤言，只好置之不理。他那两位世兄和思忠、思庄同庚，现在还是一点事不懂（远不及达达，司马懿），活是两个傻大少（人当不坏，但是饭桶，将来亦怕更坏）。还有两位在家的小姐，将来不知被那三姑爷摆弄到什么结果。比起我们的周姑爷和你们弟兄姊妹，真成了两极端了。我真不解，像南海先生这样一个人，为什么全不会管教儿女，弄成这样局面。我们商议的结果，除了刊刻遗书由我们门生负责外，盼望能筹些款，由我们保管着，等到他家私花尽（现在还有房屋、书籍、书画亦值不少），能够稍为接济那两位傻大少及可怜的小姐，算稍尽点心罢了……

达达们功课很忙，但他们做得兴高采烈，都很有进步。下半年都不进学校了，良庆（在南开中学当教员）给他们补些英文、算字，照此一年下去，也许抵得过学校里两年。

1927年10月11日　致孩子们①

思永原定本月4日起程考古，行装一切已置备，火车位已定妥了。奉、晋战事于其行期三日前爆发，他这回回国计划失败大半了。（若早四

---

① 本书所附此信系节录，《梁启超年谱长编》第1156—1157页有此信详尽引文。其原文见《梁启超全集》，第6275—6276页。

五日去，虽是消息和此间隔绝，倒可以到他的目的地）幸亏思忠没有回来。前所拟议的学校，现在都解散了。生当今日的中国，再没有半年以上的主意可打，真可痛心。

1927年10月29日至11月15日 致孩子们①

我自从出了协和，回到天津以来，每天在起居饮食上十二分注意，食品全由王姨亲手调理，睡眠总在8小时以上，心思当然不能绝对不用，但常常自己严加节制，大约每日写字时间最多，晚上总不做什么工作，“赤化”虽未能骤绝，但血压逐渐低下去，总算日起有功。

我给你们每人写了一幅字，写的都是近诗，还有余樾园给你们每人写一幅画，都是极得意之作。正裱好付邮，邮局硬要拆开看，认为贵重美术品要课重税，只好不寄，替你们留在家中再说罢。别有扇子六把（希哲、思顺、思成、徽因、忠忠、庄庄各一），已经画好，一两天内便写成，即当寄去。

思庄已到哈佛没有？徽因又转学何校？我至今未得消息不胜惆怅（bù shēng chóu chàng），你们既不愿意立即结婚，那么总以暂行分住两地为好，不然生理上精神上或者都会发生若干不良的影响。这虽是我远地的幻想或不免有点过忧，但这种推理也许不错，你们自己细细测验一下，当与我同一感想……

成、徽结婚的早晚，我当然不干涉。但我总想你们回国之前，先在欧洲住一年或数月，因为你们学此一科，不到欧洲实地开开眼界是要不得的。回国后再作欧游谈何容易，所以除了归途顺道之外，没有别的机会。既然如此，则必须结婚后方上大西洋的船，殆为一定不易的办法了。我想的暑假后你们也应该去欧洲了，赶紧商议好，等我替你们预备罢……

忠忠到维校之后来两封信，都收到了。借此来磨练自己的德性，是最好不过的了，你有这种坚强志意真令我欢喜，纵使学科不甚完备，也是值得的，将来回国后，或再补入（国内）某个军官学校都可以。好在

---

① 本书所附此信系节录，《梁启超年谱长编》第1157—1158页有此信详尽引文。其原文见《梁启超全集》，第6276—6278页。

你年纪轻，机会多着呢。

你加入政治团体的问题，请你自己观察，择其合意者便加入罢。我现在虽没有直接作政治活动，但时势逼人，早晚怕免不了再替国家出一场大汗。现在的形势，我们起他一个名字，叫做“党前运动”——许多非国民党的团体要求拥戴领袖作大结合，（大概除了我，没有人能统一他们）我认为时机未到，不能答应，但也不能听他们散漫无纪。现在办法，拟设一个虚总部（秘密的）——不直接活动而专任各团体之联络——大抵为团体（公开的），如美之各联邦，虚总部则如初期之费城政府，作极稀松的结合，将来各团事业发展后，随时增加其结合之程度。你或你的朋友也不妨自立一“邦”，和现在的各“邦”同时隶于虚总部之下，将来自会有施展之处。我现在只能给你这点暗示，你自己斟酌进行罢……

庄庄学生物学和化学好极了，家里学自然科学的人太少了，你可以做一个带头马，我希望达达以下还有一两个走这条路。还希望澜名士将来也把名士气摆脱些，做个科学家。

思永出外挖地皮去不成功，但现在事情也很够他忙了。他所挂的头衔真不少——清华学校助教、古物陈列所审查员、故宫博物院审查员——但都不领薪水（故宫或者有些少①），他在清华整理西阴遗物②，大约本礼拜可以完功。他现在每礼拜六到古物陈列所，过几天故宫改组后开始办事，他或者有很多的工作。他又要到监狱里测量人体，下月也开始工作，只怕要搬到城里住了。我出医院回津后，就没有看见他。过几天是他生日，要把他的（dī）溜③回家顽［玩］一两天……

你们千万别要盼我多信，因为我寄给你们的信都是晚上写的，我不熬夜便没有信了，你们看见爹爹少信，便想爹爹着实是养病了。

---

① 些少，些许。［前已注］

② 西阴村遗址位于山西省运城市夏县尉郭乡西阴村之西北部。遗址西北隔鸣条岗近涑水河，东南隔青龙河依中条山，乃一处新石器时代遗址，面积约30万平方米。1926年由李济主持发掘，是中国考古学者主持发掘的第一处新石器时代文化遗址，也是中国人首次独立主持的田野考古工作。

③ 的溜，提溜（dī liū）。

1927年11月23日至12月5日　致孩子们[1]

孩子们：

有顶好消息报告你们：我自出了协和以来，真养得大好而特好，一点药都没有吃，只是如思顺来信所说，拿家里当医院，王姨当看护，严格的从起居饮食上调养。一个月以来，“赤化”像已根本扑灭了，脸色一天比一天好，体子亦胖了些。这回算是思永做总司令，王姨执行他的方略，若真能将宿病从此断根，他这回回家，总算尽代表你们的职守了。我半月前因病已好，想回清华，被他听见消息，来封长信说了一大车唠叨话，现在暂且中止了。虽然著述之兴大动，也只好暂行按住……

我近来最高兴的是得着思成长信，知道你的确还是从前那活泼有春气的孩子，又知道身体健康也稍回改了—— 但因信中有“到哈佛后已不头痛”那句话，益证明我从前的担心并非神经过敏了。你若要我绝对放心，辄要在寒假内找医生精密检查，看是否犯了神经衰弱的病，若有一点不妥，非把他根本治好不可！你这样小小年纪，若得了一种痼疾（gù jí）不独将来不能替国家社会做事，而且自己及全家庭都受苦痛。这件事我交给思顺替我监督着办，三个月后我定要一张医生诊断书看着才放心的。

思成的中国宫室史当然是一件大事业，而且极有成功的可能，但非到各处实地游历不可——大抵（dǐ）内地各名山，唐宋以来建筑物全都留存的尚不少，前乎此者也有若干痕迹，——但现在国内情形真是一步不可行，不知何时才能有这种游历机会。思永这回种种计划都成泡影，恐以后只有更坏，不会往好处看。你回来后恐怕只能在北京城圈内外做工作，好在这种工作也够你做一两年了……

你来信说武梁祠堂，那不过是美术史上重要资料罢了。建筑上像不会看出什么旧型，你着手研究后所得如何，只怕失望罢。

若亲到嘉祥县去实地用科学方法调查废址也许有所得。

你们回国后职业问题大不容易解决，现在哪里有人敢修房子呢，学

---

[1] 本书所附此信系节录，《梁启超年谱长编》第1159—1161页有此信详尽引文。其原文见《梁启超全集》，第6278—6281页。

校教授也非易，全国学校除北京外，几乎都关门了，但没法之中也许还是在当教书匠上想法，那么教的什么东西，不能不稍预备，我想你们在西洋美术史上多下一点工夫何如。

我想你们这一辈青年，恐怕要有十来年——或者更长，要挨极艰难困苦的境遇，过此以往却不是无事业可做，但要看你对付得过这十几二十年风浪不能？你们现在就要有这种彻底觉悟，把自己的身体和精神十二分注意锻炼、修养，预备着将来广受孟子所谓“苦其心志，劳其筋骨，饿其体肤，空乏其身，行拂乱其所为”者，我对于思成身子常常放心不下，就是为此。

以上仍廿三晚写，写到此被王姨捉去了。

思成开美术书单甚好，一年内外北京图书馆只能以万元（华币）购美术书，最好在此数目范围内开单，你若能代买更好，便把款汇给你。我现虽辞去馆长职，但馆中事还常常问我主意。

以上廿四日写

这封信写了前头那几张，一搁又搁下12天了，这没有什么奇怪，因为王姨不许我晚上执笔。……约摸10点多便捉去睡觉，但还是睡不着的时候多，因为有许多心事（不外政治问题或学问问题，也常常想起你们）在床上便想起，大抵十天中有两三天到床便睡着，仍有七八天展转反侧或到很夜深也不定。但每天总睡足八个钟头，早睡着便早起，晚睡着便晚起。所以身子保养得异常之好，一个月以来“赤焰”几乎全熄了。

这回写信真高兴，因为接连得着思成两封长信，头一封还没有详细回答，第二封（今天到）又来了。这几天常常在我脑子里转的就是思成们结婚问题。结婚当然是回国后才办最好，这是不消说的。在徽因固然她娘娘只有她一个，应该在跟前郑重举行。即以思成论，虽然姊妹弟兄很多，但你是长子，我还不是十二分不愿意，如此盛典不在我跟前看着办吗？前几天我替南开大学一位教授（研究院毕业生）主婚，他们夫妇都是云南人，没有一个亲属在此，我便充当两边的家长，很觉得他们冷清清的，同时想起我的思成，若在美结婚，只怕还赶不上他们热闹哩！心里老大不自在。但是为你们学业计，非到欧洲一游不可。回国后想在较近期间内再出去，实属千难万难。这种机会如何可以错过呢？你今天来信说的，徽因从太平洋先归省亲（xǐng qīn），虽然未尝不可，但徽因虽曾到过欧洲，经过这几年学业后，观察眼光当然与前不同，不去再看一趟到底是可惜。况且两个人同游同看，彼此观摩，当然所得益处比一个人独游好得多。这种利益不消我多说，你们当然都会想到了……

有一件事要告诉你们：你们若在教堂行礼，思成的名字便用我的全名，用外国习惯叫做“思成梁启超”，表示你以长子资格继承我全部人格和名誉……

思成职业问题，一时还没有什么把握，但也不必多忧虑。好在用不着你们养家，你们这新立的小家庭极简单，只要徽因愿意在家里住，尽可以三几年内不用分居（王姨是极好处的，你们都知道），在南开当一教授，功课担任轻些，每月得百把块钱做零用，用大部分光阴在家里跟着我做几年学问，等时局平静后学问也大成了，再谋独立治生机会也多着哩。

思永每次回家和我谈谈学问，都极有趣。我想再过几年，你们都回来，我们不必外求，将就家里人每星期开一次“学术讨论会”，已经不知多快乐了。

1927年12月上旬　致孩子们[①]

孩子们：

有一捆字画及扇子六把寄给你们，收到没有？那画都是余樾园在我们家里画的，用的是康熙纸、乾隆墨，共有多幅，却是被达达、司马懿们五抢六夺（还有阿时、廷灿夹在里头），硬要落他们的款，内中思顺、思成两幅还是我替你们争回来的。忠忠、庄庄却落空了。我写的字是自作的诗，用的也是乾隆纸、乾隆墨[②]，扇子又是隔了一个多月（出医院后）写的，内中徽因那把写得最得意。你们看着便知爹爹近来的精神如何活泼强健了。

另有三把扇子给桂儿姊弟，请人画些好玩的动物（猫之类），润笔已还去，尚未画来，大约十天半月后或可寄出。

这一张不记是那天写的，但总在十几天以前。

---

① 本书所附此信原文见《梁启超全集》，第6281页。

② 齐全按，原文如此。

1927 年 12 月 12 日　致孩子们[①]

婚礼所需，思顺当能筹划，应用多少可由思顺全权办理。另有 3 千元（华币），我在三年前拟补助徽因学费者，徽来信请暂勿拨付，留待归途游欧之用，今可照拨。若“捣把”有余利，当然不成问题，否则在资本内动用若干，亦无妨，因此乃原定之必要费也……

我的病本来已经全愈了，二十多天，便色与常人无异，惟最近一星期因做了几篇文章，（实在是万不能不做的，但不应该连着做罢了）又渐渐有复发的形势，如此甚属讨厌，若完全叫我过“老太爷的生活”，我岂不成了废人吗？我精神上实在不能受此等痛苦。

1927 年 12 月 13 日　致梁思顺[②]

你虽是受父母特别的爱，（其实也不算特别，我近来爱弟妹们也并不下于爱你）但你的报答也算很够了。妈妈几次的病，都是你一个人服侍，最后半年多衣不解带的送妈妈寿终正寝。对于我呢，你几十年来常常给我精神上无限的安慰喜悦，这几年来把几个弟弟妹妹交给你，省我多少操劳，最近更把家里经济基础由你们夫妇手确立，这样女孩儿，真是比别人家男孩还得力十倍。你自己所尽的道德责任，也可以令你精神上常常得无限愉快了。所以我劝你不必思家着急，趁这在外的机会，把桂儿、瞻儿的学业打个深厚的基础。只要私人生计勉强维持得下去，外交部又不调动你们，你便索性等到我 60 岁时才回来祝寿，也不迟哩。

你们在坎虽清苦，但为桂儿姊弟计，比在斐律宾[③]强多了。第一是养成节俭吃苦的习惯；第二是大陆的教育，到底比殖民地好得多。至于所做帮助我们家里的种种工作，其利益更是计算不出来了。据此说来，

---

① 本书所附此信系节录，《梁启超年谱长编》第 1162—1163 页有此信详尽引文。其原文见《梁启超全集》，第 6281—6282 页。

② 本书所附此信系节录，其原文见《梁启超年谱长编》，第 1163—1165 页。亦见《梁启超全集》，第 6282—6283 页。

③ 斐律宾，即菲律宾。

很该感谢王正廷[①]的玉成，你们同意吗？

近来著述之兴大动，今晚本又想执笔，被王姨捣乱干涉，只好和你闲谈开开心，便去睡觉。这些零零碎碎写了好多天了，若不寄出又不知要耽搁几时，许多许多要说的话下次再谈吧！

1927年12月18日　致梁思成[②]

思成：

这几天为你们聘礼，我精神上非常愉快。你想从抱在怀里“小不点点”（是经过千灾百难的），一个孩子盘［盼］到成人，品性学问都还算有出息，眼看着就要缔结美满的婚姻，而且不久就要返国，回到我的怀里，如何不高兴呢？今天北京家里典礼极庄严热闹，天津也相当的小小点缀，我和弟弟妹妹们极快乐的顽［玩］了半天。想起你妈妈不能小待数年，看见今日，不免起些伤感，但她脱离尘恼，在彼岸上一定是含笑的。除在北京由二叔正式告庙外（思永在京跟着二叔招呼一切），今晨已命达达等在神位前默祷（dǎo）达此诚意……

你们由欧归国行程，我也盘算到了。头一件我反对由西伯利亚路回来，因为野蛮残破的俄国，没有什么可看，而且入境出境，都有种种意外危险（到满洲里车站总有无数麻烦），你们最主要目的是游南欧，从南欧折回俄京搭火车也太不经济，想省钱也许要多花钱。我替你们打算，到英国后折往瑞典、挪威一行，因北欧极有特色，市政亦极严整有新意，（新造之市，建筑上最有意思者为南美诸国，可惜力量不能供此游，次则北欧特可观）必须一往。由是入德国，除几个古都市外，莱茵河畔著名堡垒最好能参观一二，回头折入瑞士看些天然之美，再入意大利，多耽搁些日子，把文艺复兴时代的美，彻底研究了解。最后便回到法国，在玛赛[③]上船，（到西班牙也好，刘子楷在那里当公使，招待极方便，中世纪近世初期的欧洲文化实以西班牙为中心）中间最好能腾出点时间和金钱到土耳其一行，

---

① 王正廷（1882—1961），字儒堂，浙江奉化人。民国时期为外交高级官员。其人热心体育事业，致力奥林匹克运动在中国的开展，被誉为“中国奥运之父”。

② 本书所附此信系节录，其原文见《梁启超年谱长编》，第1165—1166页。亦见《梁启超全集》，第6283—6284页。

③ 玛赛，今通译马赛。

看看回教的建筑和美术，附带着我看看土耳其革命后政治。（替我）［关于这一点，最好能调查得一两部极简明的书（英文的）回来讲给我听听］

1927年12月19日　致梁思顺[①]

达达、司马懿半年来进步极速（六六亦有相当进步）。当初他们的先生将一年功课表定了，来问我，我觉得太重些，他先生说可以，现在做下去，他们兴味越来越浓。大概因为他先生教法既好，又十二分热心，所以把他们引上路了。他们——尤其是达达，对于他的先生又恭敬又亲热，每天得点零碎东西吃，总要分给先生。先生偶然出门去便替他留下，看达达样子像觉得除爹爹、娘娘外，天下可敬可爱之人没有过他的先生了。（以上几行是11月25日写的，这几行写了20多天，还没有寄，今日得空闲谈，还继续这方面的话）

今年偶然高兴，叫达达们在家读书，真是万幸，不然达达早已等于失学了……

我初意本叫达达们在家学一年，明年再这样。照此情形明年怕未必有校可进，便有我也不愿叫他们去。好在他们既得着一位这样好先生，那先生又是寒士，梦想去日本留学而不得，我的意思想明年暑假或寒假后，请那先生带着他们到东京去。达、懿两人补习一年或两年便可望考进大学，六六便正式进中学。这种办法你们赞成吗？（四位务陈意见）

司马懿非常聪明，逼着和达达同一样功课（英文不同），居然跟得上。达达自受手术后，身体比从前好多了，没有病过一次，记性也加增。六六当然在弟兄姊妹中算是个饭桶，但自从割了喉咙后也很见进步，这都是可以令你们高兴的新闻。

思永说你们都怪爹爹信中只说老百鼻不说别的弟妹太偏心，这次总算说了一大段了，他们先生真好玩，完全像家里子弟一样了，出了书房便和他们淘气，一进书房便板着面孔，他羡慕我们的家庭到极点了，常和他的同学说要学先生，须从家庭学起，但是谈何容易。

---

① 本书所附此信系节录，其原文见《梁启超全集》，第6284—6285页。

1928 年 2 月 12 日　致梁思成[①]

国币 5 千或美金可以给你，详情已告。姊在这种年头，措此较大之款，颇觉拮据（jié jū）。但这是你学问所关，我总要玉成你，才尽我的责任。除此间划拨那 2 千美金外，剩下 1 千若姊姊要凑不出这数目，你们只好撙节着用，或少到一两处地方罢了。我前几封信都主张你们从海道回国，反对走西伯利亚铁路，但是若为着省钱计，我也无可无不可。若走西伯利亚要先期告我，等我设法令你们入境无阻滞。

你脚踏到欧陆之后，我盼望你每日有详细日记，将所看的东西留个印象，（凡注意的东西都留他一张照片）可以回来供系统研究的资料。若日记能稍带文学的审美的性质，回来我替你校阅后可以出版，也是公私两益之道。

今寄去名片十数张，你到欧洲往访各使馆时可带着投我一片，问候他们，托其招呼，当较方便些。你在欧洲不能不借使馆作通行机关，否则你几个月之内不会得着家里人只字了。

你到欧后，须格外多寄些家信，明信片最好，令我知道你一路景况。

1928 年 2 月 13 日　致孩子们[②]

医生说工作是可以做的，不过要很自由的，要放下就放下，但是有固定的职务的事，是不相宜的，所以我决计把清华都辞脱了。以后那就依着医生的话，要做什么工作，高兴一天做两三点钟，总之，极力从“学懒”的方面来做，虽然不甘心受这“老太爷的生活”，只好勉强一年几个月再说。……关于庄庄今年的学费，不久我这边还可筹资本过去，大概两三个月内，或者再汇一二千添上资本去。到下半年保险费也来了，待到手之后，也要全部寄希哲经理的，谅来虽然现在提升 2 千美金，我看希哲有方法了得了罢。

---

① 本书所附此信系节录，其原文见《梁启超年谱长编》，第 1171 页。亦见《梁启超全集》，第 6287 页。

② 本书所附此信系节录，其原文见《梁启超全集》，第 6287—6289 页。《梁启超年谱长编》第 1163—1165 页有该信详尽引文。

思成这回去游欧洲，是你的学问上一部份很重要的事业，所以我无论怎样困难，你们的游费总想供给（gōng jǐ）得够才行，这回之后我做爹爹的义务就算尽完了。我想你到去的地方，除了美、德、法之外是北部的瑞典、挪威，南部的西班牙、土耳其，只要能去，虽然勉强，我还是希望你到这几个地方看看，回来的时候，不要搭西伯利亚铁路，总是走印度洋的好。因为（由俄回来的）入境时青年男女极危险的，所以这笔钱是省不了的。你们细细打听，做通盘预算，看要用多少钱。我想有了 3 千，再加清华 1 千，你们旅行中要过苦点的日子，或者可以够了。若是徽因家里，依着成的信，可以贴补点钱，那是更好了，就是不能，勉强这 4 千何如？实在不够时我再勉力，我看也未常不可以罢。

北京图书馆要买的书，我已叫他们把书单和支票赶紧寄加拿大总领事馆了，钱在伦敦银行才可以支。我想这些书大多在欧洲买，而且钱到时，你们已离美洲了，美洲的书不用买了。书单是三个人开来的，只是供你们参考，最后还是你自己决定。我的意思，以买美术基本常识的书为主，或者希［稀］见难得的书碰机会买些。总而言之，以买基本书为主，无论英、法、德等都可以……

庄庄，……你现在功课比从前忙多了。过了暑假后，也渐渐格外专门，怕比从前更忙。你的体子本来还好，我也不十分担心，不过也要节制。每日要拿出几点钟来，每礼拜天拿出天把来玩玩，因为做学问，有点休息，从容点，所得还会深点，所以，你不要只埋头埋脑做去。

暑假后，你若想到美国去，三哥也已回去了，跟着你三哥也很好，若是你觉得你们这学校很好，不愿离开，或者你学校的先生们都愿你在那儿毕业，就在那儿读完也可以的。因为想来你姊姊一两年内不会离开加拿大。这样，你或留坎留美在那边开个家庭会议决定罢。

忠忠捱打想该捱完了罢？你到底预备在维校几年？我想你在威校学习政治，总要弄到毕业才好。维校完了之后还回去威校一年，你的意思怎样？我不久就要出一本小册子，讲我政治上的主张，其中讲军事的也很多，大概在暑假前后就可以出来，你看见之后一定加增许多勇气，还可以指导你一条路。你要的书，因为灿哥在北京的时候多，没有交他寄去，以后看见这些书时，给你寄去就是了……

瞻儿，我听说你在学校里，老把第一把交椅把着不肯让给别人，公公高兴得很。你每天在学校里出来多玩回罢，不然以后真要变成书呆子了。

1928年4月3日　致梁思永[①]

思永：

复信收到。你再有留学机会万不容失掉，因为你所学还未大成哩。不知延迟一年能否再得清华官费，若能，倒不妨。因为你年纪尚轻，迟一年算不了什么。若过了今年便失官费，则只好把广西之行牺牲了。（若想去几个月，仍赶上今年放洋，我猜是决办不到的，徒两失之）我的意思，如此你将情形调查清楚后，自己决定罢。头晕接连两日，呕吐只一次，今日已痊愈了。原因是在四五日前，精神太好，著述兴味太浓，一时忘了形，接连两晚破戒。（许久没有打牌，因为打牌兴味为著述兴味所夺，前天被你娘娘干涉，才打了几圈）晚上也做些工作，以致睡不着，而早上又已起早惯了。因此睡眠不足，胃的消化力便弱起来，（头晕全是胃的关系）昨天放下一切，睡了大半天，今晨又精神焕发了。现在每日上半天在小书房坐，朝阳从窗牖（yǒu）透进，极明丽可喜（将窗户打开约一点钟）。此信仍寄姊姊们阅，因为我到底没有写信给她们（自从前次寄你那信以后到今日），她们只怕已盼得眼黑眼白了。

1928年4月26日　致梁思成　林徽因[②]

你们结婚后，我有两件新希望：头一件，你们俩体子都不甚好，希望因生理变化作用，在将来健康上开一新纪元。第二件，你们俩从前都有小孩子脾气，爱吵嘴，现在完全成人了，希望全变成大人样子，处处互相体贴，造成终身和睦安乐的基础。这两种希望，我想总能达到的。近来成绩如何？我盼望在没有和你们见面之前，先得着满意的报告。你们游历路程计划如何？预定约某月可以到家？归途从海道抑从陆路？想已有报告在途。若还未报告，则得此信时，务必立刻

---

① 本书所附此信原文见《梁启超全集》，第6289页。

② 本书所附此信系节录，其原文见《梁启超年谱长编》，第1172—1174页。亦见《梁启超全集》，第6290—6291页。

回信详叙；若是西伯利亚路，尤其要早些通知我，当托人在满洲里招呼你们入国境。

你们回来的职业，正在向各方面筹划进行（虽然未知你们自己打何主意）：一是东北大学教授（东北为势最顺，但你们去也有许多不方便处，若你能得清华，徽因能得燕京，那是最好不过了），一是清华学校教授，成否皆未可知，思永当别有详函报告。另外还有一件“非职业的职业”——上海有一位大藏画家庞莱臣[①]，其家有唐（六朝）画十余轴（zhóu），宋元画近千轴，明清名作不计其数，这位老先生60多岁了，我想托人介绍你拜他门（已托叶葵初），当他几个月的义务书记，若办得到，倒是你学问前途一个大机会。你的意思如何？亦盼望到家以前先用信表示。你们既已学成，组织新家庭，立刻须找职业，求自立，自是正办。但以现在时局之混乱，职业能否一定找着，也很是问题。我的意思，一面尽人事去找，找得着当然最好，找不着也不妨，暂时随缘安分，徐待机会。若专为生计独立之一目的，勉强去就那不合式［适］或不乐意的职业，以致或贬损人格，或引起精神上苦痛，倒不值得。

一般毕业青年中大多数立刻要靠自己的劳作去养老亲，或抚育弟妹，不管什么职业，得就便就，那是无法的事。你们算是天幸，不在这种境遇之下，纵令一时得不着职业，便在家里跟着我再当一两年学生（在别人或正是求之不得的），也没什么要紧。所差者，以徽因现在的境遇，该迎养他的娘娘才是正办，若你们未得职业上独立，这一点很感困难。但现在觅（mì）业之难，恐非你们意想所及料，所以我一面随时替你们打算，一面愿意你们先有这种觉悟，纵令回国一时未能得相当职业，也不必失望沮丧。失望沮丧，是我们生命上最可怖之敌，我们须终身不许它侵入。

《中国宫室史》诚然是一件大事业，但据我看，一时很难成功，因为古建筑什九被破坏，其所有现存的，因兵乱影响，无从到内地实地调查，除了靠书本上资料外，（书本上资料我有些可以供给你，尤其是从文字学

① 庞莱臣（1864—1949），名元济，字莱臣，号虚斋，20世纪上半叶中国著名的绘画收藏家和书画鉴赏家。

上研究中国初民建筑，我有些少颇有趣的意见，可惜未能成片段，你将来或者用我所举的例，继续研究得有更好的成绩）只有北京一地可以着手。（幸而北京资料不少，用科学的眼光整理出来，也很够你费一两年工作）所以我盼望你注意你的副产工作——即《中国美术史》。这项工作，我很可以指导你一部分，还可以设法令你看见许多历代名家作品。我所能指导你的，是将各派别提出个纲领，及将各大作家之性行及其时代背景详细告诉你，名家作品家里头虽然藏得很少，（也有些佳品为别家所无）但现在故宫开放以及各私家所藏，我总可以设法令你得特别摩挲（mā sā）研究的机会，这便是你比别人便宜的地方。所以我盼望你在旅行中便做这项工作的预备。所谓预备者，其一是多读欧人美术史的名著，以备采用他们的体例。关于这类书认为必要时，不妨多买几部。其二是在欧洲各博物馆、各画苑中见有所藏中国作品，特别注意记录。

回来时立刻得有职业固好，不然便用一两年工夫，在著述上造出将来自己的学术地位，也是大佳事。

1928 年 4 月 28 日　致梁思顺①

庄庄暑期内特别用费可即付，以后凡这类事，你全权办理，不必来问，徒费时日，或者我懒得写信时，便耽误了。总之，我的孩子个个都不会浪费，你做姊姊的，尤其会斟酌（zhēn zhuó）支配，你瞧着该怎么办便怎么办，我无不同意，何必常常来麻烦我呢。

1928 年 5 月 4 日　致梁思成②

思成：

你的清华教授闻已提出评议会了，结果如何，两三天内当知道。此事全未得你同意，不过我碰有机会姑且替你筹划，你的主意何在？来信始终未提，（因你来信太少，各事多不接头）论理学了工程回来当教书匠是一件极不经济的事，尤其是清华园，生活太舒服，容易消磨志气，我本

---

① 本书所附此信系节录，其原文见《梁启超年谱长编》，第 1175—1176 页。亦见《梁启超全集》，第 6291—6292 页。

② 本书所附此信原文见《梁启超全集》，第 6292 页。

来不十分赞成，朋友里头丁在君、范旭东[①]都极反对，都说像你所学这门学问，回来后应该约人打伙办个小小的营业公司，若办不到，宁可在人家公司里当劳动者，积三两年经验打开一条生活新路。这些话诚然不错，以现在情形论，自组公司万难办到。（恐必须亏本。亏本不要紧，只怕无本可亏。且一发手便做亏本营业，也易消磨志气）你若打算过几年吃苦生涯，树将来自立基础，只有在人家公司里学徒弟，（这种办法你附带着还可以跟着我做一两年学问也很有益）若该公司在天津，可以住在家里，或在南开兼些钟点。但这种办法为你们计，现在最不方便者是徽因不能迎养其母。若你得清华教授，徽因在燕大更得一职，你们目前生活那真合适极了（为我计，我不时到清华，住在你们那里也极方便）。只怕的是"晏（yàn）安鸩（zhèn）毒"，把你们远大的前途耽误了。两方面利害相权，全要由你们自己决定。不过我看见有机会不能放过，姑且替你预备着一条路罢了。

东北大学事也有几分成功的希望，那边却比不上清华的舒服（徽因觅职较难），却有一样好处——那边是未开发的地方，在那边几年，情形熟悉后，将来或可辟一新路。只是目前要捱（ái）相当的苦。还有一样——政局不定（这一着虽得清华也同有一样的危险），或者到那边后不到几个月便根本要将计划取消。

以上我只将我替你筹划的事报告一下，你们可以斟酌着定归国时日。

1928 年 5 月 4 日　致梁思顺[②]

关于思成职业问题，你的意见如何？他有点胡闹，我在几个月以前，已经有信和他商量，及此他来信一字不提（根本就来信太少），因此我绝不知他打何主意，或者我所替他筹划的事，他根本不以为然，我算

---

① 范旭东（1883—1945），湖南湘阴县人，初名源让，字明俊；后改名范锐，字旭东，以字行。幼年丧父，随母谢氏及兄范源濂在长沙定居。范源濂曾与蔡锷同时就学于梁启超主讲之时务学堂，深受梁启超爱护。他继范源濂后担任过中华书局董事。他还是天津南开大学和湖南私立隐储女校的校董。他又是中国重化学工业的奠基人，被称作"中国民族化学工业之父"。

② 本书所附此信系节录，其原文见《梁启超年谱长编》，第 1176—1177 页。亦见《梁启超全集》，第 6293 页。

是白费心了。这些地方，他可谓少不更事，朋友们若是关心自己的事，替自己筹划，也应该急速回信给他一个方针，何况尊长呢？（他不愿以自己的事劳动我的思虑，也是他的孝心，但我既已屡屡问及他，总要把他意旨所在告诉我才是）我生性爱管闲事，尤其是对于你们的事，有机会不能不助一臂之力，但本人意思如何，全未明白，那真难着手了。你去信关于这些地方，该应责备他，教导他一下。

1928年5月8日 致梁思成①

思成：

昨日杨廷宝②来，言东北大学事，该大学理科学长高介清亦清华旧同学，该大学有建筑专系，学生约50人，秋后要成立本科（前是预科），曾欲聘廷宝，渠不能往（渠在基泰公司③）荐汝自代，薪俸月2百80元，总算甚优。廷宝谓奉天建筑事业极发达，而工程师无一人，汝在彼任教授，同时可以组织一营业公事房，立此基础，前途发展不可限量。渠甚望汝先往开辟，渠将来尚思与汝打伙云云。津沪等处业此者多难与竞争，我虽未得汝同意，已代汝应允矣。惟该系既属创办，汝之聘或即是该系主任，故开学前应有许多准备，故盼汝最迟能以阳历8月10号前到家乃好。已别发一电促归，恐不明白，故急发此信。

清华事亦已提出评议会，惟两事比较，似东北前途开展之路更大，清华园是“温柔乡”，我颇不愿汝消磨于彼中，谅汝亦同此感想。

归期既如此匆促，则非走西伯利亚铁路不可，车期定后，务必发一电来，我当托哈尔滨中国银行或浙江兴业银行特派一人往满洲里招呼入境。（电中须声明日期）我或在北戴河东站迎汝。

我身子极好，便血几将肃清，勿念！

---

① 本书所附此信原文见《梁启超全集》，第6294页。

② 杨廷宝（1901—1982），字仁辉，河南南阳人。1921年赴美留学，在宾夕法尼亚大学学建筑。1926年离美赴欧洲考察建筑。1927年回国组建建筑事务所，为建筑设计方面主要负责人，直至1949年止。乃建筑学家和建筑教育学家，为中国近现代建筑设计开拓者之一。

③ 基泰工程司，关颂声创办，近代中国最大的建筑事务所，培养出杨廷宝等建筑设计大师，在中国近代建筑史上占有重要地位。

1928年5月8日　**致梁思顺**[①]

不能和思成直接通信，真是着急，别信可急寄去或撮（cuō）举大意再发电告彼。

时局益加混沌（hùn dùn），但京、津间或尚可苟安若干时日。

我清华事到底不能摆脱，我觉得日来体子已渐复元，虽不能摆脱，亦无妨，因为我极舍不得清华研究院。（思永大不以为然，大大的撅嘴）别的话改天再谈。

1928年5月13日　**致梁思顺**[②]

思成（目前）职业问题，居然已得解决了。清华及东北大学皆请他，两方比较，东北为优，因为那边建筑事业前途极有希望，到彼后便可组织公司，从小规模式办起，徐图扩充，所以我不等他回信，径替他作主辞了清华，（清华太舒服，会使人懒于进取）就东北聘约了，你谅来也同意吧。但既已应聘，9月开学前须到校，至迟8月初要到家，到家后办理庙见大礼，最少要十天八天的预备，又要到京拜墓，时日已不大够用了。他们回闽省亲（xǐng qīn）事，只怕要迟到寒假时方能举行。

庄庄今年考试，纵使不及格，也不要紧，千万别要着急，因为她本勉强进大学，实际上是提高（特别）了一年，功课赶不上，也是应该的。你们弟兄姊妹个个都能勤学向上，我对于你们功课绝不责备，却是因为赶课太过，闹出病来，倒令我不放心了。

看你们来信，像是觉得我体子异常衰弱的样子，其实大不然。你们只要在家里看见我的样子，便放下一千万个心了。你们来信像又怕我常常有忧虑，以致损坏体子，那更是误看了。你们在爹爹膝下几十年，难道还不知道爹爹的脾气吗？你们几时看见过爹爹有一天以上的发愁，或一天以上的生气？我关于德性涵养的工夫，自中年来很经些锻炼，现在

① 本书所附此信原文见《梁启超年谱长编》，第1177页。亦见《梁启超全集》，第6294页。

② 本书所附此信系节录，其原文见《梁启超年谱长编》，第1177—1179页。亦见《梁启超全集》，第6295—6296页。

越发成熟，近于纯任自然了，我有极通达、极健强、极伟大的人生观，无论何种境遇，常常是快乐的，何况家庭环境，件件都令我十二分愉快。你们弟兄姊妹个个都争气，我有什么忧虑呢？家计虽不宽裕，也并不算窘（jiǒng）迫，我又有什么忧虑呢？

1928年5月14日　致梁思成　林徽因[①]

你们沿途的明信片尚未收到。巴黎来的信已到了，那信颇有文学的趣味，令我看着很高兴。我希望你们的日记没有间断。日记固然以当日做成为最好，但每日参观时跑路极多，欲全记甚难，宜记大略而特将注意之点记起（用一种特别记忆术），备他日重观时得以触发续成。所记范围切不可宽泛，专记你们共有兴味的那几件——美术、建筑、戏剧、音乐便够了，最好能多作“漫画”。你们两人同游有许多特别便利处，只要记个大概。将来两人并着覆勘原稿，彼此一谈当然有许多遗失的印象会复活许多，模糊的印象会明了起来。

能做成一部“审美的”游记也算得中国空前的著述。况且你们是蜜月快游，可以把许多温馨（xīn）芳洁的爱感，迹溢在字里行间，用点心做去，可成为极有价值的作品。

东北大学和清华大学都议聘思成当教授，东北尤为合式，今将李同来书寄阅——杨廷宝前几天来面谈所说略同。关于此事，我有点着急，因为未知你们意思如何？（多少留学生回来找不着职业，所以机不可失）但机会不容错过，我已代你权且答应东北，（清华拟便辞却）等那边聘书来时，我径自替你收下了。

时局变化剧烈，或者你们回来时两个学校都有变动也未可知，且不管他，到那时再说，好在你们一年半载不得职业也不要紧。

1928年6月10日　致梁思成[②]

前在清华提议请你，本来是带几分勉强的，我劝校长增设建筑图

---

① 本书所附此信系节录，其原文见《梁启超全集》，第6296页。

② 本书所附此信系节录，其原文见《梁启超年谱长编》，第1179—1180页。亦见《梁启超全集》，第6297页。

案讲座，叫你担任，他很赞成，已经提出评议会。闻会中此类提案甚多，正付审查未表决，而东北大学交涉已渐成熟。我觉得为你前途立身计，东北确比清华好，（所差者只是参考书不如北京之多）况且东北相需甚殷，而清华实带勉强。因此我便告校长，请将原案撤回，他曾否照办，未可知，但现在已不成问题了。清华评议会许多议案尚未通过，新教习聘书一概未发，（旧教习契约满期者亦尚未续发）而北京局面已翻新，校长辞职，负责无人，下学期校务全在停顿中。该校为党人所必争，不久必将全体改组，你安能插足其间？前议作罢，倒反干净哩。

现在剩下的是东北问题。那方面本来是略已定局的，但自沈阳炸弹案[①]发生后，奉天情形全在浑沌（hún dùn）中，此间也不能得确实消息，恐怕奉天不能安然无事的。下学期东北能否开学，谁也不敢说，现在只得听之。大约一个月内外，形势也可判明了。当此乱世，无论何种计划都受政治波动，不由自主，你回来后职业问题有无着落，现在也不敢说了。这些情形，我前信早已计及，想你也已有觉悟和准备。

1928 年 6 月 19 日　致梁思顺[②]

近日最痛快的一件事，是清华完全摆脱，我要求那校长在他自己辞职之前先批准我辞职，已经办妥了。在这种形势之下，学生也不再来纠缠，我从此干干净净，虽十年不到北京，也不发生什么责任问题，精神上很是愉快。

思成回来的职业，倒是问题。清华已经替他辞掉了，东北大学略已定局，惟现在奉天前途极混沌，学校有无变化，殊不可知，只好随遇而安罢，好在他虽暂时不得职业，也没甚紧要……

我这几个月来生活很有规则，每天 9 时至 12 时，3 时至 5 时做些轻微而有趣的功课，5 时以后照例不挨书桌子，晚上总是 12 点以前上

① 沈阳炸弹案系指 1928 年 6 月 4 日张作霖被日本关东军炸药炸成重伤，当日送回沈阳官邸后即死去之事。史称皇姑屯事件。

② 本书所附此信系节录，其原文见《梁启超年谱长编》，第 1182—1183 页。亦见《梁启超全集》，第 6297 页。

床，床上看书不能免，有时亦到两点后乃睡着，但早上仍起得不晚。（以上两纸几天以前写的，记不得日子了）……

奉天形势虽极危险，但东北大学决不至受影响，思成聘书已代收下，每月薪金2百65元（系初到校教员中之最高额报酬）。那边建筑事业将来有大发展的机会，比温柔乡的清华园强多了。但现在总比不上在北京舒服，不知他们夫妇愿意不。（尚未得他信，他来信总是很少）我想有志气的孩子，总应该往吃苦路上走……

我的旧病本来已经好清楚了两个多月，这两天内忽然又有点发作（但很轻微），因为批阅清华学生成绩，一连赶了三天，便立刻发生影响，真是逼着我做纯粹的老太爷生活了。现在功课完全了结，（对本年的清华总算全始全终）再好生将养几天，一定会复元的。

1928年6月23日　致梁思顺①

我自己零用呢，很节省，用不着什么，除了有些万不得已的捐助借贷外，就只爱买点书，我很想平均每月有2百元（平常若没有特别支出，每月尚可腾出此数）的买书费，对于我的读书欲也勉强充足了，若实不够用时，此项费暂省也得。

1928年8月22日　致梁思顺②

新人到家以来，全家真是喜气洋溢。初到那天看见思成那种风尘憔悴（qiáo cuì）之色，面庞黑瘦，头筋涨起，我很有几分不高兴。这几天将养转来，很是雄姿英发的样子，令我越看越爱。看来他们夫妇体子都不算弱，几年来的忧虑，现在算放心了。新娘子非常大方，又非常亲热，不解作从前旧家庭虚伪的神容，又没有新时髦的讨厌习气，和我们家的孩子像同一个模型铸出来。所以全家人的高兴，就和庄庄回家来一般，连老白鼻也是一天挨着二嫂不肯离去。

我辞了图书馆长以后，本来还带着一件未了的事业，是编纂《中

---

① 本书所附此信系节录，其原文见《梁启超年谱长编》，第1183—1185页。亦见《梁启超全集》，第6299页。

② 本书所附此信原文见《梁启超年谱长编》，第1186—1187页。亦见《梁启超全集》，第6300页。

国图书大辞典》，每年受美国庚款项下津贴5千元。这件事我本来做得津津有味，但近来廷灿屡次力谏我，说我拖着一件有责任的职业，常常工作过度，于养病不相宜。我的病态据这大半年来的经验，养得好便真好，比许多同年辈的人都健康；但一个不提防，却会大发一次，发起来虽无妨碍，但经两三天的苦痛，元气总不免损伤。所以我再四思维，已决意容纳廷灿的忠告，连这一点首尾，也斩钉截铁的［地］辞掉。本年分所领津贴已经退还了（七月起），去年用过的5千元（因为已交去相当的成绩），论理原可以不还，但为省却葛藤起见，打算也还却。现在定从下月起，每月还2百元，有余力时便一口气还清。你们那边营业若有余利时，可替我预备这笔款，但不忙在一时，尽年内陆续寄些来便得。

1928年9月2日 致梁思顺①

奉天又打我的主意，想设一个国学研究院（规模比清华大多了）找我主办，可惜我现在的身体是不能答应的。就令我高兴，你们也未必许我去，只盼望一年后能完全复原，脱离现在的“老太爷生活”才好。

1928年10月12日 致梁思顺②

我一星期前正去信劝希哲和贵部长断绝来往，关起大门，料理自己的事。你9日来信所言正不谋而合，只管去一信索盘费，索不着以后可绝对的不理会矣。现在所谓国民政府者，收入比从前丰富得多（尤其关税项下），不知他们把钱弄到哪里去了，乃至连使馆馆员留支都克扣去。新贵们只要登台三五个月，就是腰缠十万，所谓廉洁政府，如是如是。希哲在这种政府底下做一员官，真算得一种耻辱，不过一时走不开，只得忍耐……

最好是你们动身以前这几个月中，若有机会，把庄庄来年学费和永、庄两人回国川资都弄妥，交给他们。但数目太大，一时怕弄不够，那么交给信托公司办理，亦未尝不可。一切由你们斟酌自定。

---

① 本书所附此信系节录，其原文见《梁启超全集》，第6300—6301页。

② 本书所附此信系节录，其原文见《梁启超年谱长编》，第1194—1196页。亦见《梁启超全集》，第6301—6302页。

1928年10月17日　致梁思成[①]

你营业还未有机会，不必着急，安有才到一两月便有机会找上门来呢？只是安心教书，以余力做学问，再有余力（腾出些光阴）不妨在交际上稍注意，多认识几个人。

① 本书所附此信系节录，其原文见《梁启超年谱长编》，第1196—1197页。亦见《梁启超全集》，第6302—6303页。

附录二　梁启超著述全目

（一）《饮冰室合集》[①] 详目

变法通议（1896）
论中国宜讲求法律之学（1896）
古议院考（1896）
论中国积弱由于防弊（1896）
论报馆有益于国事（1896）
论加税（1896）
上南皮张尚书书（1896）
与严幼陵先生书（1896）
与碎佛书（1896）
与吴季清书（1896）
说橙（1896）
三先生传（1896）
记江西康女士（1896）
《戒缠足会》叙（1896）
《西学书目表》序例（1896）
《西学书目表》后序（1896）

---

① 中华书局1936年版。齐全按，与原书目录不同处在于——括号中用公元纪年取代帝王年号纪年。

《西书提要：农学》总序（1896）
《农会报》序（1896）
《适可斋记言记行》序（1896）
《沈氏音书》序（1896）
《地名韵语》序（1896）
《说群》序（1896）
论君政民政相嬗（shàn）之理（1897）
论中国之将强（1897）
治始于道路说（1897）
倡设女学堂启（1897）
试办不缠足会简明章程（1897）
湖南时务学堂学约（1897）
记东侠（1897）
记尚贤堂（1897）
记自强军（1897）
万木草堂小学学记（1897）
《史记·货殖列传》今义（1897）
《经世文新编》序（1897）
《春秋中国夷狄辨》序（1897）
《日本国志》后序（1897）
《中国工艺商业考》提要（1897）
读《日本书目志》书后（1897）
《萃报》叙（1897）
《蒙学报》《演义报》合叙（1897）
大同译书局叙例（1897）
《蚕务条陈》叙（1897）
《续译列国岁计政要》叙（1897）
《新学伪经考》叙（1897）
《西政丛书》叙（1897）
《南学会》叙（1897）
知耻学会叙（1897）

医学善会叙（1897）
《知新报》叙例（1897）
与林迪臣太守书（1897）
致伍秩庸星使书（1897）
复友人论保教书（1897）
复刘古愚山长书（1897）
读《春秋》界说（1898）
读《孟子》界说（1898）
公车上书请变通科举折（1898）
万木草堂书藏征捐图书启（1898）
保国会演说词（1898）
《清议报》叙例（1898）
《仁学》序（1898）
《俄土战纪》叙（1898）
译印《政治小说》序（1898）
纪年公理（1898）
说动（1898）
论湖南应办之事（1898）
论中国人种之将来（1899）
论支那宗教改革（1899）
国民十大元气论（1899）
爱国论（1899）
商会议（1899）
论商业会议所之益（1899）
论内地杂居与商务关系（1899）
瓜分危言（1899）
亡羊录（一名：丙申以来外交史）（1899）
论近世国民竞争之大势及中国前途（1899）
论中国与欧洲国体异同（1899）
论支那独立之实力与日本东方政策（1899）
各国宪法异同论（1899）

日本横滨中国大同学校缘起（1899）
论学日本文之益（1899）
东籍月旦
立宪法议（1900）
少年中国说（1900）
中国积弱溯源论（1900）
十种德性相反相成义（1900）
论今日各国待中国之善法（1900）
上粤督李傅相书（1900）
上鄂督张制军书（1900）
复金山中华会馆书（1900）
呵（hē）旁观者文（1900）
中国史叙论（1901）
国家思想变迁异同论（1901）
尧舜为中国中央君权滥觞（làn shāng）考（1901）
过渡时代论（1901）
灭国新法论（1901）
《清议报》一百册祝辞并论报馆之责任及本馆之经历（1901）
南海康先生传（1901）
霍布士学案 HOBBES（1901）
斯片挪莎学案 BARUCH SPINOZA（1901）
卢梭学案 JEAN JACQUES ROUSSEAU（1901）
论学术之势力左右世界（1902）
论中国学术思想变迁之大势（1902）
新民议（1902）
中国改革财政私案（1902）
新史学（1902）
教育政策私议（1902）
释革（1902）
论宗教家与哲学家之长短得失（1902）
保教非所以尊孔论（1902）

中国专制政治进化史论（1902）
论专制政体有百害于君主而无一利（1902）
论立法权（1902）
论政府与人民之权限（1902）
论小说与群治之关系（1902）
论民族竞争之大势（1902）
中国史上人口之统计（1902）
论佛教与群治之关系（1902）
论教育当定宗旨（1902）
政治学学理摭（zhí）言（1902）
亚洲地理大势论（1902）
中国地理大势论（1902）
欧洲地理大势论（1902）
地理与文明之关系（1902）
论美菲英杜之战事关系于中国（1902）
格致学沿革考略（1902）
三十自述（1902）
敬告留学生诸君（1902）
敬告当道者（1902）
敬告我同业诸君（1902）
答飞生（1902）
答和事人（1902）
答某君问德国日本裁抑民权事（1902）
生计学学说沿革小史（1902）
论希腊古代学术（1902）
亚里士多德之政治学说（1902）
进化论革命者颉（jié）德之学说（1902）
近世文明初祖二大家之学说（1902）
天演学初祖达尔文之学说及其略传（1902）
法理学大家孟德斯鸠之学说（1902）
乐利主义泰斗边沁之学说（1902）

近世第一大哲康德之学说（1903）
政治学大家伯伦知理之学说（1903）
论中国国民之品格（1903）
论独立（1903）
服从释义（1903）
说希望（1903）
敬告我国国民（1903）
答某君问办理南洋公学善后事宜（1903）
答某君问日本禁止教科书事（1903）
答某君问法国禁止民权自由之说（1903）
日本之朝鲜（1903）
二十世纪之巨灵：托辣斯（1903）
世界将来大势论（1904）
日俄战役关于国际法上中国之地位及各种问题（1904）
论俄罗斯虚无党（1904）
中国历史上革命之研究（1904）
中国法理学发达史论（1904）
论中国成文法编制之沿革得失（1904）
外资输入问题（1904）
中国货币问题（1904）
近世中国秘史序（1904）
余之死生观（1904）
重印郑所南《心史》序（1905）
开明专制论（1905）
驳某报之土地国有论（1905）
答某报第四号对于《新民丛报》之驳论（附录原文）（1905）
申论种族革命与政治革命之得失（1905）
现政府与革命党（1905）
暴动与外国干涉（1905）
关税权问题（1905）
世界史上广东之位置（1905）

俄罗斯革命之影响（1905）
《社会主义论》序（1907）
世界大势及中国前途（1907）
政治与人民（1907）
政闻社宣言书（1907）
国文语原解（1907）
中国古代币材考（1907）
张恰铁路问题（1909）
城镇乡自治章程质疑（1909）
论各国干涉中国财政之动机（1909）
发行公债整理官钞推行国币说帖（1910）
论国民宜亟（jí）求财政常识（1910）
各省滥铸铜元小史（1910）
论中国国民生计之危机（1910）
公债政策之先决问题（1910）
地方财政先决问题（1910）
论地方税与国税之关系（1910）
国民筹还国债问题（1910）
再论筹还国债（1910）
偿还国债意见书（1910）
论直隶湖北安徽之地方公债（1910）
论币制颁定之迟速系国家之存亡（1910）
格里森货币原则说略（1910）
敬告国中之谈实业者（1910）
币制条议（1910）
节省政费问题（1910）
外债平议（1910）
国家运命论（1910）
说常识（1910）
说政策（1910）
为国有期限问题敬告国人（1910）

论请愿国会当与请愿政府并行（1910）
宪政浅说（1910）
国会与义务（1910）
立宪政体与政治道德（1910）
责任内阁与政治家（1910）
官制与官规（1910）
外官制私议（1910）
中国外交方针私议（1910）
国会开会期与会计年度开始期（1910）
读日本大隈伯爵《开国五十年史》书后（1910）
改盐法议（1910）
中国国会制度私议（1910）
现今全世界第一大事（1910）
英国政界剧争记（1910）
《国风报》叙例（1910）
读农工商部《筹借劝业富籤（qiān）公债折》书后（1910）
咨议局权限职务十论（1910）
西藏战乱问题（1910）
新军滋事感言（1910）
军机大臣署名与立宪国之国务大臣副署（1910）
驭藏政策之昨今（1910）
湘乱感言（1910）
读度支部奏《报各省财政折》书后（1910）
读度支部奏定《试办豫算大概情形折》及《册式》书后（1910）
国会期限问题（1910）
锦爱铁路问题（1910）
满洲铁路中立问题（1910）
台谏近事感言（1910）
米禁危言（1910）
读《币制则例》及度支部筹办诸折书后（1910）
论政府阻挠国会之非（1910）

资政院章程质疑（1910）
葡萄牙革命之原因及其将来（1910）
中国最近市面恐慌之原因（1910）
读十月初三日上谕感言（1910）
评一万万元之新外债（1910）
论资政院之天职（1910）
亘（gèn）古未闻之豫算案（1910）
评新官制之副大臣（1910）
硃谕与立宪政体（1910）
评资政院（1910）
将来百论（1910）
改用太阳历法议（1910）
说国风上（1910）
说国风中（1910）
说国风下（1910）
学与术（1911）
中俄交涉与时局之危机（1911）
为筹制宣统四年预算案事敬告部臣及疆吏（1911）
论政府违法借债之罪（1911）
为川汉铁路事敬告全蜀父老（1911）
论边防铁路（1911）
收回干线铁路问题（1911）
中国前途之希望与国民责任（1911）
侥幸与秩序（1911）
对外与对内（1911）
政党与政治上之信条（1911）
立宪国诏旨之种类及其在国法上之地位（1911）
敬告国人之误解宪政者（1911）
责任内阁释义（1911）
新中国建设问题（1911）
与上海某某等报馆主笔书（1911）

时事杂感（1911）

　　北京调查户口之报告

　　俄国与达赖喇嘛

　　我政府之对俄政策

　　俄国之第二次哀的美敦书

　　英美与英日

　　呜呼一万万元之新外债

粤乱感言（1911）

违制论（1911）

国民破产之噩兆（1911）

利用外资与消费外资之辨（1911）

箴（zhēn）立法家（1912）

吾党对于不换纸币之意见（1912）

中国道德之大原（1912）

政策与政治机关（1912）

专设宪法案起草机关议（1912）

省制问题（1912）

中国立国大方针（1912）

初归国演说辞（1912）

　　鄙人对于言论界之过去及将来

　　到京第一次欢迎会演说辞

　　莅（lì）共和党欢迎会演说辞

　　莅民主党欢迎会演说辞

　　莅同学欢迎会演说辞

　　莅广东同乡茶话会演说辞

　　莅北京商会欢迎会演说辞

　　莅北京公民会八旗生计会联合欢迎会演说辞

　　莅佛教总会欢迎会演说辞

　　莅山西票商欢迎会演说辞

　　莅北京大学校欢迎会演说辞

　　答礼茶话会演说辞

治标财政策（1912）

国性篇（1912）
罪言（1912）
宪法之三大精神（1912）
政府大政方针宣言书（1913）
同意权与解散权（1913）
军事费问题答客难（1913）
暗杀之罪恶（1913）
国会之自杀（1913）
一年来之政象与国民程度之映射（1913）
共和党之地位与其态度（1913）
政治上之对抗力（1913）
多数政治之试验（1913）
欧洲政治革进之原因（1913）
说幼稚（1913）
革命相续之原理及其恶果（1913）
读《中华民国大总统选举法》（1913）
进步党拟《中华民国宪法草案》（1913）
进步党政务部《特设宪法问题讨论会通告书》（1913）
进步党《调查政费意见书》（1913）
《国际立法条约集》序（1913）
敬告政党及政党员（1913）
上总统书（财政问题）（1913）
拟大总统令（整顿司法）（1913）
令京外各级审检厅（1913）
令高等审检厅长（1913）
呈总统文（司法问题）（1913）
述归国后一年来所感（1913）
辞司法总长职呈文（1914）
币制条例理由书（李犹龙笔述）（1914）
银行制度之建设（1914）
整理滥发纸币与利用公债（1914）

拟发行国币汇兑券说帖（1914）

良知（俗识）与学识之调和（1914）

《中华大字典》序（1914）

《丽韩十家文钞》序（1914）

送一九一四年（1914）

余之币制金融政策（1915）

告小说家（1915）

清华学校中等科四年级学生《毕业纪念册》序（1915）

菲斯的人生天职论述评（1915）

中日交涉汇评（1915）

痛定罪言（1915）

宪法起草问题答客问（1915）

欧战蠡（lí）测（1915）

中国与土耳其之异（1915）

实业与虚业（1915）

政治之基础与言论家之指针（1915）

敬举两质义促国民之自觉（1915）

作官与谋生（1915）

吾今后所以报国者（1915）

伤心之言（1915）

孔子教义实际裨（bì）益于今日国民者何在？欲昌明之其道何由？（1915）

复古思潮平议（1915）

《郑褧裳（jiǒng shang）画》引（1915）

《秋蟪吟（huì yín）馆诗钞》序（1915）

《西疆建置沿革考》序（1915）

《京报增刊》国文祝辞（1915）

《大中华》发刊辞（1915）

论中国财政学不发达之原因及古代财政学说之一斑（1915）

《曾文正公嘉言钞》序（1916）

上总统书（国体问题）（1916）

袁世凯之解剖（1916）
扩充富滇银行以救国利商议（1916）
番禺汤公略传（1916）
南海王公略传（1916）
新会谭公略传（1916）
邵阳蔡公略传（1916）
麻哈吴公略传（1917）
贵定戴公略传（1917）
都匀熊公略传（1917）
永川黄公略传（1917）
书《刘道一烈士传》后（1917）
政局药言（1917）
外交方针质言（参战问题）（1917）
余与此次对德外交之关系及其所主张（1917）
反对复辟电（1917）
代段祺瑞讨张勋复辟通电（1917）
《解放与改造》发刊词（1919）
外交失败之原因及今后国民之觉悟（1919）
国民自卫之第一义（1920）
主张国民动议制宪之理由（1920）
军阀私斗与国民自卫（1920）
《国际联盟论》序（1920）
吴淞中国公学必办大学募捐启（1920）
《欧洲文艺复兴史》序（1920）
复张东荪（sūn）书：论社会主义运动（1921）
政治运动之意义及价值（1921）
对于日本提案第三条之批评（1921）
对于北京国民裁兵运动大会的感想（1922?）
历史上中华国民事业之成败及今后革进之机运（1921）
自由讲座制之教育（1921）
从发音上研究中国文字之源（1921）

阴阳五行说之来历（1921）

《辩论术之实习与学理》序（1921）

《平民教育（孟禄特号）》序（1921）

《时事新报》五千号纪念辞（1921）

致吴子玉书（1921）

致颜骏人书（1921）

代熊秉三范静生致赵炎午书（1921）

代黎元洪等致赵炎午书（1921）

代黎元洪等致萧耀南书（1921）

代黎元洪等致吴子玉书（1921）

《新太平洋》发刊辞（1921）

辛亥革命之意义与十年双十节之乐观（1921）

太平洋会议中两种外论辟谬：重画中国疆土说与国际共管说（1921）

无枪阶级对有枪阶级（1921）

市民与银行（1921）

续论市民与银行（1921）

外交软内政软（1921）

“知不可而为”主义与“为而不有”主义（1921）

《时务学堂札记（残卷）》序（1922）

中国韵文里头所表现的情感（1922）

《孟禄讲演集》序（1922）

哀告议员（1922）

我对于女子高等教育希望特别注重的几种学科（1922）

美术与科学（1922）

趣味教育与教育趣味（1922）

评非宗教同盟（1922）

《中国地理沿革图》序（1922）

中学国史教本改造案并目录（1922）

情圣杜甫（1922）

评胡适之《中国哲学史大纲》（1922）

教育与政治（1922）

科学精神与东西文化（1922）

教育家的自家田地（1922）

学问之趣味（1922）

生物学在学术界之位置（1922）

美术与生活（1922）

敬业与乐业（1922）

教育应用的道德公准（康瀚、李儒勉笔记）（1922）

市民的群众运动之意义及价值：对于双十节北京国民裁兵运动大会所感（1922）

五十年中国进化概论（1922）

《近著第一辑》序（1922）

屈原研究（1922）

历史统计学（1922）

人权与女权（1922）

护国之役回顾谈（1922）

什么是文化（1922）

为学与做人（1922）

治国学的两条大路（李竞芳记录）（1923）

研究文化史的几个重要问题：对于旧著《中国历史研究法》之修补及修正（1923）

东南大学课毕告别辞（李竞芳、王觉新笔记）（1923）

为江苏省议员摧残教育事警告江苏人民（1923）

《晨报增刊：经济界》序（1923）

《湘报》序（1923）

《阳明先生传》及《阳明先生弟子录》序（1923）

《稷（jì）山论书诗》序（1923）

《巴黎和会预备提案》序（1923）

人生观与科学——对于张、丁论战的批评（1923）

关于玄学科学论战之“战时国际公法”：暂时局外中立人梁启超宣言（1923）

松坡图书馆记（1923）

附　松坡图书馆劝捐启
黄梨洲朱舜水乞师日本辩（1923）
救灾同志会公启（日地震）（1923）
与曹仲珊论时事书（1923）
戴东原生日二百年纪念会缘起（1923）
戴东原先生传（1923）
戴东原哲学（1923）
戴东原著述纂校（zuǎn jiào）书目考（1923）
戴东原图书馆缘起（1923）
《自鉴》序（1923）
《清代通史》序（1923）
颜李党派与现代教育思潮（1923）
明清之交中国思想界及其代表人物（1924）
印度与中国文化之亲属的关系（1924）
泰谷尔[①]的中国名——竺震旦（1924）
近代学风之地理的分布（1924）
非“唯”（1924）
说方志（1924）
第十度的“五七”（1924）
师范大学第一次《毕业同学录》序（1924）
朱君文伯小传（1924）
《义乌吴氏家谱》序（1925）
为改约问题敬告友邦（1925）
无产阶级与无业阶级（1925）
为沪案敬告欧美朋友（1925）
对欧美友邦之宣言（1925）
致罗素电（1925）

---

① 泰谷尔，今通译泰戈尔。

谈判与宣战[①]

致段执政书（沪案）（1925）

我们该怎么样应付上海惨杀事件（1925）

沪案交涉方略敬告政府（1925）

赶紧组织“会审凶手”的机关啊（1925）

答北京大学教职员（沪案）（1925）

复段芝泉执政论宪法起草会事（1925）

复余姚评论社论邵二云学术（1925）

中华图书馆协会成立会演说辞（1925）

如何才能完成“国庆”的意义（1925）

复刘勉己书：论对俄问题（1925）

《龙游县志》序（1925）

清华研究院茶话会演说辞（陆侃如、刘节合记）（1926）

《图书馆学季刊》发刊辞（1926）

为南开大学劝捐启（1926）

民国初年之币制改革（孙碧奇笔记）（1926）

学生的政治活动（1926）

无业游民与有业平民（1926）

设置国际军队问题[②]

王阳明知行合一之教（1926）

《曾刚父诗集》序（1927）

《晚清两大家诗钞》题辞[③]

学校读经问题[④]（1927）

---

① 齐全按，此文原书未标发表年份。其原文见《饮冰室文集》之四十三第12—18页，在《饮冰室合集》第五册。

② 齐全按，此文原书未标发表年份。文见《饮冰室文集》之四十三第20—22页，在《饮冰室合集》第五册。

③ 齐全按，此文系未完稿。原书未标发表年份，文见《饮冰室文集》之四十三第69—80页，在《饮冰室合集》第五册。

④ 齐全按，原书目录未标年份，文见《饮冰室文集》之四十三第81—85页，在《饮冰室合集》第五册。

为什么要注重叙事文字[①]

呈请确立教育经费事[②]

国产之保护及奖励（1927）

祭六君子文（1899）

清光禄大夫礼部尚书李公墓志铭（1908）

嘉应黄先生墓志铭（1909）

诰封荣禄大夫允初黄公画像赞[③]

林太恭人寿序（1912）

汤母蔡太夫人寿言（1915）

祭蔡松坡文（1916）

公祭蔡松坡文（1916）

祭海珠三烈文（1916）

黄太公寿辞（1921）

番禺汤公墓志铭（1922）

蒋母杨太夫人墓志铭（1923）

亡友夏穗卿先生（1924）

悼启（1924）

陈伯谦诔（lěi）词（1924）

范母谢太夫人七十寿言（1925）

南海先生七十寿言（1927）

公祭康南海先生文（1927）

鹤洲零拓本瘗（yì）鹤铭（1915）

汉莱子侯残石（1917）

汉郑固碑（1917）

汉司马长元石门题名（1917）

---

① 齐全按，此文原书未标年份，文见《饮冰室文集》之四十三第81—85页，在《饮冰室合集》第五册。

② 齐全按，此文原书未标年份，文见《饮冰室文集》之四十三第85—87页，在《饮冰室合集》第五册。

③ 齐全按，原书目录未标年份，文见《饮冰室文集》之四十四（上）第6—7页，在《饮冰室合集》第五册。

又汉延光残碑（1917）
汉昆弟六人买山地记（1917）
魏公卿上尊号奏（1917）
范式碑（1917）
汉孔宙碑（1917）
汉君车等字画象（1917）
汉史晨饗（xiǎng）孔庙碑（1917）
北齐西门豹碑颂（1917）
汉郙（fǔ）阁颂（1917）
孔褒（bāo）碑（1917）
裴岑（péi cén）纪功碑（1917）
汉鲁峻碑（1917）
秦琅邪（láng yá）台刻石（1917）
石鼓文（1917）
汉开母庙石阙（què）铭（1917）
魏高贞碑（1917）
汉乙瑛碑（1917）
汉景君铭（1917）
阮芸台先生画像（1917）
晋吕太公表（1917）
汉西狭颂（1917）
汉鲁相谒（yè）孔庙残碑（1917）
晋李苞潘宗伯阁道题字（1917）
汉樊敏碑（1917）
汉郙阁颂（1917）
双钩唐拓定武落水兰亭（1918）
刘宋刘怀民墓志（1918）
梁陶迁造象（1918）
隋王善来墓志（1918）
隋苏孝慈墓志（1918）
魏郑道忠志（1918）

魏李谋志（1918）
魏俞玄志（1918）
薛稷书张元隐真庵（ān）记（1918）
双钩本褚书随清娱墓志（1918）
唐李邕（yōng）书灵严寺碑颂（1922）
魏王僧志（1923）
隋李富娘墓志（1923）
魏三体石经残碑（1923）
魏马鸣寺碑（1923）
旧拓文殊般若经（1924）
东阳本兰亭序（1925）
汉三老忌日记（1925）
汉武氏石阙铭（1925）
秦泰山刻石残字（1925）
汉祀三公山碑（1925）
魏高植志（1925）
魏刘玉志（1925）
隋元太仆姬夫人墓志（1925）
魏受禅（shàn）碑（1925）
唐颜鲁公书东方朔画像赞碑（1925）
汉耿勋碑（1925）
嵩高灵庙碑（1925）
魏贾思伯碑（1925）
旧拓怀仁圣教序（1925）
汉子游残石
晋孙夫人碑（1925）
褚临禊（xì）序（1925）
魏张猛龙清颂碑（1925）
宋拓争坐位帖
刘宋爨（xìn）龙颜碑（1925）
宋刻禊帖跋（1925）

唐皇甫诞碑（1925）
汉孟琁残碑（1925）
唐颜鲁公书颜勤礼神道碑（1925）
隋姚恭公墓志（1925）
唐文安县主墓志（1925）
唐房玄龄碑（1925）
明搨雁塔圣教序记（1925）
明拓同州本圣教序（1925）
唐等慈寺碑（1925）
北周华岳庙碑（1925）
唐颜鲁公书金天王神祠碑（1925）
北齐韩胋墓志（1925）
北齐朱君山墓志（1925）
唐云麾（huī）将军碑（1925）
唐颜鲁公书李玄靖碑（1925）
唐房彦谦碑（1925）
魏鞠彦云志（1925）
曹全碑（1925）
魏耿贵嫔（pín）墓志（1925）
魏兰夫人墓志（1925）
魏元倪（ní）墓志（1925）
魏周干记墓志（1925）
东魏东安王陆太妃墓志（1925）
魏司马升志（1925）
魏皇甫驎（lín）志（1925）
魏李宪志（1925）
魏兖（yǎn）州刺史张满志（1925）
魏宕（dàng）昌公晖福寺碑（1925）
唐道因法师碑（1925）
魏石门铭（1925）
唐定慧禅师传法碑（1925）

梁始兴忠武王碑（1925）
隋蜀王美人董氏墓志（1925）
隋车骑秘书郎张景略墓志（1925）
魏刘懿志（1925）
隋张通妻陶贵墓志（1925）
魏孙辽浮图铭（1925）
魏汝南县主簿周哲志（1925）
魏李璧墓志（1925）
魏李超志（1925）
魏元恩墓志（1925）
魏元景造象残石（1925）
辽舍利塔铭（1925）
魏景明三年韩贞造像残石（1925）
东魏淮南王元显墓志（1925）
魏元演墓志（1925）
魏孙辽墓志（1925）
魏元饮墓志（1925）
东魏广阳王妃王令媛（yuán）墓志（1925）
魏寇凭墓志（1925）
魏元彦墓志（1925）
魏陆少文墓志（1925）
魏司马景和妻孟夫人志（1925）
魏高湛（zhàn）志（1925）
魏韩显宗志（1925）
唐李勣（jì）碑（1925）
魏元苌（cháng）振兴温泉颂（1925）
北齐时珍志（1925）
周骠骑将军巩宾墓志（1925）
魏崔頠（wěi）墓志（1925）
北魏樊可憘（xī）造像（1925）
北齐郑子尚墓志（1925）

北齐刘忻（xīn）墓志（1925）
北齐法懃（qín）禅师铭记（1925）
东魏高翻碑（1925）
魏贵嫔（pín）司马显姿墓志（1925）
魏寇臻（zhēn）墓志铭（1925）
魏惠猛法师墓志（1925）
魏元飏（yáng）墓志（1925）
魏江阳王妃石婉墓志（1925）
魏穆胤（yìn）墓志（1925）
汉曹全碑（1925）
唐夫子庙堂碑（1925）
汉武氏石阙铭（1925）
汉三老石堂画象题字（1925）
汉刘平国纪功摩厓（yá）（1925）
汉麃（biāo）孝禹刻石（1925）
汉嘉阳残石（1925）
汉郑季宣碑阴（1925）
汉朱博残碑（1925）
汉赵王上寿刻石（1925）
汉仙人唐公房碑（1925）
汉陈德残碑（1925）
汉文叔阳食堂画象并题字（1925）
汉延光残碑（1925）
汉右扶风丞楗（jiān）为武阳李士休表残字（1925）
汉元凤刻石残字（1925）
汉石墙村刻石（1925）
陈庆笙地名韵语（1893）
叶鞠裳语石（1918）
巢经巢诗钞
高青邱集（1918）

康长素《法国革命史论》（1918）
渊宾石译《中国诗乐之变迁与戏曲之关系》（?）
景佑六壬神定经二卷（1918）
《天问阁集》三卷存二卷其下卷存一条（1918）
《西藏考》一卷（1918）
《读史举正》八卷（1918）
孙与人弟子职注一卷（1918）
《余生录》一卷（1918）
杨星吾留真谱（1918）
成容若渌（lù）水亭杂识（1918）
万季野《庚申君遗事》（1918）
南宋六陵遗事（1918）
浙江书局覆毕校（jiào）本《吕氏春秋》（1918）
《慎子》（四部丛刊本）（1920）
梁忠璇（xuán）经绎（yì）（1921）
杨仁山阐教篇（1921）
陈兰甫校本《梦溪笔谈》（1921）
曲江集（1923）
刘蜕（tuì）集（1923）
元和惠氏旧藏明万历本《路史》（1923）
易余籥（yuè）录二十卷（1923）
汪容甫《旧学蓄疑》一卷（1923）
阮文达撰《焦理堂传》（1923）
陈兰甫《声律通考》（1923）
陈兰甫《切韵考》（1923）
陈子砺（lì）《胜朝粤东遗民录》（1923）
戴南山《孑（jié）遗录》（1923）
《忆书》六卷（1923）
南陵徐氏覆小宛堂景宋本《玉台新咏》（1924）
王荆公选《唐诗》（1924）

《谷音》[①]

阮仲嘉《瀛（yíng）舟笔谈》（1924）

题《洪范疏证》（1927）

跋刘子植好大王碑考释（1928）

跋程正伯书舟词（1928）

跋四卷本《稼轩词》（1928）

吴梦窗年齿与姜石帚 zhou（1928）

记兰畹（wǎn）集

记时贤本事曲子集（1928）

静春词跋（1928）

自临张猛龙碑（1911）

跋周印昆藏左文襄（xiāng）书牍（1914）

陈白沙行书诗卷（1918）

伊墨卿临汉碑立轴（1918）

黎二樵（qiáo）书《世说新语》（1918）

憨（hān）山和尚手书遗偈（jì）轴（1921）

陈白沙诗稿轴（1921）

梁药亭行书八言联（1921）

石醉六藏江建霞遗墨（1922）

谈归和尚草书诗册（1923）

胡金竹手书诗卷（1924）

何蝯（yuán）叟临张迁碑（1924）

惠天牧行书吴梅村诗轴（1924）

谢里父自书诗轴（1924）

龚孝拱书横额（1924）

湛（zhàn）甘泉自书诗轴（1924）

孙渊如篆书联（1924）

德研香楷书轴（1924）

---

① 齐全按，原书目录未标年份，文见《饮冰室文集》之四十四（下）第16页，在《饮冰室合集》第五册。

张药房行书轴（1924）
彭春洲临孔谦碣（jié）（1924）
陈白沙草书诗卷（1925）
自临张表碑（1925）
何龙友题画诗为胡酉（yǒu）仲写扇（1925）
自临张迁碑（1925）
跋宋仲温《急就章真迹》（1928）
梁章冉赚兰亭图（1924）
张铁桥画马长卷（1924）
翁松禅画牛卷（1924）
戴文进山水卷（1924）
林虚窗古木寒鸦轴（1924）
甘侪（chái）鹤山水轴（1925）
陈白沙先生画（1925）
高望公秋原独立图（1925）
张穆之画扇（1925）
黎洞石画扇（1925）
汪白岸山水轴（1925）
张穆之柳浪浴鸳图轴（1925）
林虚窗画扇（1925）
高望公画扇（1925）
黄虚舟仿云林秋山图轴（1925）
梁药亭笠屐（jī）寻芳图轴（1925）
高望公山水轴（1925）
钱选画卷①
朱兰嵎（yú）临李龙眠所画东坡笠屐像（1925）
题澉（gǎn）山检书图（1926）
题敬乡楼图（1928）

---

① 齐全按，原书目录未标年份，文见《饮冰室文集》之四十四（下）第44页，在《饮冰室合集》第五册。

诗话（1902）

附：苦痛中的小玩意儿（1924）

上海遇雪寄蕙仙（1895）

寄内四首[①]

与江孝通联句（1895）

去国行（1898）

游箱根浴温泉作（1898）

羯（jié）南湖村招饮上野之莺亭以诗为令强成一章（1898）

雷庵（ān）行（赠湖村小隐）（1898）

游春杂感（1899）

读《陆放翁集》（1899）

壮别二十六首（1899）

太平洋遇雨（1899）

纪事二十四首（1900）

奉酬星洲寓公见怀一首次原韵（1900）

书感四首寄星洲寓公仍用前韵（1900）

东归感怀（1900）

留别梁任南汉挪路卢（1900）

刘荆州[②]

次韵酬星洲寓公见怀二首并示遯（dùn）庵（1900）

赠别郑秋蕃兼谢惠画（1901）

广诗中八贤歌（1901）

留别澳洲诸同志六首（1901）

将去澳洲留别陈寿（1901）

铁血（澳洲作）（1901）

澳亚归舟杂兴（1901）

自励二首（1901）

---

① 齐全按，原书目录未标年份，诗见《饮冰室文集》之四十五（下）第1页，在《饮冰室合集》第五册。

② 齐全按，原书目录未标年份，诗见《饮冰室文集》之四十五（下）第11页，在《饮冰室合集》第五册。

志未酬（1901）

举国皆我敌（1901）

澳亚归舟赠小畔四郎（1901）

二十世纪太平洋歌（1901）

秋夜（1902）

楚卿至自上海小集旋别赋赠（1902）

晓来（1902）

自题《新中国未来记》（1902）

题东欧女豪杰代羽衣女士（1902）

爱国歌四章（1903）

大同同学录题辞四十韵（1903）

舟中作诗呈别南海先生（1904）

送土尔扈（hù）特王归国（1906）

送长绥卿归国（1906）

联句寄怀蜕莽（tuì ān）（次韩孟同宿联句）（1907）

荷莽（ān）携妇东渡将至喜赋（次韩孟会合联句 韵与若海联句）（1907）

次韵酬蜕庵见寄（1907）（附原作）

既雨（1907）

偶成（1907）

欲雪（1907）

腊八小饮（1907）

若海自称其书已脱古公役属要我承为独立国作诗嘲之（1907）

若海颇思折节治世俗之学要吾为之诵说期以半岁尽吾所有寄诗坚明约束且促其来（1907）

若海赋长句二章呈南海先生先生依韵属和余亦继声（1907）

连夕与弱庵侍南海先生譮（huà）国事迭前韵再呈（1907）

三迭均赠若海行（1907）

南海先生以滮士金字灵铜俑舍卫佛讲堂旛（fān）雅典陶尊邦渒（pì）殭石耶路撒冷群卉图见赠赋谢（1907）

中秋前一夕送萧立诚归国（1907）

毅安弟乞书（1907）

送徐良游学美洲（1907）

寄怀仲策弟美洲（1907）

效昌黎双乌诗赠杨皙（xī）子（1907）

闻英寇云南俄寇伊犁感愤成作（1907）

南海先生倦游欧美载渡日本同居须磨浦之双涛阁述旧抒怀敬呈一百韵（1908）

须磨寺访梅（1908）

枕上作（1908）

春朝漫句（1908）

子刚自哈尔滨归上海寄诗问讯（1908）

寄怀若海即促其东渡用问讯子刚篇韵（1908）

寄怀何翙（huì）高外部（藻翔）（1908）

戊申初度（1908）

腊不尽二日遣怀（1908）

其夕大风雨彻旦不寐（mèi）重有感①

元日放晴二日雨三日阴霾（mái）（1908）

奉怀南海先生星加坡②兼敦请东渡（1908）

秋风断藤曲（1909）

游日本京都岛津制作所赠所主岛津源藏（1909）

赠作佛苏即贺其迎妇（1909）

阿庄（1909）

次韵孺博寄怀曼宣英伦之作即赠二君（1909）（附原作）

瘿（yǐng）公见赠燉煌石室③藏唐人写维摩诘经菩萨行品一卷口占奉谢（1909）

调潘山人（1909）

梅夏以所题外债平议一律见寄依韵奉和（1909）（附原作）

---

① 齐全按，原书目录未标年份，诗见《饮冰室文集》之四十五（下）第36页，在《饮冰室合集》第五册。

② 星加坡，即新加坡。

③ 燉煌（dùn huáng）石室，即敦煌石窟。

累夜梦仲弟对酌故园湖楼中欷歔国事继以涕泪旋相将作少时憨嬉状哀乐无端不知其何朕也輙（zhé）赋二章奉寄（1909）

晓来（1909）

独夜（1909）

奉题南海先生所藏翁覃溪手写冯天严墓志铭（1909）

感秋杂诗（1909）

自题所藏唐人写维摩诘经卷为炖煌石室物罗瘿公见赠者（1909）

雪舫中年得一子甫逾周晬（zuì）而殇为诗以塞其哀（1910）

送门人杨维新入京（1910）

送李耀忠侄归国（1910）

得擎一书报锐庵呕血其夕大风雨感喟不寐披衣走笔纪诗以讯（1910）

荷广除夕牙痛作诗调之（1910）

朝鲜哀词五律二十四首（1910）

桂园曲（1910）

题《艺蘅馆日记第一编》（1910）

幼达同年任神户领事仅数月受代去歌以送之（1910）

春阴（1910）

双涛园读书（1910）

庚戌秋冬间因若海纳交于赵尧生侍御从问诗古文辞书讯往复所以进知者良厚顾羁海外迄未识面辄为长谣以寄暇憶（1910）

邹厓（yá）以所题吾外债平议篇一律见寄依韵奉和得二首（1910）

娴儿读吾和（hè）邹厓薪字韵诗若讶其数典之奇者乃更为迭韵八章示之并写寄邹崖厓（1910）

先王父教谕公二十周忌率妇子遥祭礼成泣赋（1910）

观娴儿读《曲逆侯传札记》有所感漫题其后（1910）

须磨寺五咏（1910）

论才（1910）

庚戌岁暮感怀（1910）

人日立春（1911）

元夕（1911）

十六日志恸（tòng）（1911）

辛亥二月二十四日偕荷广及女儿令娴乘笠户丸游台湾二十八日抵鸡龙山舟中杂兴（1911）

台北故城毁矣留其四门（1911）

三月三日遗老百余辈设欢迎会于台北故城之荟芳楼敬赋长句奉谢（1911）

拆屋行（1911）

栎（lì）社诸贤见招（1911）

献堂继尊甫兵部公之志筑莱园以奉重闱（wéi）太夫人余游台馆余于园之五桂楼敬赋（1911）

次韵酬林痴仙见赠（1911）

赠林幼春（1911）

辛亥清明后一日同荷广及林痴仙献堂幼春陈槐庭夜宴于雾峰之莱园女儿令娴侍焉以主称会面难一举累十殇为韵分得难字累字（1911）

莱园杂咏①

猩猩木

相思树

台湾竹枝词

赠台湾逸民某兼简其从子

游台湾追怀刘壮肃公

述归五首

须磨首途遇雨口占

归舟见月

舟抵大连望旅顺

由大连夜乘汽车至奉天

由奉天却至大连道中作

寿严几道先生

瘿公以唐道士索洞玄所书本际经属题

癸丑三日邀群贤修禊万生园拈（niān）兰亭序分韵得激字（1913）

---

① 齐全按，此诗至《瘿公以唐道士索洞玄所书本际经属题》诸诗，原书目录未标年份，均见《饮冰室文集》之四十五（下）第63—70页，在《饮冰室合集》第五册。

甲寅上巳抱存修禊南海子分韵得带字（1914）

甲寅冬假馆著书于西郊之清华学校成欧洲战役史论赋示校员及诸生（1914）

题姚广孝为中山王画山水卷[①]

拟复（xuàn）叟先生七十寿诗

题庄思缄（jiān）扶桑濯（zhuó）足图

题周养安篝（gōu）灯纺读图

对酒图五章章八句为蹇季常题以浊醪（láo）有妙理为韵

题袁海观尚书所藏冬心画梅

哭孺博八首

祭麦孺博诗（1914）

公博藤龛（kān）为予作紫阳峰图赋谢（迭韵）[②]

周孝怀居忧以母太夫人事略见诒敬题其后奉唁

谭伶自绣像作渔翁乞题

寄赵尧生侍御以诗代书（1915）

张润之先生六十双寿诗（并序 1925）

寿姚茫父五十[③]

集句题甘白石画轴（1926）

题越园画双松（1927）

水调歌头（1894）

齐天乐（1894）

满江红　赠魏二（1894）

六丑　伤春学清真体柬刚父庭院碧桃开三日落尽矣藉寓所伤后之读者可以哀其志也（1895）

湘月　寿何大（1895）

---

① 齐全按，此诗至《哭孺博八首》诸诗，原书目录未标年份，均见《饮冰室文集》之四十五（下）第 71—74 页，在《饮冰室合集》第五册。

② 齐全按，此诗至《谭伶自绣像作渔翁乞题》三诗，原书目录未标年份，均见《饮冰室文集》之四十五（下）第 76—77 页，在《饮冰室合集》第五册。

③ 齐全按，此诗原书目录未标年份，见《饮冰室文集》之四十五（下）第 81 页，在《饮冰室合集》第五册。

采桑子（1895）

谢秋孃（niáng）（1895）

蝶恋花二阕（1895）

浪淘沙（1895）

隔溪梅令　次韵孝通（1895）

扬州慢　送江逢辰归山①

蝶恋花三阕　春尽感事送归者

菩萨曼（1895）

如梦令（1895）

金缕（lü）曲（1895）

减字木兰花　为孺博题秦郎画扇（1895）

卜算子（1895）

念奴娇　寿何梅夏（1895）

兰陵王　至日寄蕙仙计时当在道中（1896）

洞仙歌　中秋寄内（1896）

台城路　黄浦江送蕙仙归宁之黔余亦南还矣②

清平乐（yuè）　十一月十八夜宿酒刚醒猛忆前月今夕乃黄婆送别时也惘然得句③

蝶恋花（1899）

贺新郎（1902）

金缕曲　丁未五月归国旋复东渡却寄沪上诸子（1907）

忆江南　宝云楼夏日即兴（宝云楼乃须磨之一楼）（1907）

三姝（shū）媚　送陈大归国用草窗送碧山还越均④

---

① 齐全按，此诗与下首《春尽感事送归者》，原书目录未标年份，均见《饮冰室文集》之四十五（下）第86页，在《饮冰室合集》第五册。

② 齐全按，此诗原书目录未标年份，见《饮冰室文集》之四十五（下）第89页，在《饮冰室合集》第五册。

③ 齐全按，此诗原书目录未标年份，见《饮冰室文集》之四十五（下）第90页，在《饮冰室合集》第五册。

④ 齐全按，此诗至《文卿远游失职牢落而归倚此送之不胜河梁日暮之感》三诗，原书目录未标年份，均见《饮冰室文集》之四十五（下）第94—95页，在《饮冰室合集》第五册。

鹊桥仙　阳历七月七日东邦士女相将乞巧忘与汉腊错牾（wǔ）也戏赋此解

长亭怨慢　文卿远游失职牢落而归倚（yǐ）此送之不胜河梁日暮之感

八声甘州　郑延平王祠堂用梦窗游灵岩韵（1911）

暗香　延平王祠古梅相传王时物也[①]

高阳台　题台湾逸民某画兰

西河　基隆怀古（用美成韵）

念奴娇　基隆留别（用玉田韵）

蝶恋花　感春（游台湾作）

浣溪（huàn xī）沙　台湾归舟晚望（1911）

浣溪沙　乙丑端午夕俄公园夜坐（1925）

鹊桥仙 成容若卒于康熙乙丑五月十六日今年今日其二百四十年周忌也深夜坐月讽纳兰词枨觸（chéng chù）成咏（1925）

虞美人　自题小影寄思顺[②]

鹊桥仙　自题小影寄思成

好事近　代思礼题小影寄思顺

鹧鸪（zhè gū）天　丁卯中秋李夫人三周忌日（1927）

沁园春　己巳送汤佩松（1929）[③]

戊戌政变记（1898）

第一篇　改革实情

第二篇　废立始末记

第三篇　政变前纪

第四篇　政变正记

第五篇　殉难六烈士传

附录一　改革起原

---

① 齐全按，此诗至《感春》五诗，原书目录未标年份，均见《饮冰室文集》之四十五（下）第95—97页，在《饮冰室合集》第五册。

② 齐全按，此诗至《代思礼题小影寄思顺》三诗，原书目录未标年份，均见《饮冰室文集》之四十五（下）第99—100页，在《饮冰室合集》第五册。

③ 以上目录参见林志钧编《饮冰室合集目录》，属《文集》目录。在12册精装本《饮冰室合集》第一册第1—121页。

附录二　湖南广东情形

附录三　光绪圣德记

自由书（1899）

叙言

成败

俾士麦与格兰斯顿

自由祖国之祖

地球第一守旧党

文野三界之别

英雄与时势

近因远因之说

草茅危言

养心语录

理想与气力

自助论

伟人讷耳逊轶事

放弃自由之罪

国权与民权

破坏主义

自信力

善变之豪杰

加布儿与诸葛孔明

论强权

豪杰之公脑

谭浏阳遗墨

精神教育者自由教育也

祈战死

中国魂安在乎

答客难

忧国与爱国

保全支那

传播文明三利器

傀儡说

动物谈

惟心

慧观
无名之英雄
志士箴言
天下无无价之物
舌下无英雄笔底无奇士
世界最小之民主国
维新图说
十九世纪之欧洲与二十世纪之中国
俄人之自由思想
二十世纪之新鬼
难呼为民上者
烟士披里纯（INSPIRATION）（自由书）
无欲与多欲
说悔
富国强兵
世界外之世界
舆论之母与舆论之仆
文明与英雄之比例
干涉与放任
不婚之伟人
嗜报之国民
奴隶学
希望与失望
国民之自杀
成败
加藤博士天则百话
记斯宾塞论日本宪法语
中国之社会主义
记日本一政党领袖之言
记越南亡人之言
张勤果公佚事
孙文正公饰终之典①

---

① 齐全按，《张勤果公佚事》《孙文正公饰终之典》两篇在《双涛阁日记》后所附《随笔二则》，见《饮冰室合集·专集》之二十九第41—43页，在12册精装本《饮冰室合集》第七册。

附 岁晚读书录

苏彝士运河故道

民兵与佣兵之得失

治具与治道

学问与禄利之路

不悦学之弊

警偷

雪浪和尚语录二则

使法必行之法

治治非治乱

君主无责任之学说

所令与所好

好修

怨天者无志

欲恶取舍

中国四十年来大事记（一名《李鸿章》）（1901）

新民说（1902）（广智书局发行《中国魂》单行本即《新民说》之一部分①）

张博望班定远合传（1902）（以下至《郑和传》为一类②）

（黄帝以后第一伟人）赵武灵王传（1902）

附 李牧传

（明季第一重要人物）袁崇焕传（1904）

中国殖民八大伟人传（1904）

（祖国大航海家）郑和传（1905）

匈加利爱国者噶苏士传（1902）（以下至《克林威尔传》为一类③）

意大利建国三杰传（1902）

（近世第一女杰）罗兰夫人传（1902）

新英国巨人克林威尔传（1903）

波兰灭亡记（1896）

---

① 齐全按，括号内文字系《饮冰室合集》原书目录所标。

② 同上。

③ 同上。

斯巴达小志（1902）

雅典小史（1902）

朝鲜亡国史略（1904）

越南小志（1905）

越南亡国史（1905）

朝鲜灭亡之原因（1910）

日本并吞朝鲜记（1910）

附　朝鲜对于我国关系之变迁（1911）

新大陆游记节录（1903）（以下至《欧游心影录节录》为一类[①]）

欧游心影录节录（1918）

中国之武士道（1904）

中国国债史（1904）

附　埃及国债史（采译日本柴四郎《埃及近世史》第十二章[②]）

德育鉴（1905）

王荆公（1908）

管子传（1909）

双涛阁日记（1910）

欧洲战役史论（1914）

清史商例初稿（1914）

国民浅训（1916）

盾鼻集（1916）

清代学术概论（原题：《前清一代思想界之蜕变》）（1920）

老子哲学（1920）（以下至《老孔墨以后学派概观》为一类[③]）

孔子（1920）

子墨子学说（1904）

墨经校释（1920）

墨子学案（1921）

---

① 齐全按，括号内文字系《饮冰室合集》原书目录所标。

② 同上。

③ 同上。

老孔墨以后党派概观（1920）

附　先秦诸子表

历史上中国民族之观察（1906）（以下至《志三代宗教礼学》为一类[①]）

附　《史记匈奴传》戎狄名义考

附　《春秋》夷蛮戎狄考

中国历史上民族之研究（1922）

太古及三代载记[②]

附　三苗九黎蚩尤考

附　洪水考

附　古代民百姓释义

纪夏殷王业[③]

附　论后代河流迁徙

附　禹功九州考

附　又禹功九州考

春秋载记[④]

附　春秋年表

附　周代列国并吞表

战国载记[⑤]

附　战国年表

地理及年代[⑥]

附　最初可纪之年代

---

① 齐全按，括号内文字系《饮冰室合集》原书目录所标。

② 齐全按，原书目录此文未标年份，文见《饮冰室专集》之四十三第1—29页，在《饮冰室合集》第八册。

③ 齐全按，原书目录此文及所附三文未标年份，见《饮冰室专集》之四十四第1—30页，均在《饮冰室合集》第八册。

④ 齐全按，此文及后附两文，原书目录未标年份，文见《饮冰室专集》之四十五第1—87页，在《饮冰室合集》第八册。

⑤ 齐全按，此文及后附文，原书目录未标年份，见《饮冰室专集》之四十六第1—88页，在《饮冰室合集》第九册。

⑥ 齐全按，此文及后附文，原书目录未标年份，见《饮冰室专集》之四十七第1—13页，在《饮冰室合集》第九册。

志语言文字[①]

附 运用文字之技术

志三代宗教礼学[②]

附 原拟中国通史目录

附 原拟中国文化史目录

先秦政治思想史（一名《中国圣哲之人生观及其政治哲学》）（1922）

中国佛法兴衰沿革说略（以下至《见于高僧传中之支那著述》为一类[③]）

佛教之初输入（1920）

印度佛教概观[④]

佛陀时代及原始佛教教理纲要（原题《印度之佛教》）[⑤]

附录 说无我

佛教与西域[⑥]

又佛教与西域[⑦]

中国印度之交通（亦题为《千五百年前之中国留学生》）[⑧]

佛教教理在中国之发展[⑨]

翻译文学与佛典（1920）

佛典之翻译（1920）

---

① 齐全按，此文及后附文，原书目录未标年份，见《饮冰室专集》之四十八第1—15页，在《饮冰室合集》第九册。

② 齐全按，此文及后附两文，原书目录未标年份，见《饮冰室专集》之四十九第1—20页，在《饮冰室合集》第九册。

③ 齐全按，括号内文字系《饮冰室合集》原书目录所标。

④ 齐全按，原书目录此文未标年份，文见《饮冰室专集》之五十三第1—13页，在《饮冰室合集》第九册。

⑤ 齐全按，原书目录此文未标年份，其原文及其附录见《饮冰室专集》之五十四第1—33页，在《饮冰室合集》第九册。

⑥ 齐全按，原书目录此文未标年份，文见《饮冰室专集》之五十五第1—9页，在《饮冰室合集》第九册。

⑦ 齐全按，原书目录此文未标年份，文见《饮冰室专集》之五十六第1—13页，在《饮冰室合集》第九册。题后梁启超说明云："此篇与前篇题同文异，似为修改前篇之作，兹并录存，读者比较观之可耳。"

⑧ 齐全按，原书目录此文未标年份，文见《饮冰室专集》之五十七第1—34页，在《饮冰室合集》第九册。

⑨ 齐全按，原书目录此文未标年份，文见《饮冰室专集》之五十八第1—14页，在《饮冰室合集》第九册。

读异部宗轮论述记（1920）

说四阿含（1920）

说“六足”“发智”（1920）

说大毗（pí）婆沙（1920）

读修行地道经（1920）

那先比丘经书[①]

佛家经录在中国目录学之位置

见于高僧传中之支那著述

读书分月课程（1892）（以下至《要籍解题及其读法》为一类[②]）

作文教学法（1922）

国学入门书要目及其读法（1923）

要籍解题及其读法（1925）

中国历史研究法（1922）

中国之美文及其历史（1924）

中国近三百年学术史（1924）

先秦学术年表（1926）（以下至《汉志诸子略各书存佚真伪表》为一类[③]）

庄子天下篇释义（1926）（吴其昌笔记）

荀子评诸子语汇解（1926）

韩非子显学篇释义（1926）

尸子广泽篇吕氏春秋不二篇合释（1926）

淮南子要略书后（1926）

司马谈论六家要指书后（1926）

史记中所述诸子及诸子书最录考释（1926）

汉书艺文志诸子略考释（1926）

汉志诸子略各书存佚真伪表（1926）

附　考诸子略以外之现存子书

---

① 齐全按，此文至《见于高僧传中之支那著述》三篇及其后之四篇附录文，原书未标年份，见《饮冰室专集》之六十六、六十七、六十八，均在《饮冰室合集》第九册。

② 齐全按，括号内文字系《饮冰室合集》原书目录所标。

③ 同上。

中国文化史（1927）
图书大辞典簿录之部（1927）
佳人奇遇（1898）（以下至《十五小豪杰》为一类[①]）
新中国未来记（1902）
世界末日记（1902）
俄皇宫中之人鬼[②]
劫灰梦传奇（1902）
新罗马传奇（1902）
十五小豪杰（1902）
桃花扇注（上）（1924）
桃花扇注（下）[③]
陶渊明（1923）
朱舜水先生年谱（1923）（此两种为一类。《辛谱》为著者之绝笔[④]）
辛稼轩先生年谱（1928）
中国历史研究法（补编）（1926 1927 周传儒 姚名达）笔记
荀子正名篇（1926）（吴其昌记）
中国考古学之过去及将来（1926）（周传儒记）
书法指导（1927）（周传儒记）
儒家哲学（1927）（周传儒记）
　附　读书示例——荀子（吴其昌记）
古书真伪及其年代（1927）（周传儒 姚名达 吴其昌记）[⑤]

残稿存目[⑥]

---

① 齐全按，括号内文字系《饮冰室合集》原书目录所标。

② 齐全按，原书目录此文未标年份，文见《饮冰室专集》之九十一第1—9页，在《饮冰室合集》第十一册。

③ 齐全按，原书目录此文未标年份，文见《饮冰室专集》之九十五（下）第1—295页，在《饮冰室合集》第十一册。

④ 齐全按，括号内文字系《饮冰室合集》原书目录所标。

⑤ 以上目录参见林志钧编《饮冰室合集目录》，属《专集》目录。在12册精装本《饮冰室合集》第六册第1—87页。

⑥ 此目见林志钧编《饮冰室合集目录》之《专集》目录后。在12册精装本《饮冰室合集》第六册第87页后之1—3页。

世界史稿

第一卷 欧东诸国 第一章 埃及①

国史稿

第一编 上古史

第二编 缺

第三编 春秋时代至齐之霸业②

中国通史稿

古代载记③

先秦思想家小传④

历史教科书⑤

诸葛孔明年谱初稿⑥

清儒学案初稿⑦

清儒学案年表初稿⑧

曾文正年谱初稿⑨

宪政浅说⑩

中华民国宪法草案⑪

省宪法大纲⑫

图书大辞典簿录之部⑬

---

① 原书注明尚存15页。

② 原书注："现存第一编、第三编稿共94页；又，残稿12页题曰《霸国政治》亦系《国史稿》之又一稿；又，《春秋时代我族与戎狄交涉表》。"

③ 原书注明尚存39页。

④ 原书注明尚存6页又半。

⑤ 原书注明尚存23页。

⑥ 原书注明尚存6页。

⑦ 原书注："黄梨洲学案稿7页、黎洲学侣学案稿5页、顾亭林学案稿1页、亭林学侣学案稿6页、戴东原学案稿48页、东原学侣学案稿13页。"

⑧ 原书注明尚存65页。

⑨ 原书注明尚存5页。

⑩ 原书注明尚存32页。又注之曰："似是清宣统元年（1909）作。"

⑪ 原书注："8页，37条，民国七年（1918）作。"

⑫ 原书注明尚存12页。

⑬ 原书注："词类，专集之属，10页；文类，总集，3页；明文别集，3页又半；晚明殉难诸贤文别集，10页。"

成唯识论今读①

阿毗达磨俱舍论今读②

中学修身教科书③

函授国民常识讲义章程及篇目④

木兰从军传奇⑤

译卢梭氏《民约论》⑥

（二）《梁启超全集》⑦ 总目

第一卷 变法通义

第二卷 瓜分危言

第三卷 新民说

第四卷 新大陆游记

第五卷 开明专制论

第六卷 王荆公

第七卷 中国国会制度私议

第八卷 新中国建设问题

第九卷 伤心之言

第十卷 欧游心影录

第十一卷 墨子学案

第十二卷 先秦政治思想史

第十三卷 翻译文学与佛典

第十四卷 中国历史研究法

第十五卷 中国近三百年学术史

第十六卷 要籍解题及其读法

① 原书注明尚存2页。

② 原书注明尚存12页。

③ 原书注明尚存6页。

④ 原书注明尚存14页又半。

⑤ 原书注明尚存5页。

⑥ 原书注明尚存46页。

⑦ 北京出版社1999年版。

第十七卷　古书真伪及其年代
第十八卷　诗话、诗词集
第十九卷　戏剧小说集
第二十卷　社交书信
第二十一卷　家书

附一　社交书信细目

1. 致夏穗卿（1897）
2. 又
3. 致陈三立、熊希龄（1897）
4. 致康有为（1897.3.3）
5. 致品川弥二郎（1897.9.20）
6. 致里提摩太（1898.10.1）
7. 致孙中山（1899）
8. 又
9. 致孙中山（1899.1.10）
10. 致邱菽园（1900.2.13）
11. 致唐绂（fú）丞、狄楚青（1900.2.20）
12. 致康有为（1900.2.20）
13. 致《知新报》同人（1900.2.28）
14. 致×××、唐绂丞、狄楚青（1900.2.28）
15. 致康有为（1900.2.28）
16. 致叶惠伯（1900.2.28）
17. 致梁子刚（1900.3.5）
18. 致黄为之（1900.3.5）
19. 致唐绂丞、狄楚青（1900.3.5）
20. 致康有为（1900.3.5）
21. 致叶湘南、麦孺博（1900.3.6）
22. 致梁君立（1900.3.10）
23. 致叶湘南、麦孺博、麦曼宜（1900.3.13）
24. 致康有为（1900.3.13）

25. 致总局诸公（1900. 3. 14）
26. 致唐绂丞、狄楚青（1900. 3. 21）
27. 致知新同人（1900. 3. 21）
28. 致康有为（1900. 3. 24）
29. 致孙中山（1900. 3. 29）
30. 致徐君勉（1900. 4. 1）
31. 致邱菽园（1900. 4. 1）
32. 致康有为（1900. 4. 1）
33. 致叶湘南、麦孺博、麦曼宜、罗孝高（1900. 4. 21）
34. 致罗孝高（1900. 4. 27）
35. 致港、澳同人（1900. 5. 21）
36. 致徐君勉（1900. 9. 13）
37. 致徐君勉（1902. 3. 15）
38. 致康有为（1902. 4）
39. 致康有为（1902. 4）
40. 致徐君勉（1902）
41. 致徐君勉（1902）
42. 致蒋观云（1902. 6. 27）
43. 致何穗田（1902. 7. 10）
44. 致康有为（1902. 9. 30）
45. 致蒋观云（1902. 12. 18）
46. 致蒋观云（1902）
47. 致蒋观云（1902）
48. 致徐君勉（1903. 3. 18）
49. 致徐君勉（1903. 3. 21）
50. 致蒋观云（1903）
51. 致蒋观云（1903. 4. 7）
52. 致谭伯笙、黄慧之（1903. 5. 27）
53. 致蒋观云（1903. 7—8）
54. 致蒋观云（1903. 10 月初）
55. 致康有为（1903. 10. 5）

56. 致徐佛苏（1905）
57. 致徐佛苏（1906.2）
58. 致徐佛苏（1906. 闰4）
59. 致徐佛苏（1906. 春）
60. 致徐佛苏（1906. 春）
61. 致蒋观云（1906.7）
62. 致蒋观云（1906.7）
63. 致蒋观云（1906）
64. 致蒋观云（1906.10.28）
65. 致康有为（1906.11）
66. 致康有为（1906.11）
67. 致康有为（1906.11.5）
68. 致蒋观云（1906.12.20）
69. 致徐佛苏（1907）
70. 致徐佛苏（1907.1.16）
71. 致蒋观云（1907.2）
72. 又
73. 致蒋观云（1907.3）
74. 致徐佛苏（1907.3）
75. 又
76. 致杨度（1907.4）
77. 致蒋观云、徐佛苏（1907.4）
78. 致蒋观云（1907.4）
79. 又
80. 又
81. 又
82. 又
83. 致徐佛苏（1907.4）
84. 致蒋观云（1907.5 月初）
85. 致康有为（1907.6.8）
86. 致蒋观云、徐佛苏、黄与之（1907.6.22）

87. 致蒋观云、徐佛苏、黄与之（1907.6.27）
88. 致蒋观云、徐佛苏及社员诸君（1907.11.11）
89. 致长绥卿、麦蜕广（1907.11—12）
90. 致徐佛苏（1907.11—12）
91. 致蒋观云（1907.12.3）
92. 致康有为（1907.12.23）
93. 致熊希龄（1907.12.29）
94. 致康有为（1908.3）
95. 致康有为（1908.5.27）
96. 致康有为（1908.夏初）
97. 致蒋观云（1908.7.12）
98. 致蒋观云及社中诸同志（1908.7）
又
99. 致蒋观云学习馆诸公（1908.7）
100. 致徐佛苏（1908.7）
101. 致蒋观云（1908.11—12）
102. 又
103. 又
104. 致蒋观云（1908.12）
105. 致蒋观云（1908.12.21）
106. 致肃王善耆（qí）（1908）
107. 致肃王善耆（1909.1.20）
108. 致美洲各埠帝国宪政会（1909.4）
109. 致梁启勋（1909.5.25）
110. 致梁启勋（1909.7.18）
111. 致梁启勋（1909.7.24）
112. 致徐佛苏（1909.8.11）
113. 致徐佛苏（1909.8.12）
114. 致张坚伯（1909.9）
115. 致梁启勋（1909.9.23）
116. 致载涛（1910.1）

117. 致徐佛苏（1910. 2. 26）
118. 致徐佛苏（1910. 2）
119. 致汤觉顿（1910. 9. 17）
120. 致杨度（1910. 10. 6）
121. 致徐佛苏、侯雪舫、黄与之（1910. 10. 13）
122. 致汤觉顿（1910. 10. 23）
123. 致汤觉顿（1910. 10. 24）
124. 致徐佛苏（1910. 11. 4）
125. 致徐佛苏、黄与之（1910. 11. 26）
126. 致徐佛苏（1911. 2. 13）
127. 致徐佛苏（1911. 2. 15）
128. 致吴禄贞（1911）
129. 致袁世凯（1911. 10. 6）
130. 致袁世凯（1912. 2. 23）
131. 致马相伯（1912 冬）
132. 致马相伯（1912 冬）
133. 致袁世凯（1913. 7. 25）
134. 致袁世凯（1913. 7. 26）
135. 致袁世凯（1913. 8 月初）
136. 致张仲仁、陈仲恕（1913）
137. 致康有为（1913. 11. 26）
138. 致张仲仁（1915. 2）
139. 致江翊云、林宰平（1915. 2）
140. 致麦公立（1915. 2. 26）
141. 致麦孺博（1915. 夏初）
142. 致黄溯初（1915. 12）
143. 致蔡锷（1916. 1. 8）
144. 致蔡锷（1916）
145. 致蔡锷（1916）
146. 致蔡锷（1916. 1. 21）
147. 致犬养毅（1916. 1. 28）

148. 致籍亮侪（1916. 1. 29）
149. 致陈叔通、刘厚生等（1916. 3. 18）
150. 致陈叔通、范静生（1916. 3. 25）
151. 致徐佛苏、范静生（1916. 4. 6）
152. 致黎元洪（1916. 6. 7）
153. 致蹇季常（1916. 7. 6）
154. 致蹇季常（1916. 7. 27）
155. 致蹇季常（1916. 8. 13）
156. 致段祺瑞（1916. 9—10）
157. 致庐诸贤（1916. 9. 13）
158. 致籍亮侪（1916. 10. 20）
159. 致籍亮侪（1916. 10. 24）
160. 致张勋（1917. 2. 11）
161. 致蹇季常（1917. 2. 14）
162. 致张勋（1917. 2. 17）
163. 致蹇季常（1917. 2. 18）
164. 致刘显世（1917. 7. 21）
165. 致张君劢（1917. 7. 22）
166. 致唐继尧（1917. 8. 14）
167. 致徐树铮（1917. 8. 31）
168. 致梁季宽（1917. 9. 23）
169. 致陈炳焜（1917. 9. 28）
170. 致陆巡阅使、谭督军、陈督军（1917. 10. 2）
171. 致李耀汉（1917. 10. 3）
172. 致李耀汉（1917. 10 月底）
173. 致李耀汉（1917. 11. 3）
174. 致罗家伦等（1917）
175. 致陈炳焜（1917）
176. 致刘显思等（1917）
177. 致段祺瑞（1917. 12. 12）
178. 致梁仲策（1918）

179. 致梁仲策（1918）
180. 致梁仲策（1918）
181. 致梁仲策（1918）
182. 致陈叔通（1918）
183. 致张菊生（1918）
184. 致蹇季常（1918. 9. 8）
185. 致蹇季常（1918. 9. 12）
186. 致林宰平（1918. 9. 23）
187. 致林宰平（1918. 9. 29）
188. 致林宰平（1918. 10. 4）
189. 致林宰平（1918. 10. 7）
190. 致梁仲策（1919. 6. 9）
191. 致汪伯棠、林宗孟（1919. 7. 1）
192. 致梁仲策（1919. 9. 9）
193. 致梁仲策（1919. 9. 22）
194. 致梁仲策（1919. 12. 19）
195. 致张东荪（1920. 4）
196. 致蒋百里（1920. 4）
197. 致梁伯强、籍亮侪等（1920. 5. 12）
198. 致张东荪（1920. 7—8）
199. 致张东荪（1920. 7—8）
200. 致梁伯祥、籍亮侪、黄溯初等（1920. 7. 24）
201. 致梁伯祥、黄溯初（1920. 7. 30）
202. 致梁伯祥等十人（1920. 8）
203. 致蒋百里（1920. 9）
204. 致张东荪（1920. 9. 5）
205. 致张东荪（1920. 9. 10）
206. 致胡适之（1920. 10. 18）
207. 致张东荪（1920. 10. 24）
208. 致萧立诚、雷时若（1921. 8）
209. 致蹇季常、张仲仁、熊秉三、范静生（1921. 8）

210. 致蒋百里（1921. 8—9）
211. 致张仲仁（1921. 8—9）
212. 致张东荪、蒋百里（1921. 9）
213. 致陈叔通（1921. 10. 4）
214. 致蒋百里、张东荪、舒新城（1921）
215. 致蒋百里、张东荪、舒新城（1921. 11—12）
216. 致蒋百里、张东荪、舒新城（1921. 11—12）
217. 致高梦旦、陈叔通（1922. 2. 3）
218. 致籍亮侪（1922. 2. 17）
219. 致张东荪（1922）
220. 致张菊生（1922. 4. 22）
221. 致张东荪（1922. 6）
222. 致蹇季常（1922. 6. 2）
223. 致黄溯初、张东荪、张君劢（1922. 6. 10）
224. 致徐佛苏（1922. 7. 24）
225. 致张东荪（1922. 10. 1）
226. 致张菊生、高梦旦（1922. 10. 8）
227. 致徐佛苏（1922. 10. 20）
228. 致蹇季常（1922. 11. 8）
229. 致蹇季常（1922. 11. 17）
230. 致蹇季常（1922. 12. 2）
231. 致林宰平（1923. 1. 30）
232. 致张东荪（1923. 2. 2）
233. 致陈叔通、黄溯初、张东荪、张君劢（1923. 3. 18）
234. 致高梦旦（1923. 3. 20）
235. 致张菊生（1923. 4. 3）
236. 致张菊生（1923. 4. 28）
237. 致康有为（1923. 5. 20）
238. 致康有为（1923. 5. 21）
239. 致康有为（1923. 5. 26）
240. 致蹇季常（1923. 6. 21）

241. 致蹇季常（1923.7.13）
242. 致张菊生、高梦旦（1923.7.31）
243. 致蹇季常（1923.8.1）
244. 致张菊生、高梦旦（1923.8.11）
245. 致蹇季常（1923.8.11）
246. 致张菊生（1923.9.15）
247. 致张东荪（1923.10）
248. 致高梦旦（1923.11.22）
249. 致张菊生（1924.2.11）
250. 致蹇季常（1924.3.7）
251. 致梁仲策（1924.3.14）
252. 致张东荪、陈筑山（1924.4.23）
253. 致张菊生（1924.4.23）
254. 致张菊生（1924.4.23）
255. 致蹇季常（1924.6.7）
256. 致蹇季常（1924.6.11）
257. 致蹇季常（1924.6.24）
258. 致蹇季常（1924.8.12）
259. 致史地学会同学书（1924.7—8）
260. 致张菊生、高梦旦（1924.9.5）
261. 致梁仲策（1925.2.5）
262. 致蹇季常（1925.2.13）
263. 致蹇季常（1925.5.4）
264. 致蹇季常、梁崧生（1925.5.6）
265. 致蹇季常（1925.5.7）
266. 致林宰平（1925.5.7）
267. 致蹇季常（1925.5.8）
268. 致林宰平（1925.5.12）
269. 致林宰平（1925.5.13）
270. 致胡适之（1925.6.22）
271. 致胡适之（1925.6.26）

272. 致林宰平（1925. 6. 27）
273. 致胡适之（1925. 7. 3）
274. 致梁仲策（1925. 7. 6）
275. 致袁守和（1925. 12. 15）
276. 致袁守和（1925. 12. 15）
277. 致李仲揆、袁守和（1925. 12. 20）
278. 致张国金（1926. 1. 18）
279. 致张菊生（1926. 4. 14）
280. 致袁守和（1926. 4. 18）
281. 致李仲揆、袁守和（1926. 6. 18）
282. 致任志清（1926. 6. 29）
283. 致李仲揆、袁守和（1926. 7. 5）
284. 致袁守和（1926. 7. 12）
285. 致李仲揆、袁守和（1926. 7. 13）
286. 致任志清（1926. 7. 18）
287. 致李仲揆、袁守和（1926. 7. 20）
288. 致胡汝麟（1926. 7. 20）
289. 致任志清、胡石青（1926. 8. 20）
290. 致张东荪（1926. 10. 15）
291. 致江翊云（1926. 11. 11）
292. 致李仲揆、袁守和（1926. 11. 14）
293. 致袁守和（1926. 11. 26）
294. 致江翊云（1926. 12. 3）
295. 致徐君勉（1927. 5. 13）
296. 致北京图书馆（1927. 7. 22）
297. 致陈仲恕（1927. 7. 30）
298. 致梁仲策（1927. 8. 3）
299. 致北京图书馆（1927. 8. 8）
300. 致卓君庸（1927. 11. 25）
301. 致陈仲恕（1927. 11. 28）
302. 致卓君庸（1927. 12. 4）

303. 致蹇季常（1927.12.30）

304. 致袁守和（1928.6.18）

305. 致胡适（1928.6.18）

306. 致袁守和（1928.8.24）

307. 致北京图书馆（1928.8.24）

308. 致林宰平、黄晦闻（1928.9.3）

309. 致林宰平（1928）

310. 致叶揆初、陈叔园、口季荫、徐振飞（1928.9.22）

311. 致汪康年、汪诒年（1—49 封）

附二　家书细目

1. 致李蕙仙（1898.9.15）
2. 致李蕙仙（1898.9.23）
3. 致李蕙仙（1898.10.6）
4. 致李蕙仙（1898.10.27）
5. 致李蕙仙（1899.2.2）
6. 致李蕙仙（1899.3.24）
7. 致李蕙仙（1900.5.24）
8. 致李蕙仙（1900.6.30）
9. 致梁思顺（1911.9.19）
10. 又
11. 致梁思顺（1911.9.21）
12. 又
13. 致梁思顺（1911.9.22）
14. 致梁思顺（1912.10.5）
15. 致梁思顺（1912.10.8）
16. 致梁思顺（1912.10.11）
17. 致梁思顺（1912.10.13）
18. 致梁思顺（1912.10.17）
19. 致梁思顺（1912.10.18）
20. 致梁思顺（1912.10.24）

21. 致梁思顺（1912. 10. 29）
22. 致梁思顺（1912. 11. 1）
23. 致梁思顺（1912. 11. 13）
24. 致梁思顺（1912. 12. 1）
25. 致梁思顺（1912. 12. 2）
26. 致梁思顺（1912. 12. 3）
27. 致梁思顺（1912. 12. 5）
28. 致梁思顺（1912. 12）
29. 致梁思顺（1912. 12. 14）
30. 致梁思顺（1912. 12. 16）
31. 致梁思顺（1912. 12. 18）
32. 致梁思顺（1912. 12. 20）
33. 又
34. 致梁思顺（1912. 12. 22）
35. 致梁思顺（1912. 12. 23）
36. 致梁思顺（1912. 12. 27）
37. 致梁思顺（1913. 1. 10）
38. 致梁思顺（1913. 1. 12）
39. 致梁思顺（1913. 1. 15）
40. 致梁思顺（1913. 1. 17）
41. 致梁思顺（1913. 1. 21）
42. 致梁思顺（1913. 1. 23）
43. 致梁思顺（1913. 1. 25）
44. 致梁思顺（1913. 1. 31）
45. 致梁思顺（1913. 2. 4）
46. 致梁思顺（1913. 2. 4）
47. 致梁思顺（1913. 2. 4）
48. 致梁思顺（1913. 2. 4）
49. 致梁思顺（1913. 2. 5）
50. 致梁思顺（1913. 2. 7）
51. 致梁思顺（1913. 2. 8）

52. 致梁思顺（1913. 2. 10）
53. 致梁思顺（1913. 2. 11）
54. 致梁思顺（1913. 2. 14）
55. 致梁思顺（1913. 2. 20）
56. 致梁思顺（1913. 2. 21）
57. 致梁思顺（1913. 2. 23）
58. 致梁思顺（1913. 2. 24）
59. 致梁思顺（1913. 2. 27）
60. 致梁思顺（1913. 2. 28）
61. 致梁思顺（1913. 3. 1）
62. 致梁思顺（1913. 3. 3）
63. 致梁思顺（1913. 3. 5）
64. 致梁思顺（1913. 3. 7）
65. 致梁思顺（1913. 3. 9）
66. 致梁思顺（1913. 3. 10）
67. 致梁思顺（1913. 3. 12）
68. 致梁思顺（1913. 3. 13）
69. 致梁思顺（1913. 3. 14）
70. 致梁思顺（1913. 3. 15）
71. 致梁思顺（1913. 3. 16）
72. 致梁思顺（1913. 3. 18）
73. 致梁思顺（1913. 3. 20）
74. 致梁思顺（1913. 3. 21）
75. 致梁思顺（1913. 3. 22）
76. 致梁思顺（1913. 3. 23）
77. 致梁思顺（1913. 3. 25）
78. 致梁思顺（1913. 3. 26）
79. 致梁思顺（1913. 3. 27）
80. 致梁思顺（1913. 3. 29）
81. 致梁思顺（1913. 3. 30）
82. 致梁思顺（1913. 3. 31）

83. 致梁思顺（1913. 4. 1）
84. 致梁思顺（1913. 4. 2）
85. 致梁思顺（1913. 4. 3）
86. 致梁思顺（1913. 4. 5）
87. 致梁思顺（1913. 4. 7）
88. 致梁思顺（1913. 4. 10）
89. 致梁思顺（1913. 4. 12）
90. 致梁思顺（1913. 4. 14）
91. 致梁思顺（1913. 4. 15）
92. 致梁思顺（1913. 4. 16）
93. 致梁思顺（1913. 4. 17）
94. 致梁思顺（1913. 4. 18）
95. 致梁思顺（1913. 4. 18）
96. 致梁思顺（1913. 4. 21）
97. 致梁思顺（1913. 4. 22）
98. 致梁思顺（1913. 4. 23）
99. 致梁思顺（1913. 4. 29）
100. 致梁思顺（1913. 4. 29）
101. 致梁思顺（1913. 5. 1）
102. 致梁思顺（1913. 5. 1）
103. 致梁思顺（1913. 5. 2）
104. 致梁思顺（1913. 5. 2）
105. 致梁思顺（1913. 5. 4）
106. 致梁思顺（1913. 5. 5）
107. 致梁思顺（1913. 6. 2）
108. 致梁思顺（1913. 6. 13）
109. 致梁思顺（1913. 7. 26）
110. 致梁思顺（1913. 7. 30）
111. 致梁思顺（1913. 8. 5）
112. 致梁思顺（1913. 8. 10）
113. 致梁思顺（1913. 8. 14）

114. 致梁思顺（1913. 8. 26）
115. 致梁思顺（1913. 9. 2）
116. 致梁思顺（1913. 9. 14）
117. 致梁思顺（1913. 9. 16）
118. 致梁思顺（1913. 9. 23）
119. 致梁思顺（1913. 10. 1）
120. 致梁思顺（1913. 10. 1）
121. 致梁思顺（1913. 10）
122. 致梁思顺（1913. 10. 26）
123. 致梁思顺（1913. 10. 28）
124. 致梁思顺（1913. 11. 6）
125. 致梁思顺（1913. 11. 8）
126. 致梁思顺（1915. 2. 17）
127. 致梁思顺（1915. 2. 21）
128. 致梁思顺（1915. 2. 27）
129. 致梁思顺（1915. 2）
130. 致梁思顺（1915. 2）
131. 致梁思顺（1915. 2）
132. 致梁思顺（1915. 2）
133. 致梁思顺（1915. 2）
134. 致梁思顺（1915. 4. 3）
135. 致梁思顺（1915. 4. 13）
136. 致梁思顺（1915. 4. 14）
137. 致梁思顺（1915. 4. 15）
138. 致梁思顺（1915. 4. 16）
139. 致梁思顺（1915. 4. 18）
140. 致梁思顺（1915. 4. 18）
141. 致梁思顺（1915. 5. 1）
142. 致梁思顺（1915. 5. 2）
143. 致梁思顺（1915. 5. 3）
144. 致梁思顺（1915. 5. 3）

145. 致梁思顺（1915.5.4）
146. 致梁思顺（1915.5.5）
147. 致梁思顺（1915.5.6）
148. 致梁思顺（1915.5.7）
149. 致梁思顺（1915.5.8）
150. 致梁思顺（1915.5.11）
151. 致梁思顺（1915.5.14）
152. 致梁思顺（1915.5.24）
153. 致梁思顺、梁思成等（1915.6.4）
154. 致梁思顺（1915.6.5）
155. 致梁思顺（1915.6.11）
156. 致梁思顺（1915.6.15）
157. 致梁思顺（1915.6.16）
158. 致梁思顺（1915.7.27）
159. 致梁思顺（1915.7.29）
160. 致梁思顺（1915.7）
161. 致梁思顺（1915.7）
162. 致梁思顺（1915.7）
163. 致梁思顺（1915.8.19）
164. 致梁思顺（1915.8.19）
165. 致梁思顺（1915.8.22）
166. 致梁思顺（1915.8.23）
167. 致梁思顺（1915.9.9）
168. 致梁思顺（1915.9.18）
169. 致梁思顺（1915.12.19）
170. 致梁思顺（1915.12.23）
171. 致梁思顺（1915.12.28）
172. 致梁思顺（1915.12.29）
173. 致梁思顺（1916.1.2）
174. 致梁思顺（1916.1.7）
175. 致梁思顺（1916.1.21）

176. 致梁思顺（1916. 1. 24）
177. 致梁思顺（1916. 1. 25）
178. 致梁思顺（1916. 1. 31）
179. 致梁思顺（1916. 2. 7）
180. 致梁思顺（1916. 2. 8）
181. 致梁思顺（1916. 2. 13）
182. 致梁思顺（1916. 2. 17）
183. 致梁思顺（1916. 2. 18）
184. 致梁思顺（1916. 2. 22）
185. 致梁思顺（1916. 2. 28）
186. 致梁思顺（1916. 3. 3）
187. 致梁思顺（1916. 3. 7）
188. 致梁思顺（1916. 3. 12）
189. 致梁思顺（1916. 3. 17）
190. 致梁思顺（1916. 3. 18）
191. 致梁思顺（1916. 3. 20—21）
192. 致梁思顺（1916. 3. 25）
193. 致梁思顺（1916. 3. 26）
194. 致梁思顺（1916. 3. 27）
195. 致梁思顺（1916. 4. 3）
196. 致梁思顺（1916. 4. 6）
197. 致梁思顺（1916. 4. 27）
198. 致梁思顺（1916. 5. 3）
199. 致梁思成、梁思永（1916. 6. 22）
200. 致梁思成、梁思永（1916. 6. 26）
201. 致梁思顺（1916. 7. 14）
202. 致诸儿（1916. 7. 14）
203. 致梁思顺（1916. 7. 16—18）
204. 致梁思顺（1916. 8. 7）
205. 致诸儿（1916. 8. 16）
206. 致梁思顺（1916. 8. 24）

207. 致梁思顺（1916. 8. 27）
208. 致梁思顺（1916. 9. 23）
209. 致梁思顺（1916. 9. 26）
210. 致梁思顺（1916. 10. 11）
211. 致梁思顺（1916. 10. 16）
212. 致梁思顺等（1916. 10. 24）
213. 致梁思顺（1918. 12. 10）
214. 致梁思顺（1918. 12. 19）
215. 致梁思顺（1919. 1. 6）
216. 致梁思顺（1919. 1. 13）
217. 致梁思顺（1919. 2. 11）
218. 致梁思顺（1919. 2. 11）
219. 致梁思顺（1919. 3. 7）
220. 致梁思顺（1919. 6. 16）
221. 致梁思顺（1919. 7. 12）
222. 致梁思顺（1919. 7. 26）
223. 致梁思顺（1919. 8. 4）
224. 致梁思顺（1919. 9. 5）
225. 致梁思顺（1919. 9. 9）
226. 致梁思顺（1919. 10. 4）
227. 致梁思顺（1919. 10. 6）
228. 致梁思顺（1919. 11. 5）
229. 致梁思顺（1919. 12. 2）
230. 致梁思顺（1919. 12. 13）
231. 致梁思顺（1919. 12. 14）
232. 致梁思顺（1919. 12. 22）
233. 致梁思顺（1919. 12. 24）
234. 致梁思顺（1920. 1. 7）
235. 致梁思顺（1920. 3. 25）
236. 致梁思顺（1920. 4. 20）
237. 致梁思顺（1920. 7. 20）

238. 致梁思顺（1921.5.16）
239. 致梁思顺（1921.5.30）
240. 致梁思顺（1921.6.24）
241. 致梁思顺（1921.7.22）
242. 致梁思顺（1922.9.26）
243. 致梁思成、梁思永等（1922.11.23）
244. 致梁思顺（1922.11.29）
245. 致梁思顺（1922.12.2）
246. 致梁思顺（1922.12.3）
247. 致梁思顺（1922.12.8）
248. 致梁思顺（1922.12.18）
249. 致梁思顺（1922.12.25）
250. 致梁思顺（1923.1.7）
251. 致梁思顺（1923.1.15）
252. 致梁思顺（1923.1.21）
253. 致梁思顺（1923.1.24）
254. 致梁思顺（1923.1.29）
255. 致梁思顺（1923.5.8）
256. 致梁思顺（1923.5.10）
257. 致梁思顺（1923.5.11）
258. 致梁思顺（1923.5）
259. 致梁思顺（1923.5.17）
260. 致梁思顺（1923.5.18）
261. 致梁思顺（1923.6.1）
262. 致梁思顺（1923.6.13）
263. 致梁思顺（1923.7.26）
264. 致梁思顺（1923.7.26）
265. 致梁思顺（1923.8.1）
266. 致梁思顺（1923.8.8）
267. 致梁思顺（1923.8.22）
268. 致梁思顺（1923.9.6）

269. 致梁思顺（1923. 9. 10）
270. 致梁思顺（1923. 9. 15）
271. 致梁思顺（1923. 10. 6）
272. 致梁思顺（1923. 11. 1）
273. 致梁思顺（1923. 11. 5）
274. 致梁思顺（1923. 11. 16）
275. 致梁思顺（1923. 11. 20）
276. 致梁思顺（1923. 11. 27）
277. 致梁思顺（1923. 12. 18）
278. 致梁思顺（1924. 1. 6）
279. 致梁思顺（1924. 2. 2）
280. 致梁思顺（1924. 4. 2）
281. 致梁思顺（1924. 4. 4）
282. 致梁思顺（1924. 4. 9）
283. 致梁思顺（1924. 4. 16）
284. 致梁思顺（1924. 4. 19）
285. 致梁思顺（1924. 4. 19）
286. 致梁思顺（1924. 4. 21）
287. 致梁思顺（1924. 6. 6）
288. 致梁思顺、梁思庄（1925. 4. 17）
289. 致梁思顺（1925. 5. 1）
290. 致梁思顺、梁思成、梁思永（1925. 5. 9）
291. 致梁思顺、梁思成、梁思永、梁思庄（1925. 5. 11）
292. 致梁思顺（1925. 5）
293. 致孩子们（1925. 7. 10）
294. 致孩子们（1925. 8. 3）
295. 致梁思顺（1925. 8. 12）
296. 致梁思顺（1925. 8. 16）
297. 致孩子们（1925. 9. 13）
298. 致梁思顺（1925. 9. 13）
299. 致孩子们（1925. 9. 14）

300. 致梁思顺等（1925.9.20）
301. 致梁思顺（1925.9.24）
302. 致梁思顺、梁思成、梁思永、梁思庄（1925.9.29）
303. 致梁思顺、梁思成、梁思永、梁思庄（1925.10.3）
304. 致孩子们（1925.11.9）
305. 致梁思成（1925.12.27）
306. 致梁思成（1926.1.5）
307. 致孩子们（1926.2.9）
308. 致孩子们（1926.2.18）
309. 致孩子们（1926.2.27）
310. 致梁思顺（1926.3.7）
311. 致孩子们（1926.3.10）
312. 致孩子们（1926.4.19）
313. 致梁思顺（1926.6.5）
314. 致梁思顺（1926.6.11）
315. 致梁思忠（1926.8.14）
316. 致梁思忠（1926.8.16）
317. 致孩子们（1926.8.18）
318. 致孩子们（1926.8.22）
319. 致孩子们（1926.9.4）
320. 致孩子们（1926.9.14）
321. 致梁思顺（1926.9.17）
322. 致孩子们（1926.9.26）
323. 致孩子们（1926.9.27）
324. 致孩子们（1926.9.29）
325. 致孩子们（1926.10.4）
326. 致孩子们（1926.10.14）
327. 致孩子们（1926.10.19）
328. 致孩子们（1926.10.22）
329. 致梁思永（1926.12.10）
330. 致孩子们（1926.12.20）

331. 致孩子们（1927. 1. 2）
332. 致梁思永（1927. 1. 10）
333. 致孩子们（1927. 1. 13）
334. 致孩子们（1927. 1. 18—26）
335. 致孩子们（1927. 1. 27）
336. 致梁思顺（1927. 1. 30）
337. 致孩子们（1927. 2. 6—16）
338. 致孩子们（1927. 2. 23）
339. 致孩子们（1927. 2. 28）
340. 致梁思成（1927. 3. 1）
341. 致孩子们（1927. 3. 9）
342. 致孩子们（1927. 3. 10）
343. 致孩子们（1927. 3. 21）
344. 致孩子们（1927. 3. 29）
345. 致孩子们（1927. 3. 30）
346. 致梁思顺（1927. 4. 2）
347. 致孩子们（1927. 4. 19—20）
348. 致梁思永（1927. 4. 21）
349. 致梁思永（1927. 4. 25）
350. 致梁思永（1927. 4. 27）
351. 致梁思顺（1927. 5. 4）
352. 致孩子们（1927. 5. 5）
353. 致梁思顺（1927. 5. 11）
354. 致梁思顺（1927. 5. 13）
355. 致孩子们（1927. 5. 26）
356. 致孩子们（1927. 5. 31）
357. 致孩子们（1927. 6. 15）
358. 致梁思顺（1927. 6. 23）
359. 致梁思顺（1927. 7. 3）
360. 致孩子们（1927. 8. 29）

361. 致孩子们（1927. 10. 11）
362. 致孩子们（1927. 10. 29—11. 15）
363. 致孩子们（1927. 11. 23—12. 5）
364. 致孩子们（1927. 12 上旬）
365. 致孩子们（1927. 12. 12）
366. 致梁思顺（1927. 12. 13）
367. 致梁思成（1927. 12. 18）
368. 致梁思顺（1927. 12. 19）
369. 致梁思顺（1927. 12. 24）
370. 致梁思达（1928. 1）
371. 致梁思顺（1928. 2. 2）
372. 致梁思成（1928. 2. 12）
373. 致孩子们（1928. 2. 13）
374. 致梁思永（1928. 4. 3）
375. 致梁思成、林徽因（1928. 4. 26）
376. 致梁思顺（1928. 4. 28）
377. 致梁思成（1928. 5. 4）
378. 致梁思顺（1928. 5. 4）
379. 致梁思顺（1928. 5. 5）
380. 致梁思成（1928. 5. 8）
381. 致梁思顺（1928. 5. 8）
382. 致梁思顺（1928. 5. 13）
383. 致梁思成、林徽因（1928. 5. 14）
384. 致梁思成（1928. 6. 10）
385. 致梁思顺（1928. 6. 19）
386. 致梁思顺（1928. 6. 23）
387. 致梁思顺（1928. 8. 22）
388. 致梁思顺（1928. 9. 2）
389. 致梁思顺（1928. 10. 12）
390. 致梁思成（1928. 10. 17）

（三）《〈饮冰室合集〉集外文》[①]详目

上　册

《〈饮冰室合集〉集外文》序

编辑凡例

文集补编

与康有为等人书

会报叙

南皮先生赐寿记

与陈三立、熊希龄函

上海新设计中国女学堂章程

上陈宝箴书

《试行印花税条说》跋

《意大利兴国侠士传》序

《大东合邦新义》序

《中西学门经书七种》叙

《长兴学记》叙

读《春秋》界说上（补）

时务学堂功课详细章程

呈请代奏查办德人毁坏圣像以伸公愤稿

代总理衙门奏拟京师大学堂章程

拟译书局章程并沥陈开办情形折

创办《时务报》源委

拟在上海设立编译学堂并请准予学生出身折

请饬一切书籍报章概准免纳厘税呈

与日本东邦协会书

上品川弥二郎子爵书

致大阪日清协和会山本梅崖书

① 北京大学出版社 2005 年版。

《续变法通议》题记
亡友浏阳谭遗像赞
大同志学会序
自立会序
论刚毅筹款事
致孙中山函三通
致孙眉函二通
书十二月二十四日伪上谕后
与经元善书
致澳洲总督好顿书
辞行小后
致澳洲保皇会诸同志书
异哉所谓支那教育权者
《新民丛报》章程
《新民丛报》之特色
似此遂足以破种界乎
英日同盟论
《新民丛报》问答
将裨学堂缘起
媚外奇闻
崇拜外国者流看者
行人失辞
《周末学术讲议》识（zhì）语
朝旨深意
自治？非律宾自治？
革命！俄罗斯革命！
英杜和议遂成
中俄之内乱外患
《近世欧洲四大家政治学说》自序
《近世欧洲四大家政治学说》例言
《饮冰室师友论学笺》识语

论学生公愤事
蔡钧蠛（miè）辱国权问题
西藏密约问题
檀香山赔款问题
民选领事问题
（中国唯一之文学报）新小说
《黄梨洲》绪论
饮冰室主人告白
西村博士自识（zhì）录
南洋公学学生退学事件
读《读通鉴论》
尚同子《〈论纪年〉书后》案语
《自由原理》序
海外殖民调查报告书
小说丛话
上海《时报》缘起
《时报》发刊例
辨妄广告
辨诬再白
辨妄再白
忠告香港《中国日报》及其日本访事员
《新释名》叙
《近世中国秘史》序
美国大统领选举臆评
圣路易博览会之各种会议
俄国芬兰总督之遇害（俄国内治之前途奈何）
俄国虚无党之大活动
论胶济铁路与德国权力之关系
粤汉铁路交涉之警闻
铁路权之转移（俄法之势力遂贯我全国）
旅顺逃窜俄舰之国际交涉

澳洲新内阁与二十世纪前途之关系
英国之西藏
哀西藏
呜呼四川教育界
比国留学界报告
东三省自治制度之公布
所谓大隈主义
杂评二则
俄国新内务大臣
俄国立宪政治之动机
呜呼俄国之立宪问题
续纪俄国立宪问题
自由乎？死乎？
自由死自由不死
俄京聚众事件与上海聚众事件
鄂督与粤汉铁路之关系（最初一秘密历史）
读广东国民赎路股票章程书后
顾问政治
文字狱与文明国
治外法权与国民思想能力之关系
中国之多数政治
《中国原始民族之现状》识语
《罗马四论》识语
读《今后之满洲》书后
抵制禁约与中美国交之关系
评政府对于日俄和议之举动
再评政府对于日俄和议之举动
日俄和议纪事本末
《节本明儒学案》例言
记东京学界公愤事并述余之意见
《上海领事裁判及会审制度》识语

过去一年间世界大事记

欧洲最近政局（摩洛哥问题）

国家原论（日本小野冢博士原著）

《松阴文钞》叙

《中国存亡一大问题》叙

《中国存亡一大问题》跋

《意大利立宪政治之近况》跋

日本豫备立宪时代之人民

论法律之性质（日本法学博士奥田义人原著）

杂答某报

中国不亡论（再答某报第十号对于本报之驳论）

再驳某报之土地国有论（补）

中日改约问题与最惠国条款

中日改约问题与协议税率

新出现之两杂志

闻东京留学界与监察员冲突事有感

原学

中国文明之传播

说淮

《学报》谈丛

　　释国

　　干支与字母之关系

　　苦学之模范

政闻社社约

一年来政界之波澜

改革之动机安在？

所谓袁张内阁

呜呼韩国呜呼韩皇呜呼韩民

政治上之监督机关

政闻社总务员马良等上资政院总裁论资政院组织权限说帖

致刘士骥电

上涛贝勒笺
再论锦爱铁路问题
美国欢迎前大统领

中　册

日韩合并问题
德国胶洲湾增兵问题
立宪九年筹备案恭跋
为狄葆贤书扇小序
《法政杂志》序
论法治国之公文格式
致袁世凯电
答民主党在天津开欢迎会辞
在民主党直隶支部欢迎会演说词
莅国民党欢迎会演说词
与国民党参议胡英之谈话
在临时工商会演说词
复民主党员文耀等书
《盐政杂志》序
《庸言》叙
撰述启事
《俄蒙交涉始末》识语
论国务院会议
论审计院
介绍大律师熊垓
《中华警察协会集志》题词
进步党在京开成立大会演说词
进步党特别会演说词
致段芝贵宣抚使电
知命尽性
在参政院第十五次会议发言

在清华学校演说词
欧战后思想变迁之大势
国体问题与五国警告
呈请辞职文
呈报赴美日期文
《曾文正公嘉言钞》钞例
致滇中将士书
梁启超特别启事
梁启超启事
复吕公望电
《省制条议》序
杭州演说词
对于兴亚借款问题之意见
致杭州各界电
复吕公望书
在南京军警政各界欢迎会演说词
在江苏省议会欢迎会演说词
致黎元洪总统段祺瑞总理电
珠海事变遇难三君追悼会
(附) 挽汤觉顿
挽珠海三烈
致大总统黎元洪电
辞劝位电
吊黄克强先生电
(附) 挽黄克强先生联
恕讣不周
致张嘉森电
致上海张孝丰等青电
告蔡松坡先生逝世电
致蒋方震、石陶钧电
致王家襄等电

致谭延闿电
致各当道通电（为设立蔡松坡纪念图书馆事）
祭蔡松坡先生文
上海蔡公治丧事务所同人公祭松坡先生文
致陆荣廷督军删电（请开放珠海作公园）
《（再造共和）唐会泽大事记》序
在广东高等师范学校演说词
莅潮州旅沪绅商欢迎会演说词
在蔡松坡先生追悼会场演说词
在上海南洋公学之演说词
在上海青年会之演词
创设松坡图书馆缘起
申谢
蔡公遗孤教养协会规则
在上海商务总会之演说
在江苏教育总会之演说
在济南镇守使署参观武术表演之演说
在教育部之演说（中国教育之前途与教育家之自觉）
在清华学校之演说（学生自修之三大要义）
对报界之演说
在各政团欢迎会席上之演说
在各学校欢迎会之演说
梁启超启事（申谢与道歉）
周八寸瑑（zhuàn）壁题词
与《大公报》记者谈今后之社会事业
《民国财政史》序
在南开学校演说词
答客问对于德美国交断绝及我国应取若何态度之意见
为捐助松坡图书馆鬻（yù）字例
在国民外交后援会成立大会之演说
在国民外交后援会成立大会之演说

绝交后之紧急问题
《曾胡治兵语录》序
关于时局之谈话
在宪法研究会报告入阁经过情形之演说
关于召集参议院问题政府之电文
与《大公报》记者之谈话
大总统布告（对德对奥宣战文）
关于一千万元垫款之谈话
戴循若先生暨张耀廷、黄孟曦、熊克丞三先生追悼会启
在财政金融学会成立会之演说
与新闻编辑社社员之谈话（关于西南问题）
对赴日视察员之训话
邵阳蔡公松坡周年纪念祀启事
与《京津泰晤士报》记者关于时局之谈话
请发保和殿《四库全书》副本文
金券条例观（答某通信社记者问）
致在京友人函（询汤化龙身后情形）
致汤乡铭将军函
复王揖（yī）唐、王印川函（为筹备汤化龙追悼会事）
祭汤济武文
与《国民公报》记者问答纪
为请求列席平和会议敬告我友邦
欧战议和之感想
对德宣战回顾谈
中国国际关系之改造
国际同盟与中国
讲坛
　人生目的何在
　无聊消遣
　将来观念与现在主义
　推理作用

欧战结局之教训

自由意志

什么是“我”

最苦与最乐

意志之磨练

读《孟子》记（修养论之部）

与上海新闻记者之谈话

关于欧洲和会问题我舆论之商榷

在宪法研究会饯别会之演说

在战后外交研究会及国民外交后援会召开之外交讲演会之演说

在协约国民协约会之演说词

在国际税法平等会演说词

在上海银行公会欢迎会之答谢词

辞行启事

与英报记者之谈话

致汪大燮、林长民电（述在法各情）

致汪大燮、林长民电（交还青岛之对策）

在巴黎万国报界联合会欢迎会演说词

中国与列强在远东政治关系上必要之更改

致外交部转汪大燮、林长民电

致《字林报》电（为辟谣事）

致汪大燮、林长民转上海商会暨商团联合会电

致林长民并国民外交协会电（主张先废高徐顺济路约）

致汪大燮、林长民转国民外交协会电

呈大总统徐世昌电

致汪大燮、林长民转南北当局诸公电（请速泯内争合力对外）

与梁启勋书

英国对华贸易观

欧游抵沪与记者之谈话

在南通之演说

在中国公学演说词

关于山东问题谈话
临行致总统书（为学生移送法庭事）
致浙江齐耀珊省长电（请维持一师）
“五四纪念日”感言
佛教东来之史地研究（在高师演讲）
《国际联盟及其趋势》序
纵谈诸重要问题
湖南自治根本法草案
在请学社欢迎罗素之盛会演说词
《蒋叔南游记第一集》序
对于日本提案之意见
新烟酒借款
诸子考证与其勃兴之原因
《动忍庐诗存》序
张煦《梁任公提诉老子时代问题一案判决书》识语
为新闻风纪起见忠告投稿家及编辑者一封信
《彻底翻腾的清华革命》序
中学以上作文教学法
中学以上作文教学法
复曹锟、吴佩孚电
农业与将来之社会
山东历史博物展览会开幕演说词
先进者之新觉悟与新任务
什么是新文化（科学的理解与自律的情操）
祝湖南省宪之实施
奋斗的湖南人
湖南教育界之回顾
对河南教育前途之希望
致大总统黎元洪电（为罗文轩被捕事）
对罗文轩案国民所应持的正义
《儒家哲学及其政治思想》识语

《荀子人性的见解》识语
《统计学原理及应用》序
谢客启事
为创设文化学院事求助于国中同志
梁任公对于时局之痛语
致《黄报》记者书
梁启超启事
《梁任公学术讲演集》（第三辑）自序
介绍大音乐家
致《晨报副镌（juān）》记者书
在日使馆之演说
倡议筹赈日本震灾通电
在陈师曾追悼会之演说
《清代政治之影响与学术者》题记
文史学家之性格及其预备（为清华学校职业指导部演讲）
关于医大美专两校风潮对记者之谈话
东原图书馆募捐办法
请学社招待泰戈尔茶会欢迎词
《清代学者整理旧学之总成绩》序
松坡图书馆第一次年会报告
怎样的涵养和磨练智慧
在香山慈幼院之讲演
恕卜不周
致段祺瑞电
青年必读书
孙文之价值
为松坡图书馆鬻字改定润格
呈请补助图书馆文
学问独立与清华第二期事业
为美国同学捐款致学生会函
与清华研究院同学谈话记

指导之方针及选择研究题目之商榷
介绍法比两大音乐家
失望与有为
梁启超启事（告访客）
答梁漱溟书
王政《为续妾问题质梁任公先生》跋语
答《晨报》记者电话访谈（何来赴沪之说）
国产之保护及奖励（补）
与刘勉己书
与徐志摩书（二则）
政治家之修养
致吴宓书
致曹云祥校长书（为挽留张彭春事）
对惨案之愤慨
病院谈话记
国耻演讲词
我的病与协和医院
对美客谈废除领判权
《松坡军中遗墨》序
题刘书跋
新书介绍·中华民国省区全志
致孙传芳电（为营救熊育锡）
蔡松坡与袁世凯
要干便站在前线
聘任余绍宋学长函
司法储才馆开馆辞
敬告英国人
《司法储才馆季刊》发刊词
陆王学派与青年修养
学问的趣味与趣味的学问
接收京师图书馆改组办理情形手折

北海谈话记

王森然著《中学国文教学概要》序

致教育部请辞国立图书馆长书

《历代名人生卒年表》序

知命与努力

致北京图书馆委员会请津贴编纂《图书大辞典》函

《中国图书大辞典》编纂内容概要

编辑《图书大辞典》（又名《群籍考》）计划

社会学在中国方面的几个重要问题研究举例（在燕大社会学会演讲）

王静安先生墓前悼辞

《国学论丛》第一卷第三号（王静安先生纪念号）序

范静生先生追悼会

饮冰室诗话（补）

广邱菽园诗中八贤歌即效其体（其八）

和（hè）吴济川赠行即用其韵

辛亥元旦

南湖所藏道衍为中山王画山水稀世宝也，行住坐卧与俱，借观三日，题长歌归之

题宋石门罗汉画像

寿陈弢庵太保七十

为李一山题唐拓武梁祠画象本

哭汤济武

百里述泰西一美术家言：黑人为天下至美。子楷、君劢盛赞其说，戏赋一绝，以当附和

亡妻李夫人葬毕告墓文

下　册

专集补编

西学书目表

读西学书法

《论语》《公羊》相同说

戊戌政变记（补）

论戊戌八月之变乃废立而非训政

政变近报

卷四

第四篇 政变正纪

第二章 穷捕志士

（附）记南海先生出险事

第三章 论西后及今政府将来之政策如何

卷五

第五篇 政变后之关系

第一章 论中国之将来

第二章 支那与各国之关系

第三章 日英政策旁观论

卷七

附录一 改革起原（补）

国家论

卷一

国家之改革

国家之主义

国家之建立沿革及亡灭

立国之渊源

国家之准的

卷二（缺）

卷三 国体

第一章 四种正体（政体）

第二章 四种之变体（民体）

第三章 近世代议君主政治及代议共和政治

第四章 代议（一曰立宪，义同）君主政治之端绪

卷四 公权之作用

第一章 至尊权 国权 主权

第二章 国家主权（国民主权）君主主权（政府主权）

第三章 公权之区别

饮冰室自由书（补）

之一

之二

蒙的士鸠①之学说

列国东洋舰队

现今世界大势论

叙

第一节 论民主主义之进步

第二节 论民族帝国主义之由来

第三节 英国之帝国主义

第四节 德国之帝国主义

第五节 俄国之帝国主义

第六节 美国之帝国主义

第七节 论今日世界竞争之点集注于中国

第八节 论各国经营中国之手段

第九节 论殖民政略

第十节 论铁路政略及传教政略

第十一节 论工商政略

第十二节 结论

（政治小说）新中国未来记（稿本）（补）②

第五回 奔丧阻船两睹怪像 对病论药独契微言

新罗马传奇（补）

第七出 隐农

（通俗精神教育新剧本）班定远平西域

例言

第一幕 言志

第二幕 出师

第三幕 平虏

第四幕 上书

---

① 蒙的士鸠，今通译孟德斯鸠。

② 夏晓虹辑《〈饮冰室合集〉集外文》目录将此文归入《现今世界大势论》，错。见北京大学出版社2005年版，第18页。

第五幕 军谈

第六幕 凯旋

附：粤语释文

《越南亡国史》

叙

例言

财政问题商榷书初编

叙言

第一期财政计划意见书

财政问题商榷书次编

吾党对于国民捐之意见

论今日整理财政宜先划定国税与地方税之范围（税制问题之一）

本年财政现状质问政府案

世界平和与中国

欧游心影录（补）

读书法讲义

《大乘起信论》考证

前论

研究本问题之预备

本论上 从文献上考察

一、《起信论》果马鸣造乎？

二、《起信论》果真谛译乎？

本论下 从学理上考虑

一、《起信论》在佛学界位置概说

二、佛身论之史的发展与起信思想

三、心识论之史的发展与起信思想

四、从教理上讨论《起信论》成立之年代与地方

结论《起信论》之作者及其价值

余论

一、《起信论》与《占察经》

二、《起信论》与《释摩诃衍论》

就任日期通告

呈大总统报明就职视事日期文

令各省高等检察厅

呈大总统拟将新疆司法筹备处暂缓裁撤请鉴核施行文

令京外各级检察厅

呈大总统陈明本部已未派往各国修习员另筹办法暨嗣后毋庸呈请等情鉴核备案文

呈大总统遵将司法筹备处裁撤其应办事宜分别改归高等审判检察两厅办理毋庸遴员兼任情鉴核示遵文

呈大总统拟就各级审判厅试办章程条文分别修正补订以昭划一开单请鉴核示遵文（附《修正各级审判厅试办章程三条》）

呈大总统拟恳准照约法将广西桂林地方审判厅判决杨松林等一案宣告减刑暨由部按新刑律施行细则改刑等情请鉴核批示施行文

令各省高等审判庭

令各省高等审判庭县知事帮审员

令骆通、何炳麟、张祥麟、蒋棻

令胡振禔（shì）

令京师地方京内外高等审判厅

令京师直隶高等审判厅

令直隶高等审判检察第二高等审判检察分厅

令公布《监狱身分簿》（附身分簿）

呈大总统拟恳将辛萼楼一犯宣告减刑请鉴核施行文

监狱看守服务规则

令各省高等检察厅

令直隶高等审判检察厅

令京师地方审判厅京内外高等审判厅

令京外高等审判厅（附《民事诉讼费用征收规则》）

司法部布告定期考验并甄拔司法人员

（附《甄拔司法人员准则》）

令京师及沿路线各省高等以下各级审检厅县知事帮审员

令京外各级审判厅暨各县知事帮审员

令京外高等审判检察厅

批张鹏飞呈

批神州大学代表张嘉森等呈

令京外高等以下各级审检厅审检所及行使司法之县知事

令京外高等审判检察厅

令公布《监狱规则》（附规则）

令请觐各员开具履历赴部报到

令直隶高等审检厅

令山东高等审检厅

致大理院长函

司法部布告为发给律师证书事

令顺天府习艺所办事员

呈大总统拟将直隶第一高等审检分厅裁撤裁缺各员一律免官另候任用并设在热河之直隶第二高等审检分厅改正名称各等情请鉴核施行文

令浙江高等检察厅

令京外各级审判庭暨各县知事帮审员

令京外高等地方审判厅

令公布《修正律师暂行章程第七章第八章》各条文（附修正文）

令公布《律师惩戒会暂行规则》（附规则）

令各省高等审检厅

令京外高等审检厅

令各省高等检察厅检察长

令各省高等检察厅检察长

令各省高等以下审判检察厅县知事帮审员新疆司法筹备处

呈大总统恳将已故前四川重庆高等审检分厅监督检察官马柱比较陆军上校阵亡例给恤请鉴核批准施行文

令各省高等检察厅

司法官回避办法四条缮单请鉴核施行文（附单）

呈大总统查明山西河东地方检察长阎秉真现无吸烟证据拟请免其惩处请鉴核批示施行文

致汪有龄先生聘任为法律编查会副会长书

令京师律师惩戒会会长

致董康先生等聘任为法律编查会顾问书

致罗文干先生等聘任为法律编查编查员书

呈大总统所有司法部裁决各员张轸等均行开去兼任本缺仍留原官资格其余各员拟仍照旧供职请鉴核批示遵行文

令总检察厅及京师高等以下审判检察厅（附《司法官考绩规则》）

呈大总统拟将直隶丰宁县监犯改处无期徒刑之池维垣白云生二犯再减为一等有期徒刑十年等情请鉴核批示施行文

呈大总统谨将因行回避至河南等省高等厅长官互相调用人员开单请核准施行文（附单）

呈大总统据甘肃山东高等检察厅呈报同级审判厅覆判杜清洁程且等各案未据刑律减等情轻法重拟恳宣告减刑以资救济请鉴核示遵文

呈大总统为拟预定期日实行国币条例施行细则之第二条以立新币之基础且扩广中国银行钞票文

呈大总统为胪陈铸币计划文（附说帖）

呈大总统推行国币简易办法说帖

为将整理造币厂计划胪举别具说帖文（附说帖）

批裕国实业银行总筹备处代表董耕云呈

批裕国实业银行总筹备处代表董耕云呈

呈大总统汉口商会会长俞崇敬承销印花年任巨额请从优奖励文

呈大总统请将原有遇闰加征及已未停免各省一律免除文

呈大总统次长金还请叙官等文

批华富职业银行呈

呈大总统请任免本部秘书文

令部员开去兼差

呈大总统陈明本部裁撤机关陶汰人员情形文

令京兆察哈尔财政厅厅长张家口税务监督

呈大总统拟请将扬由常关另派监督管理毋庸由镇江关兼管文

令在职各员

呈大总统拟将山东民运区域福山等十八县摊入地丁之盐课自七年分上忙起一律豁免实行直接新税文

令公布《战时财政金融审议会规则》（附规则）

呈大总统两淮缉私统领季光恩应请开缺另用遴派刘槐森接充文

呈大总统武昌造币分厂厂长一职遴员更替文

呈大总统会同核议陕西省长请豁免田赋附加二成银两未便照准文

呈大总统两浙北监长林两场知事营私舞弊请交文官高等惩戒委员会依法惩戒恭呈祈鉴文

呈大总统为大员违法处理公务涉及刑事范围应请明令依法惩处文

令公布《战时财政金融审议会》（附细则）

令公布《烟酒行政评议会章程》（附章程）

令公布《清理档案处章程》（附章程）

令公布修正《战时财政金融审议会办事细则》第四条文

令各省财政厅

财政部布告为职业银行私发债票事

呈大总统分别修正《全国烟酒公卖暂行简章》文

令公布《财政部特派赴日财务行政视察团章程》（附章程）

呈大总统请将四川宁远关裁撤归成都关监督派员管理并将该监督吴士椿免职另用文

呈大总统为拟定各省区处理官产人员惩戒章程并给奖办法文（附章程）

【附录】①

① 齐全按，附录内容："司法总长任内公文"（91篇）、"币制局总裁任内公文"（4篇）、"财政总长任内公文"（114篇）存目。

参考书目举要[①]

《饮冰室合集》

中华书局1989年3月版，精装合订影印本。本书乃据中华书局1936年版影印，将原书四十册合为十二册。《饮冰室合集》基本上收入了梁启超先生全部已刊论著，且收入部分未刊文稿，总149卷，约1000万字左右，它分“文集”、“专集”两大部，其中“文集”除收有梁启超的文章外，并收有其诗词题跋、寿序祭文及墓志等，总45卷之多；而“专集”则收录了梁启超的专门论著及其门人弟子所记录之听课笔记等，104卷。可以说它是到目前为止收录梁启超著作最全的文集。本书由梁启超好友林志钧编辑，最早由中华书局于1932年出版。

《饮冰室全集》

上海会文堂书局中华民国十六年（1927）十一月第十版。精装，上、下二册。全书分“论著类”、“学说类”、“学术类”、“政治类”、“历史类”、“传记类”、“文苑类”、“小说类”、“尺牍（dú）类”、“杂著类”十项，收录梁启超所著各类文稿68篇，总二十卷。

《饮冰室文集类编》

清光绪三十三年（1907）正月上海广智书局第四版。乃分类精校本，全二册，精装，竖排。书前有梁启超亲书《饮冰室文集自序》，并将其《三十自述》移在总目录前，后则有梁启超精美照片三幅。此书分“通论”、“政治”、“时局”、“宗教”、“教育”、“学说”、“历史”、“传记”、“地理”、“杂文”、“游记”、“谈丛”、“韵文”、“小说”等十四大类，完整收入梁启超各类论著254部。（包括附文）

---

① 齐全按，本书所列参考书目，均为本人架上所有，其临时借阅及网上能下载者概不列入。另，由于参考之书不断增添（最近的购于2010年12月），又系本人亲手打字，排版技术差，故本书所列未严格分类，其排序并不代表主次关系。

《饮冰室文集》

精装合订本。分《壬寅集》、《补编》、《韵文集》三部分，其中《壬寅集》收有梁启超著《论中国学术思想变迁之大势》《论学术之势力左右世界》《论宗教家与哲学家之长短得失》《保教非所以尊孔论》等22篇论文；《补编》收有其《论毅力》《论私德》《论近世之学术》等文稿13篇；《韵文集》则收有其《去国行》《雷庵行》《二十世纪太平洋歌》及《祭六君子文》等诗文计35篇。从卷十至卷十六，本书总收梁启超诗文计70篇。该选本不知出自哪家出版社，乃是本人古旧书店所购，其封页标明原书主购于1931年3月。

《壬寅新民丛报汇编》

编辑兼发行者为日人下河边半五郎，于明治三十七年（1904）五月发行，全一册、竖排、精装。分"论说"、"学说"、"时局"、"政治"、"教育"、"历史"、"地理"、"传记"、"学术"、"宗教"、"军事"、"法律"、"生计"、"谈丛"、"时评"、"杂俎（zǔ）"、"小说"、"绍介新书"、"问答"、"文苑"、"余录"、"舆论一斑"、"中国近事"、"海外汇报"等类，收录了时人著述120多篇。其中梁启超的文稿计有50篇，其在文字上占四分之三以上。全书共1184页。

《梁启超全集》

北京出版社1999年7月版。主编张品兴。本书以林志钧编辑之《饮冰室合集》为底本，依体裁、内容划分类别，分时论、学术文章、诗论诗话、诗词创作、戏剧小说、碑帖、年谱、游记、书信等部分，以文章（著作）为主，按年代为序，重新编辑而成；除悉数收录《饮冰室合集》外，还搜集了梁启超大量书信，分编为社交书信、家书两卷；本书将原文句读，一律改为新式标点，以简体字横排。是为16开精装本，共十册，6303页，总计10660千字。只其总目录即达102页多，乃目下搜集梁启超文最全之一种，甚便读者。【按：因本套大书购于卓资山（内蒙古之杂书集散地），出处"门第"不高，应是盗版，故一直被冷落在书房一角，从未光顾之。只是在介绍本人之参考书目时偶一翻之，不料熠熠发辉，几无讹处之可言，真真之正版也！故隆重推荐之——歪打正着，亦一佳话也！】

《〈饮冰室合集〉集外文》

夏晓虹辑。北京大学出版社2005年1月出版。全书分上、中、下三册，共1544页。装帧：平装，16开本，时价148元（人民币）。本书辑录《饮冰室合集》未收之梁启超佚文，体例依从《饮冰室合集》分为两编：散篇文章入"文集补编"（在上、中册），有单行本者入"专集补编"（在下册）。所收录各文，大体以梁启超生前发表者为限。除梁启超自撰文，亦酌录有他人记录之演说词等。附录部分收入由梁启超签署之公文。有些编者以为意义不大者，即作存目，未列原文。《〈饮冰室合集〉集外文》，顾名思义即对《饮冰室合集》未收入文辞之辑录。辑录者广涉各种文献，用功爬梳，拾掇遗缺，凡涉梁氏之文者，概予录入，字逾百万。其与《合集》合璧，可俾读者见梁氏文集之全貌也。

《中国历史研究法》	商务印书馆中华民国三十六年（1947）二月第七版。全一册，简装，竖排。
《中国历史研究法补编》	商务印书馆中华民国十九年（1930）四月版。全一册，简装，竖排。
《中国历史研究法》	东方出版社1996年3月版。为“民国学术经典文库”之一种，全一册，简装，横排。（本书收有梁启超《中国历史研究法补编》一著）
《先秦政治思想史》	东方出版社1996年3月版。为“民国学术经典文库”之一种，全一册，简装，横排。
《清代学术概论》	东方出版社1996年3月版。为“民国学术经典文库”之一种，全一册，简装，横排。
《清代学术概论》	上海古籍出版社1998年1月版。为“蓬莱阁丛书”之一种，由朱维铮导读，简装，横排，全一册。本书在梁启超正文后附录蒋方震（百里）《清代学术概论序》，便于读者了解梁书写作缘起。朱氏导读之文颇长，连其附注计有43页之多。其导读并附有《节目提要》，较便读者。
《论中国学术思想变迁之大势》	上海古籍出版社2001年9月版。为“蓬莱阁丛书”之一种，由夏晓虹导读，简装，横排，全一册。本书目录按现代习惯细分章节，稍别于拙编所列。该导读本以《新民丛报》所载为底本，校以上海广智书局1905年版《饮冰室文集》及上海群众图书公司版《中国学术思想变迁史》。
《中国近三百年学术史》	东方出版社1996年3月版。为“民国学术经典文库”之一种，全一册，简装，横排。
《中国之美文及其历史》	东方出版社1996年3月版。为“民国学术经典文库”之一种，全一册，简装，横排。
《中国历史研究法》	上海古籍出版社1998年12月版。为“蓬莱阁丛书”之一种，由汤志钧导读，简装，横排，全一册。书中收有梁启超《中国历史研究法》、《研究文化史的几个重要问题——对于旧著〈中国历史研究法〉之修补及修正》及《中国历史研究法补编》三部著述。书前汤志钧在其《导读》中，将梁启超著作出版情况列一表格，甚便读者。其时间断限：1902年至1937年。
《梁启超国学讲录二种》	中国社会科学出版社1997年6月版，简装，横排。此书为“二十世纪国学名著”之一种，由陈引驰编校。书中收有梁启超《要籍解题及其读法》、《古书真伪及其年代》二著，并附有梁启超著《国学入门书要目及其读法》、《中国历史研究法》之《论古籍辨伪》、《中国近三百年学术史》之《论清代古籍辨伪学》及胡适著《一个最低限度的国学书目》等文。

《少年中国说》

东方出版社1998年6月版，简装，横排。为“民国奇才奇文”之一种。主编丘桑。收有梁启超《三十自述》等70篇文章，后附有《梁启超生平大事年表》。

《饮冰室主人自说》

江苏人民出版社1999年3月版，简装，横排。为“中国学人自述丛书”之一种。其材料主要来源于《饮冰室合集》（如《三十自述》）及《梁任公先生年谱长编》刊出或未刊之梁启超同亲朋、师友间之信札。后附有《梁启超年谱》。

《梁启超诗文选》

广东人民出版社1983年7月版。由方志钦、刘斯奋编注，简装，横排，全一册。全书分“政治论文”、“学术论文”、“诗词”等三部分，编选了梁启超有关论著31篇之多（不包括诗词），书后附有《梁启超年谱简编》。

《饮冰室诗话》

人民文学出版社1959年4月版。简装，竖排，一册本。由舒芜（wú）校点，后附《校点后记》。

《饮冰室书话》

时代文艺出版社1998年2月版。周岚、常弘编选。本选本以中华书局1936年版《饮冰室合集》为底本，经过筛选、梳理、分类，共收五编：“要籍解题与释义”；“国学入门书要目及其读法”；“古书真伪及其年代”；“序、跋、题记”；“学与术”。选文侧重“书”本身之知识和评论，并辑录有梁启超有关读书与治学的部分论述。书前有李玉铭《梁启超：一个说不尽的话题》文章。封皮折处印有《庄子·人间世》语：“今吾朝受命而夕饮冰，我其内热欤！”封底折处则附有梁启勋所作短文《梁启超小传》，可谓匠心独运。平装，横排，32开，592页，430千字。

《饮冰室诗话》

为《饮冰室书话》姊妹编，故编选者、出版社、出版年月、装潢，乃至正文前短文作者均相同。其内容分正文204则；补编有《情圣杜甫》《中国韵文里头所表现的情感》《屈原研究》《饮冰室评词》《论荆公诗词》《“诗届革命”的三点主张》等六文；附录部分则收录了《梁启超诗词》及他所集宋词联语《苦痛中的小玩意儿》等。是本将梁启超诗论和诗作合为一集，选文较完备，为研究梁启超其人及文学思想方便不少。全书共458页，计330千字。

《梁启超学术论著：先秦政治思想史》

浙江人民出版社1998年6月版。王焰编，魏德良校。乃王元化主编“近人学术述林”丛书之一种。本册正文收有梁启超先秦政治思想史全文，其在北京法政专门学校所作五四讲演即《先秦政治思想》则列入附录。正文前有王元化所作“丛书总序”和魏德良、王焰所作“编者叙意”。本书为32开，简装，横排本，共231页，18.2万字。

《佛学研究十八篇》	上海古籍出版社2001年9月版。为“蓬莱阁丛书”之一种，由陈士强导读，简装，横排，全一册。《佛学研究十八篇》含梁启超先生有关佛学的十八篇文，乃是他拟撰之《中国佛教史》的未定稿。本书为文，从史学角度出发，对中国佛教之兴衰流变及相关事项予以扼要阐述。正文前有陈士强导读文章，后则附录有梁启超四篇与佛学相关之文章。开本32，字数322千字，总页数437。
《梁启超文选》	百花文艺出版社2006年10月版。选录梁启超各类文章计27篇。每篇均有题解与简释，对梁启超之政治思想及其发展，还有梁氏诸多方面之成就作较系统之分析。简装，横排，一册。开本850×1168，字数227千字，总页数297。
《梁启超讲国学》	吉林人民出版社2007年11月版。本书系“大师眼中的国学”丛书之一种，编者自立诸如《格物新民——梁启超谈儒》《无我之境界——梁启超释佛》《无为无不为——梁启超论道》《学问之道——梁启超谈读书治学》等大标题（各题之下又列子标题），选取梁启超有关儒、释、道相关和国学入门方面之文，引人了解大师眼中的传统思想文化，并领阅者解决初涉国学所面临之诸多问题。改编图文并茂，印制精良，且书前绘有《所选大师儒学传承简明谱系》，甚便读者。所为憾者，本编选文不标出处。简装，横排，一册。开本720×1010，字数240千字，总页数253。
《梁启超年谱长编》	丁文江、赵丰田编，上海人民出版社1983年8月版。全一册、精装、横排。书前有顾颉刚（jié gāng）作于1980年6月26日之《序》文，并有赵丰田作于1979年12月之《前言》，较详细介绍了本长编成书之来龙去脉。全书分十二册，从“谱前”起文，即从梁启超的先世写起，直至1929年1月19日梁启超逝世止。书中多录梁启超本人之文，并录有关亲朋友好之相关材料（录梁启超与其师友的来往书信即有七百余件），很多有关梁启超传记之作，均赖此书之功，可谓到目前为止有关梁启超的资料最丰富之年谱。70余万字，共1212页。
《史学理论卷》	兰州大学出版社2000年9月版。为“20世纪中华学术经典文库”之一种。内收有梁启超《新史学》（节选）。简装，横排。
《梁启超》	江苏古籍出版社1982年7月版。孟祥才、杨希珍著。为“中国历代名人传丛书”之一种。简装，横排，小薄册，计85页。书后附有《梁启超生平大事年表》。
《旷世奇才梁启超》	武汉出版社1997年10月版。董方奎著。横排，简装，一册，计283页。书后附有《参考书目举要》。

《梁启超传》	团结出版社1998年7月版。为“中国文化巨人丛书”之一种。横排，简装，一册，计301页。书后附《梁启超简谱》、《主要参考书目》等。
《梁启超》	东方出版社2009年3月版。为“名人名传系列”之一种。横排，简装，一册，计201页。系梁启超得意门生吴其昌遗著。本著史料翔实，饱蘸作者情感，为梁启超研究之上佳作品，惜乎乃未完稿。本次出版附录有梁启超《三十自述》《论中国人种之将来》《论中国国民之品格》《论独立》《服从释义》《说希望》《敬告我国国民》《余之生死观》《作官与谋生》《吾今后所以报国者》《“知不可而为”主义与“为而不有”主义》《为学与做人》12篇文稿，并附有华言实简明《梁任公先生年表》和《吴其昌小传》（代后记）。本书附有不少插图照片，较为珍贵，惟开篇一图将梁启超长女梁思顺误题为梁氏妻子。16开本，167千字。
《梁启超和他的儿女们》	上海人民出版社1999年1月版。简装，横排，一册本，计347页。梁启超的外孙女（梁思庄之女）吴荔（lì）明著。全书分《严父慈母、舐犊（shì dú）情深》、《满门学子、成就非凡》两大部，介绍了其公公（外祖父）梁启超，婆（外祖母）李蕙仙、王桂荃，大姨梁思顺，二舅梁思成，三舅梁思永，母亲梁思庄，五舅梁思达，五姨梁思懿（yì），六姨梁思宁，八舅梁思礼及其他亲友的情况（还有梁启超其他故居之情况），甚至还介绍了梁启超墓地之详况。甚富数据价值。书中还附有大量的有关梁启超及其亲友之照片。
《梁启超和他的儿女们》	北京大学出版社2009年1月版。简装，横排，一册本，计394页。系吴荔明1999年1月版同一书之修订增补版。主要作如下修改与补充：有关饮冰室之修复；梁思达、梁思宁、李福曼（梁思永夫人）逝世情况；纪念梁思庄的一篇文章（其作者之一李明乃梁思庄亲手培养之弟子）；增写一章《梁启超一家三代的燕大情结》。本书还增刊了几幅近期照片，并附有《梁启超家谱简图》及《后记二》。较上海人民出版社1999年1月版《梁启超和他的儿女们》，该版装帧更为精美，照片亦十分清晰。16开本，350千字。
《新会梁氏——梁启超家族的文化史》	中国人民大学出版社1999年10月版。横排、简装。为“文化名门世家丛书”之一种。全书分《新会梁家》《海纳百川》《创造的新世纪》《探索现代化》《文化宗师》《手足之间》《薪尽火传：梁启超与下一代》《阐述建筑文化：以梁思成为中心》《发掘古文明：梁思永》《回响与余韵》及《一个意蕴深厚的文化现象》等章节，详尽评介了梁氏家族之文化渊源。计479页。书后附有《新会梁氏世系》《参考书目举要》等。

《梁启超学术思想评传》	北京图书馆出版社1999年5月版。陈鹏鸣著。为戴逸主编之“二十世纪中国著名学者传记丛书”之一种。书后附有《梁启超重要著述年表》及《重要研究论著目录》。此目录分“专著”、“论文”两部分。其中“专著”部分共收集有关梁启超的各类专著29部（包括台湾学者的一些作品），其时间范围为1948年至1998年；而“论文”部分则收集了从1938年至1998年间中国大陆地区所发表的有关梁启超研究的各种论文目录计134篇。该目录辑录这些作品时，均标明题目、作者、出处等，甚便读者检索、查阅。《梁启超重要著述年表》主要摘录自李国俊《梁启超著述系年》，并据《饮冰室合集》改正其个别篇目的错误。李本则对《合集》中年代误植的情况，业已有所订正。横排，简装，一册，全书计328页。
《清史研究集》（第八辑）	为中国人民大学清史研究所编。中国人民大学出版社1997年12月出版。内收有关清史研究的论文10篇。其中一篇为陈其泰所著《梁启超在学术文化史上的地位》，在该书第277—319页。本辑主编为林铁钧。简装，横排，全书计364页。
《重读大师——激情的归途》	人民文学出版社1999年8月版。简装，横排，一册。由祝勇编。书中收有夏晓虹写《梁启超——寂寞身后事》。全书计378页，该文在第38—52页。
《肖像：大师难忘的人》	赵白生编，中央编译出版社2008年1月版。简装，横排，一册。本书收有梁漱溟《纪念梁任公先生》和梁实秋《记梁任公先生的一次演讲》二文。其中梁漱溟文内有“情感浮动如任公者，亦是学问上不能深入的人，其一生所为学问除文学方面（此方面特重情感）外，都无大价值，不过于初学有启迪作用”句，似失公允，本人曾加批注云：“此言过矣！难道对其父被轻慢事仍耿于怀？即于‘初学有启迪作用’一条，梁氏功德已无量矣！”（见该书第39页）开本787×1092，字数250千字。全书计299页，该二文在34—41页。
《我史》	康有为著，罗岗、陈春艳编选。江苏人民出版社1999年3月版。为“中国学人自述丛书”之一种。全书除收康有为著《我史》外，尚收有康同璧（康有为女儿）著《南海康先生年谱续编》、梁启超著《南海康先生传》。另附有《康有为年表》。横排，简装，一册，计281页。
《梁启超传》	安徽人民出版社1997年8月版。作者：李平、杨柏岭。分“新会神童 康门高足”、“变法鼓手 维新志士”、“海外逋人 启蒙新星”、“论战旗手 宪政灵魂”、“联袁主谋 国家桢干(zhēn gàn)”、“反袁先锋 护国英雄”、“段阁谋士 欧洲游客”、“骚坛健将 议政文士”、“天丧斯人 痛悼先哲”等九章，前有《梁启超其人》（代序）之文，后有《后记》，署名李平。大32开，横排，平装本，连后记计325页，为文则250千字。

《梁启超传》

广东旅游出版社 2006 年版。作者徐刚。本书分章廿六，加上《后记》一篇，据史立传，将史料故事化，注入诗人深情笔致、作家文学想象、学者哲理思考，勾勒出梁启超一生事业，并再现了清末民初的历史大变局背景和动荡时世中一代思想者痛苦焦灼的心路历程。全书抒情味颇浓，充满激情，尤其是《后记·蒿（hāo）里秋色》，勾起人无尽遐思！本书封底并印有一段文字：梁启超的《少年中国说》是青春中国诞生的第一口呼吸；他的《变法通议》是一新文化向旧文化宣战的第一把利剑；他的“小说界革命”的尝试为腐朽的旧文学注入第一支兴奋剂。他力主变法却踏上流亡之路；他推行共和体制却步履艰难；他指挥讨袁护国却遇重重阻拦；他与康有为同为戊戌干将，却最终分道扬镳（biāo）……是书16 开，平装，版权页未标字数，总 365 页。简装，横排，一册。

《阅读梁启超》

生活·读书·新知三联书店 2006 年 8 月版。夏晓虹著。本书分五辑，汇集了夏晓虹有关梁启超研究的随笔、书评、序跋、论文等二十四篇（不包括其代序和后记）。全书内容由文及人，由人及事，由事及史，由史及论，既有对梁启超生平、著述、事功之总体评述，又及时人与后人、师友与家人之感性印象；亦有对梁启超剧曲创作、文类概念与文学史研究等的专深探讨与考辨。其中《寂寞身后事——时人眼中的梁启超》一文，亦收入本书所介绍之《重读大师——激情的归途》一书（见前）。小 16 开，平装，250 千字，总页数 328 页。简装，横排，一册。

《际遇：梁启超家书》

北京出版社 2008 年 4 月版。选编者：杜垒。本书分“求学”“勇气”“坚持”“处事”“责任”“情感”“健康”“心态”“理财”“政事”十目，精编梁启超家书而成。选编者在其内容提要中言：“梁启超是史上继曾国藩以后，第二位将家书这一文体发挥到如此极致的大家。对每一个现代家庭来说，本书都具有不可多得的珍藏和阅读价值。”本书书前列有“书中主要人物表”，对梁启超、李蕙仙、王桂荃等二十人物做有简介，颇具特色。书后则附录有梁启超文《少年中国说》（节选）及《梁启超年谱简表》。开本 711×1000，字数 283 千字，总页数 269 页。简装，横排，一册。

《梁思成林徽因与我》

清华大学出版社 2004 年 6 月版。作者：林洙。本书作者系梁启超长子梁思成第二任（原配林徽因）妻子。她于 1962 年嫁给梁思成，陪后者度过十一年之艰苦岁月。本书由“自述”“写给梁思成和林徽因”“梁思成年谱”“梁思成著作一览表”（包括梁思成英文著作目录）四部分构成，其中“写给梁思成和林徽因”目下计有《初识梁思成夫妇》《思成长于十个儿女的大家庭》《一对伉俪（kàng lì）回国》《15 年 190 个县 2738 处古建》《营照学社的最后一次古建调查》《来自耶鲁和普林斯顿的荣誉》《梁思成与他的学生们》《设计国徽和人民英雄纪念碑》《不被认可的梁陈方案》《徽因走了，大屋顶的批判来了》《平静的结合及不平静的婚姻生活》《乌云下的屈辱与磨难》《走不出自我批判的死胡同》《思成走了》等 14 篇回忆文章。开本 880 × 1230，字数 250 千字。一册本，总页数 411 页。

《莲灯微光里的梦：林徽因的一生》

陈学勇著。人民文学出版社 2008 年 8 月版。本书打破单纯以时间顺序记述主人翁之套路，以人物、地点、事件为切入点，分“祖父”、“父亲”、“母亲”、“遗韵”等 37 目，为读者展现了林徽因动人之人生。它纠正以往林传在史实上的错误及小说演绎之类的谬误，且提供了诸多珍贵文史资料。本书还存有图片百余张，不少系首次面世。书后附有《林徽因年表》、《林徽因家族世系简表》等，为了解传主提供了简明的脉络。包括“目录”、“前赘”、“后记”，全书共 317 页，248 千字，开本 680 × 960，一册本。

《林徽因传》

百花文艺出版社 2007 年 8 月版。作者：张清平。本书由《林家有女》《生命的夏季》《流亡岁月》《万古人间四月天》及《尾声》四大部分组成。书前配有 44 幅精美照片，主要为当年的林徽因及其亲友影像（最后一幅为林徽因墓照片，墓体由梁思成设计），非常清晰。本书序之作者为张洁。开本 787 × 1092，字数 362 千字，总页数 367 页。简装，横排，一册。

《大学的精神》

中国友谊出版公司 2004 年 8 月版。刘琅、桂苓编著。本书选录有梁启超、胡适、蔡元培、金耀基等知名学者对于大学的本质及精神的论述计 32 篇。其中有梁启超《莅北京大学校欢迎会演说辞》《清华研究院茶话会演说辞》两篇。分见该书第 1—6、7—10 页。横排标点一册本，开本 635 × 965，字数 230 千字，总页数 317。属“创美人文馆”丛书之一种。

《晚清十杰》

中国友谊出版公司2007年1月版。梁宵羽著。横排标点一册本，开本787×1092，字数179千字，总页数249。本书列《有帝王之才，无帝王之命——恭亲王奕䜣》《红顶活财神——胡雪岩》《一介书生一场运动——康有为》《置身于阳光与苦难之间——李鸿章》《中国的“百科全书”式巨人——梁启超》《最后一个戴罪功臣——林则徐》《洋务商人之最——盛宣怀》《圣相？元凶？——曾国藩》《香帅传奇——张之洞》《一身任天下之重——左宗棠》等十目。其中有关梁启超部分占页99—121，列有小标题“少年中国一昆仑”“万木草堂的双剑合璧”“失败的偶然与必然”“活在历史的风口浪尖”“新文化的始作俑者”“晚年的沉思”等，简明扼要地介绍了梁启超一生的主要活动，且附有插图若干。文前有段话颇与本编著者同见，兹录于下：“清末民初的中国，新学日益普及，新说接踵而至，思想界百家争鸣局面盈科以进。在这百花园中，梁启超始终是最繁茂、最夺目的一枝，堪称新文化的最高代表。百年中国最重要的思想家、哲学家、教育家、史学家、语文学家、政治学家、法学家、经济学家、社会学家、佛学家、文艺批评家、文学家和词作家、新闻出版家和政论家、文物和图书馆学家、地理学家、科普作家……行列中，全有梁启超的一席之地。若分别编出这些领域‘杰出人物榜’，每榜都少不了他；其中若干，他还会以创始人或集大成者身份，名列前茅，乃至榜首。……他无愧是中国的‘百科全书’式巨人！”

《梁任公先生年谱长编初稿》

系“清华大学国学研究院四大导师①年谱长编系列”之一种。欧阳哲生据丁文江、赵丰田编《梁任公先生年谱长编》整理，中华书局2010年4月版。该著以北京图书馆出版社影印版之“油印本”为底本，参校台北世界书局“初稿本”及上海人民出版社之“长编本”，重新加以修订。内容包括清华大学国学研究院撰《清华大学国学研究院四大导师年谱长编弁（biàn）言》、欧阳哲生②作《整理说明》以及《梁任公先生年谱长编例言》和正文。书后附有胡适《梁任公先生年谱长编初稿序》、丁文渊③《梁任公先生年谱长编初稿前言》及《人名索引》。横排标点精装一册本，开本787×1092，字数780千字，总页数682。

---

① 即梁启超、王国维、陈寅恪（què）、赵元任四位导师。加上李济，又有清华五大导师“五星聚奎”一说。

② 欧阳哲生，北京大学历史系教授。编有《傅斯年全集》、《胡适书信集》（合编）等。

③ 丁文渊，丁文江四弟。齐全按，丁文江父亲丁吉菴（ān）与其妻子单（shàn）夫人生有四子，文江行二。丁文江长兄文涛，三弟文潮。另有异母弟三人：文澜、文浩、文治。

《梁启超家书》

系梁思成第二任夫人林洙选编，中国青年出版社2009年7月版。选有梁启超1912年12月5日至1928年10月17日给其子女的部分家信。其内容主要为有关个人修养及学业等方面。书信前有《梁启超简介》、《梁启超的儿女们——他们个个成才》两篇短文。书信后则有《梁仲策追述先生得病逝世的经过》和《梁思成等追述先生得病逝世的经过》二文。书后附录有梁启超《为学与做人》并《梁先生北海谈话记》、《1923年梁先生小释“玄学”与“科学”的关系》文。书中还扫描有梁启超书信片段，书首则有精美相片若干幅。全书连《后记》加上简注共253页。规格：700×1092，200千字。

《丁文江传》

胡适著，东方出版社名人名传系列之一种，2009年3月出版，系胡适所写最长一部传记。书前及书中配有大量图片，正文后则附录有《丁文江遗嘱》，傅斯年所写《我所认识的丁文江先生》、《丁文江　一个人物的几片光彩》二篇，李敖①写《〈评介丁文江的传记〉》和张其昀（yún）《丁文江先生著作系年目录》等。该书加其《引言》及《后记》计262页。221千字，开本16。

《林徽因寻真——林徽因生平创作丛考》

陈学勇著。本书分《误识》《误传》《误编》《传真》《附录》五大部分，共由36篇文章组成。作者陈学勇乃现代文学研究专家，多年关注林徽因其人其事及诗文创作，立志还林徽因于真实。他一面走访林氏亲属，一面辛苦爬梳于民国旧报刊，积十余年之功，发现几多林徽因佚文、佚诗和佚简，得到了大量切实可信之资料。书中涉及诸如林徽因是否爱过徐志摩？林徽因之《你是人间的四月天》究竟写给谁人？林徽因与冰心、凌叔华何故发生龃龉？林徽因其人走过了怎样的人生道路？等等，有关此类问题背后故事颇多，足以引人入胜。该书加其《后记》计310页。210千字，开本787×960厘米。平装，横排本。

《梁启超与饮冰室》

郭长久等主编。天津古籍出版社2002年5月版。本书围绕包括梁思礼在内的学人专家所撰写之诸如《提高天津的文化品位》、《天津梁启超故居回忆片段》、《饮冰子与饮冰室》、《梁启超在津故居的变迁》、《2001年，天津修了饮冰室》、《梁启超的天津情结 》、《寓居天津的饮冰室主人》、《梁启超与南开大学》、《梁启超和讲学社》、《梁启超与中国历史研究法课程》等64篇文章并附两篇梁启超文章，全面而完整地向人们展示了梁启超与其饮冰室的风采及历史贡献，图文并茂，读来引人入胜，饶有趣味。全书245页，开本32，平装。

---

①　李敖（1935—　），字敖之，祖籍吉林省扶余县人，台湾作家，无党派人士。中国近代史学者、历史学家、文化学者、时事批评家。曾任台湾立法委员（民意代表）。著有多部著作传世，可谓著作等身。其作品大多收入《李敖大全集》（全四十册）。

《梁启超传记五种》

本书收录《管子传》、《王荆公传》、《袁崇焕传：明季第一重要人物》、《南海康先生传》、《殉难六烈士传》等五种人物传记。书前有夏晓虹所作《序》。百花文艺出版社2009年2月版，开本787×1092，字数298千字，横排，简装，共321页。齐全按，历数梁启超传记文，1901年12月，其《南海康先生传》与《李鸿章》先后脱稿。次年2月，《新民丛报》在日本横滨创刊，梁启超对传记之著述兴趣愈发浓厚，传主亦从同时代扩展到西方近世乃至清以前。1903年2月离日游美前，《新民丛报》之“传记”栏全部由梁氏包揽，刊发有《匈加利爱国者噶苏士传》、《张博望班定远合传》、《意大利建国三杰传》、《（近世第一女杰）罗兰夫人传》、《新英国巨人克林威尔传》等。1904年4月梁氏重新主持《新民丛报》后，又新成《（明季第一重要人物）袁崇焕传》、《中国殖民八大伟人传》及《（祖国大航海家）郑和传》。可以说《新民丛报》之“传记”栏目即是梁启超之专栏。1908年与1909年，他又有《王荆公》与《管子传》二著问世，且王安石一传其篇幅，在梁氏著作亦属空前巨制。

《梁启超谈儒学》

华中师范大学出版社2010年10月版。本书收录了梁启超对儒家研究之：《儒家哲学》、《梁启超讲儒家思想》和《中国思想史上的儒学统一时代》三部著作。16开，横排，简装，计185页。

《胡适人际关系》

桑逢康著。文汇出版社2010年9月版。本书涉及到的与胡适关系密切的人物近百人，分门别类，如《留美学友》、《〈新青年〉同仁》、《北大人部落》等十四门类，其第四章《师之辈》则介绍了梁启超、章太炎、王国维、马君武、王云五、高梦旦等与胡适关系密切的老师辈人物。本书又大致按照时间顺序叙述且评说。这近百个人物几乎代表了胡适人际关系的主要部分，也是胡适人际关系最本质的体现。本书叙述采开放式结构，每一人物各自成章，根据材料其内容或增或减，开合自如，颇有后世可鉴者。此书行文质朴、简洁、客观。其不尽如人意处在于时或掺杂有“党文化”色彩，如郭沫若一节对胡适之议论。16开，横排，简装，全书计476页（包括版权页）。

《近代藏书三十家》	苏精著。中华书局2009年4月版。台湾学者苏精所撰写之一部民国时期藏书家小传。初于《传记文学》杂志连载，后集结成书。以卒于1912年以后之藏书家为对象，简介其家世生平、藏书聚散经过、所藏内容特点、编印校勘或著述，及与藏书有关它事。此次大陆简体版，修订以往疏误，并据最新藏书史研究成果加以增补，另加《周叔弢自庄严龛》一篇（亦刊于《传记文学》），书名仍旧。本书有篇《梁启超饮冰室》，分《饮冰室藏书》《梁启超与图书馆事业》（内又分《鼓吹图书馆思想》《倡导图书馆事业》《探讨中国图书馆学》）及《尾语》几部分，颇能道出梁氏藏书之心路历程及其收藏遭遇，全文占10页。本增订本系平装，横排，连《后记》加《索引》共289页。小16开。
《著名家族档案》	刘辉，荆溪宁等著，时事出版社1999年1月版。内容包括《梁启超家族》在内的名人简明族史计九大类。简明扼要，条理清晰，有一定参考价值。横排，平装，一册本，共388页。开本850×1168。
《万木草堂口说》（外三种）	中国人民大学出版社2010年版。康有为著，姜义华、张荣华编校。此书由《万木草堂口说》、《长兴学记》、《桂学答问》、《南海师承记》4文组成，系康氏讲学实录。其为著虽非康有为亲笔所书，却是研究康氏思想重要之文献，乃康有为治学风采之生动记录。它试图用当时的新观点来分析、评价中国古代学术流派之形成、演变及其异同、特质，见解独到、议论精辟，从中可窥见康氏思想之发展脉络及演变历程。平装，横排，共248页。全一册，16开本。
《清代学术概论》	梁启超原著，朱维铮校注。中华书局2010年1月版，系“跟大师学国学丛书”之一种。此次重刊之朱维铮校注本，详列原著篇目提要，附有2万余字的导读，甚益读者。16开，横排，平装，一册本，共171页。

《史海回眸李鸿章》

陕西师范大学出版社2008年8月版。全书由两大部分组成：一为梁启超所著《李鸿章传》；二为蔡尔康①等著，林乐知②编译之《李鸿章历聘欧美记》（系该书附录）。《李鸿章历聘欧美记》其目如下：

林乐知序、聘俄记（专使记略、俄轺 yáo 记略、俄国庆典记略、［附］俄使报聘记略）、聘德记（德轺日记、德轺绪论、［附］和轺小志、［附］比轺小志）、聘法记（法轺日记、法轺杂论）、聘英记（英轺载笔上、英轺豫论、英轺载笔下、英轺伟论、英轺后论）、聘美记（美轺载笔、美轺附论）。［附录］归轺新论、傅相游历各国日记卷下、中俄和约等。梁启超文《李鸿章传》，从史学角度出发，给李鸿章以客观公正之评价，“多为解免之言，颇有与俗论异同者，盖作史必当以公平之心行之”（梁启超语）。《李鸿章历聘欧美记》则详尽地描绘了李鸿章出访欧美八国的点点滴滴，使读者能颇为细致地了解中国近代史和世界近代发展之历程，更详尽地了解李鸿章其人、其事。16开，横排，平装，一册本，全书共250页。

---

① 蔡尔康（1851—?），字紫绂（fú），别署铸铁庵主、楼馨仙史、涨海滨野史、海上蔡子等。生于江苏嘉定（今属上海市），后长期定居沪滨。同治七年（1868）考中秀才，光绪二年（1876）入《申报》馆工作，主编该馆之《民报》，次年则参加在英国出版、由《申报》在上海发行的《寰瀛画报》之中文编撰工作。光绪四年（1878）离开《申报》。光绪九年（1883）进《字林沪报》任主笔。光绪二十年（1894）为《万国公报》华文主笔，与林乐知合作翻译了很多著述。

② 林乐知（Young John Allen，1836—1907），字荣章，生于美国乔治亚州。清代进士，基督教美国监理会传教士。咸丰十年（1860），偕夫人来上海传教。同治三年（1864）任上海广方言馆首任英文教习。后参加江南制造局翻译馆译书工作。1874年，林乐知创办《万国公报》。其译述有《欧罗巴史》、《万国史》、《格致启蒙化学》、《格致启蒙天文》、《列国陆国制》等10余本有关外国历史、地理及自然科学的著作。其著作则有《全球五大洲女俗通考》、《中东战事本末》、《印度隶英十二益说》等。

简短后语

这部书原本乃一附属品。

先是，早在编撰《梁启超读书著文法》时，曾作一简单之附录文“梁启超年谱简编”。就在此过程中，梁启超那丰富多彩的人生阅历使我不能辍笔，越辑越多。于是乎即萌生一念——何不就便另成一著，将此瑰宝提炼出来以飨更多同好？这样即专拣其关乎著述及学术活动之内容汇成一集，遂宣告与原书独立，成此新著矣。

又，平时阅读梁氏与其家人书信时，往往被其充满温情、睿智、诙谐、幽默之文笔所感动，并觉得名为家书，实乃于人人有益之箴言，故又萌生另编一部独立的“梁启超家书选”之念。但既打算成这部《梁启超著述及学术活动系年纲目》，独立之著不能过薄，于是就将“梁启超家书选”作为附录编入。

不想在编选中又遇难题——家书厚厚重重，内容包罗万象，文字则以数十万计，岂是附录所能容括者！则另加精选，只限于梁启超与子女之信函，且内容又定在有关治学修养等方面，最终即成“梁启超与子女书”，列入附录。至于独立之另著（拟名《梁启超家书选》者）遂期他日矣。

即在编写此书时，亦有诸多内容难以割舍者，但限于篇幅又不得不细选精挑之，则原本担心不够厚者又为怎样使之变薄而劳神——诚所谓选家之业，自古为难，于今愈烈，况于学浅才疏如本人者更复何言，更复何言！

就是这部“合而分、分而合”之作如非中国社会科学出版社冯斌先生及各位同仁鼎力促成，又何谈如期付梓。在此深表谢意！

能为思想导师、文化宗师之巨人梁启超其人其作研究微做贡献，并通过此举对学人治学稍有帮助，乃下愚一心所企盼者，惴惴然不自安，亦不知能达此愿否，期通家品评之。

布仁图

2010年10月10日